Signature Cell Healing®

Awakening the Chromosomes of Youth and Vitality

シグネチャーセル・ヒーリング

若さと活力の染色体を目覚めさせる！

カフー・フレッド・スターリング 著
和田豊代美 訳

ナチュラルスピリット

SIGNATURE CELL HEALING®
Awakening the Chromosomes of Youth and Vitality
by Kahu Fred Sterling

献辞

シグネチャーセル・ヒーリングを通じた癒しの旅を最大限に経験した我が息子、リック・スターリング牧師に本書を捧げます。

息子の旅は私の癒しの旅をはるかにしのぐ規模でした。一連の脳卒中に見舞われただけでなく、成功率わずか5パーセントの手術を受け、臨死体験も経験したにもかかわらず、現在でもこの地上にとどまっているのは、人生に対するリックの情熱を示す証《あかし》といえるでしょう。

現在リックは心の奥深い部分で体験したことを一人でも多くの人に伝えるため、私のそばで情熱を注いでいます。この場を借りて、リックの人生に、そしてシグネチャーセル・ヒーリングに注ぐ私に勝るとも劣らないリックの情熱に心からの感謝を贈ります。

シグネチャーセル・ヒーリング　目次

3章　シグネチャーセル・ヒーリングの体系〜生物学〜　133

6章 シグネチャーセル・ヒーリングの基礎シークエンス 212

8章　カフーとキラエルによるQ&A

9章　すべては癒せる ～癒しの体験物語～

感謝のことば

まず、私が何をする際にも私のそばでサポートしてくれた妻のパティ・アシーナ・スターリングに心からの感謝を述べさせていただきます。その愛だけでなく、彼女が絶え間なく注いでくれるこの上なく魅惑的な光に、特にシグネチャーセル・ヒーリングに対する情熱には感謝してもしきれません。

また、ライトウェイズ・パブリッシングの女性二方、ロリ・R・ロサーナ・ドミンゴとカリーナ・ニールセンも、このプロジェクトに力の限りを注いでくれました。彼女たちに多大な感謝を捧げます。このプロジェクトに貢献してくれたさらにもう二方の女性、パティ・セーラ・アナイェラ・クアモオとジーン・ダニエル・ラ・マルタニにも感謝しています。彼女たちがいなければ、この旅はこれほど喜びに満ちたものとはならなかったでしょう。あなた方が発する女神の光は、癒し《ヒーリング》を語った本書のページすべてを通して光り輝いています。

また、アリソン・ハヤシ、ホリー・ヒル、フロイド・ホンダ、ジャネット・ランバート・スミス、ポール・C・スミス、カレン・マグダレーナ・オプア・バレンタイン、レベッカ・ホワイトコットンをはじめ、編集、グラフィック、画像などにおいて、本書にその情熱と専門知識を授けてくれた方々にも心から感謝しています。その他、ディードラ・トムキンス、キティ・カーティアラ、ミ・コササ、ダグマー・ポップ、あなた方の貴重な力添えにも感謝の気持ちでいっぱいです。

『ホノルル光の教会』では、スザーナ・バウマン、ジェームズ・ファーガソン牧師、ゲイル・ジャン・カネシロ、メル・モリシゲ牧師、リック・スターリング牧師に感謝の意を捧げます。それぞれパワフルなシグネチャーセルのヒーラーです。この地球において、「4体ヒーリング」のために高次の光のもと、癒しを続けているあなた方は私にとってかけがえのない存在です。

また、シグネチャーセル・ヒーリングに携わるヒーラー（施術者）、その癒しの受け手の方々、世界各地でシグネチャーセル・ヒーリングのコースに参加した方々は皆、一度にひとりずつ心を癒していきたいという私の構想《ビジョン》に参加してくださいました。心から感謝しています。

愛に溢れた癒しを実現させようというあなた方の勇気と気構えが、この本の出版につながったのです。

母国米国にとどまらず、カナダ、メキシコ、ドイツ、オランダ、ロシア、オーストラリア、台湾、日本、中国、モーリシャスなど、世界各地から癒しの体験談を送ってくださったシグネチャーセル・ヒーリングのヒーラーとその受け手の皆さんのすべてに心からの愛を送ります。あなた方の体験談に触れ、心の底から勇気と感動が湧き上がってきました。

ロシア・モスクワのダニールにも、心からの感謝を捧げます。あなたの体験談による本書への貢献は計り知れません。

最後になりましたが、今生に限らず多くの過去生を通じて、愛に満ちたガイダンスで導いてくれたマスターガイド・キラエル（以下、キラエル）には、言い尽くせないほどの感謝を感じています。私だけでなく、怖れから愛への癒しの旅の途にあるすべての人に道を示してくださいました。ありがとうございます。

シグネチャーセル・ヒーリングのはじまり

マスターガイド・キラエルがフレッド・スターリングに初めてその存在を明らかにしたのは、1980年代も終わりに近づいた頃。予想だにしていなかったことでした。

スピリチュアル・セミナーの客席で寝入ってしまったフレッドの声を通して、キラエルが語り始めたのです。キラエルは人類の癒しと進化、そして地球で展開されることになる「意識のグレートシフト」には手助けが必要だと告げ、その瞬間に、フレッドの人生は一変しました。

トランス状態に入り、7次元のガイドであるキラエルからのメッセージを伝えるというフレッドの不思議な力は、今生においてスピリット・ガイドであるキラエルの唯一のミディアム（媒体）になるという、ある過去生で交わされた契約の一部だったのです。

なお、フレッドは、チャネリング能力が開花した当初には、頻度は少なかったものの、キラエル以外にもレアホナ、レイブン、シェリフなど他のスピリット・ガイドと交信することもありました。

キラエルとの交信が始まった直後、フレッドは情熱的に周囲の人たちを癒しました。それを知り、多くの人が助けを求めてやってきたため、フレッドはキラエルに、もっと効率的な癒しの手法はないか、尋ねてみました。

スピリット・ガイドは常に私たちの質問に答えてはくれますが、必ずしも直接情報を提供してくれるわけではなく、私たち自らで答えに辿り着けるよう手掛かりのみをくれることがよくあります。この場合もまさにそうでした。

キラエルがまず行ったのは、フレッドに「シグネチャーセル」（注：脳の松果体にある細胞の一つ。「神の細胞」とも呼ばれる）を用いた癒しの過程の基本を提示することでした。そして、フレッドが教えられた癒しの基本を練習すると同時に、スピリット界の他の情報源からも答えを模索できるように、時間を与えました。努力の甲斐あって、フレッドは睡眠中に時空を越えて、無限に広がる宇宙を自由に行き来できるようになりました。そして癒しに関する答えを意欲的に追求するうちに、他の領域から「スピリチュアル・ドクター」を見つけ出し、そうした専門集団を作り上げました。そのうちの一部の「スピリチュアル・ドクター」はのちに、フレッド自ら癒しが必要になった際に、助けてくれることになるのです。

1995年に、フレッドと他のヒーラーたちによって、ホノルルに『インワード・ヒーリング・センター』が創立されました。この温かく愛に溢れた空間で癒しを提供する使命が開始したのです。誰もが歓迎され、無料で癒しを受けることができました。訪れた人すべてを平穏と安らぎで包む同センターは、癒しが必要な人を導く一種の灯台となりました。

多くの人が癒しを求めて、センターのヒーリング・ルームに殺到したことを考えると、単に肉体レベル以外でも癒しが生じているのは明らかでした。それまで感情体・精神体・スピリット体のケアは忘れられがちでしたが、そうしたエネルギー体も重視する総合的ケアの重要性が注目され始めました。

スピリット界から贈られたヒーリング能力への感謝の気持ちを込め、フレッドは、癒しを行う前には必ず、目に見えぬ光の力に対し愛と感謝のエネルギーを送ることにしました。こうして、スピリット体のレベルが肉体・精神体・感情体それぞれのレベルと混ざり合って、多次元で同時進行する癒しが確立されたのです。

そうしたなか、１９９６年に『ホノルル光の教会』が設立され、フレッド・スターリングは「カフー・フレッド・スターリング」という名称で呼ばれるようになりました。カフーとは、ハワイ語で「スピリチュアル・リーダー」を指します。


スピリチュアルの道を歩む者で、エドガー・ケイシーの名を知らない人は少ないでしょう。そう、１９３０～40年代にかけて名を馳せた「眠れる予言者」です。ソファに横になり、目を瞑り、お腹の上に両手を組んで乗せ、自ら睡眠状態に入り予言を行いました。

このような一種の瞑想状態において、ケイシーは時空を超えたあらゆる領域から情報を引き寄せ、「宇宙の秘密は何ですか?」から「どうすればイボがとれますか?」に至るまで、多種多様の質問に答えました。

カフー・フレッド・スターリング（以下、カフー）にも、自分のスピリット・ガイドと交信するだけでなく、目に見えない光の存在から情報を得るという神秘的な力があります。過去20年の間に、カフーは画期的な癒しを提供し、変貌をもたらすトップクラスのヒーラー兼ミディアムの道を歩んできました。

現在、カフーとキラエルは、地球が4次元へと偉大なるシフトを実現できるように、率先して力を注いでいます。

カフーを通じて行った最初のセッション以来、キラエルは自分が地球史上前例のない重要な使命を果たすために地球にやってきたのだと繰り返し述べてきました。キラエルが現在この時点で地球を訪れたのは、何千年も前に始まった進化のサイクルに関する古代の予言を実現するためなのです。カフーを専属ミディアムとした交信を通じ、キラエルは怖れから愛への、そして愛から光への癒しの道（すなわち4次元へと、またその先の次元へとつながる「100ポイント」の光の旅）を歩むことを選択した人すべてに向け、古代の叡智と進化に関する真実を伝え続けています。

著者による序文

かつて錬金術という概念は、鉛などの卑金属を金に変えることができるという考えに基づいていました。近代になってからは、不老不死の薬の追求を意味します。ここで、「シグネチャーセル・ヒーリング」が関係してくるのです。

この癒しの手法がどういう形で大きな変化をもたらすのか説明することは必ずしも簡単ではありませんが、本書では臨死体験をした人たちがシグネチャーセル・ヒーリングによって完全な回復を遂げた体験例を挙げてみました。

たとえば、このような女性の例があります。私が彼女に初めて会った時、彼女の体重は36～40kgしかありませんでしたが、シグネチャーセル・ヒーリングを施した結果、今では50kg弱と健康的な体重を維持しています。これを「奇跡だ！」と言う人もいます。実際、シグネチャーセル・ヒーリングを通じて4体（肉体・感情体・精神体・スピリット体）が癒されれば、奇跡は確かに起きるのです。

私たちはヒーラーの養成コースで、「錬金術《アルケミー》」という言葉を使います。それは、シグネチャーセル・

ヒーリングで鉛を金に変えることを教えているためではなく、病気や体調不良の原因に関する細胞の意識を変え、患者さんの波動を高めれば、肉体・感情体・精神体・スピリット体の4体すべてを癒すことができるのだと伝えるためです。

シグネチャーセル・ヒーリングにおける錬金術とは、完全な癒しを達成する画期的な力と技です。すべてが可能なのです。

私事になりますが、脳卒中で倒れたあと、シグネチャーセル・ヒーリングを自らに施して、「錬金術」の観点から自分を治しました。医師の予想に反し、私は脳卒中で病院に運ばれた3日後に自分で歩いて退院したのです。私にとって癒しの過程《プロセス》は、一部の領域では依然進行中ですが、シグネチャーセル・ヒーリングの知識があったため、即座に運動障害や顔面麻痺を回避できただけでなく、数カ月後には言語障害も克服できました。私の場合、逆症療法《アロパシー》（いわゆる「西洋医学の領域」）とシグネチャーセル・ヒーリングが互いを補完し合い、癒しが生じたのです。シグネチャーセル・ヒーリングに備わっている錬金術により、私の癒しの旅《ヒーリング・ジャーニー》は促され、加速しました。

こうした自分の体験を思い起こすにつけ、そのありがたさに身の引き締まる思いで、真の錬金術師《アルケミスト》であるマスター・イエスに感謝したい気持ちが溢れ出てきます。私自身の癒しの旅はマスター・イエスの愛の心で満ち溢れています。

友よ、私は錬金術師となるべく日々努力しているところであり、あなた方をその世界に招待したいのです。あなたも錬金術師になれるのです！　可能性は無限大です！

私の世界にようこそ！
あなたに祝福がありますように！

カフー・フレッド・スターリング

出版社による序文

本書は癒しに関する本ですが、同時に生き方についても語っています。人間の経験は、肉体・感情体・精神体・スピリット体から成る4体システムで構成されており、癒しは生きる上での自然な過程だということが基本的な前提です。

体調不良を癒すことから、本書を読むに至るまで、人生におけるあらゆる経験は、人間の創造と同じく多次元的な考えに基づいて理解するのが最も適切でしょう。人はスピリット体で生まれ、精神体で遺伝子の青写真《ブループリント》（巻末の用語解説参照）を描き、その青写真が感情体で愛のエネルギーと一緒になり、肉体として具現化されます。

シグネチャーセル・ヒーリングに関する本書を読むことについても、同じことが言えます。今これを読んでいる読者の方々にとって、4体を通じた経験となることが意図されているのです。

カフーが7次元のスピリット・ガイドであるキラエルと共同制作した最初の本『Signature Cell Healing - Awakening the Chromosomes of Youth and Vitality』では、意識のグレートシフトに関する教えが述べられていましたが、同書の焦点は「癒し」でした。カフーをミディアムとしたキラエルの公開チャネリング、そしてカフーが行ったシグネチャーセル・ヒーリングのヒーラー養成コースで提供された「情報の宝庫」から選りすぐった題材をまとめあげていくことは、ある意味、愛の旅でした。

　そのような公開チャネリングやヒーラー養成コースがシグネチャーセル・ヒーリングの、そして本書の基盤となっています。また、長年にわたりカフーのもとに寄せられた癒しの体験談も、本書に美しさを添えてくれたといえるでしょう。


　本書の中で複雑で理解しにくい部分があった場合には、心を開き、先入観を捨て、直感を研ぎ澄ませてください。本書で述べられている概念の中には、現在のものの考え方・見方の範囲を超えているものもあるかもしれませんが、辛抱強く読み進めれば、最終的には理解できると思います。

　実際のところ、今あなたが本書を読んでいることには意味があるのです。たとえば、あなた同様に現在スピリチュアルの道を歩んでいる友人によって、この本に導かれた場合もあるでしょう。あるいは、カフーとキラエルの本の読者の多くが語っているように、自らのスピリット・ガイドに導かれたのかもしれません。

　シグネチャーセル・ヒーリングについて初めて学ぶ方にとって、本書ではパワフルな癒しの手法の諸例がたくさん紹介されています。とりわけ1章で語られている著者自身の癒しの旅は驚異的です。

本書の最後にも圧倒されるような癒しの体験談がもう1つ語られていますが、ほかにも多くの体験談が語られています。

人としてのあなたを構成している4体すべてで旅が進行すれば、多次元的な癒しが生じるのだということに気づくはずです。

本書では、シグネチャーセル・ヒーリングの基本原則、哲学面での基盤、生物学的な体系、シグネチャーセル・ヒーリングの「はじまりのシークエンス（シグネチャーセル・ヒーリングにおける最初の手順）」と「完了のシークエンス（同ヒーリングにおける最後の手順）」をフルに紹介しているため、機会があれば、次はぜひシグネチャーセル・ヒーリングのコースに参加して、4体における経験をフルに受けることをお勧めします。実際、本書はレベル1のコースに参加するための必須条件といえるかもしれません。

あなたがすでにシグネチャーセル・ヒーリングの認定プラクティショナーならば、シグネチャーセル・ヒーリングの基礎を説明したガイドブックをお持ちのことと思います。その場合には、本書の一部はすでにコースで習っており、ご存知のことでしょう。しかし、本書を参照すれば、あなたが参加したコースでマスター・ヒーラーであるカフーやシグネチャーセル・ヒーリングの認定インストラクターから学んだ教えは一層深まるに違いありません。

たとえば、2章ではシグネチャーセル・ヒーリングについて哲学的な観点から、3章では生物学的な観点から、コースで伝授されたよりも詳しく説明されています。コースを終了したばかりの方にとっては、4章と6章を読めば、コースで学んだ基本的な概念と癒しの手順（シークエンス）のおさらいになるでしょう。

他の補完的なエネルギー・ヒーリングを行うヒーラーにとっては、（「プラーナ」「氣」と呼び方は変わるにせよ）癒しに用いるエネルギー源が同じため、シグネチャーセル・ヒーリングは自分が行っている癒しの手法にぴったりフィットすると思います。

マッサージなど他の何らかの施術に携わっている方の場合、自分がそれまで用いてきた手法とシグネチャーセル・ヒーリングを併用すれば、患者さんが増えるかもしれません。あなたから愛の癒しのエネルギーが流れ込むのを体験したら、リピーターになったとしても意外ではありません。

また、カフーとキラエルの「ファン」の方々にとっては、本書は「意識のグレートシフト」局面で必要とされるヒーリングに関する教えを総合的にまとめた、カフーとキラエルによる最初の本になります。彼らによるこれまでの本はすべて、私たちが生きている間に起こる意識のグレートシフトについてスピリチュアル的な側面をカバーしたものでしたが、本書では、癒しの旅にそうしたスピリチュアル面での教えを加味しました。怖れから愛へ、そして愛から悟りへの人類すべての旅なのです。

あなた方の中には、自分が病気でないのになぜこの本を読む必要があるのだろうか、と疑問に思う人もいるかもしれません。

簡潔にお答えすると、この本を読めば、あくせくとした日常生活の中で疲弊する可能性が低くなるからです。人生における課題を難なく克服することができるようになるでしょう。

忘れないでください。あなたは「4体」を通じて人としての経験をしているスピリチュアルな存在だということを。癒すということは、4体すべてを癒し、人生をより最大限に生きるということなのです。

これはカフーがチャネルした本ですが、その大部分は彼が異次元に旅した際に取得した情報で構成されています。20年以上も彼のスピリット・ガイドを務めるキラエルの導きにより、3次元の世界でも理解できるように現在の形態に作り上げられました。

強調しますが、シグネチャーセル・ヒーリング手法は4次元独自の癒しの手法です。私たちは現在、4次元にシフトするために、私たちの集合意識を高めています。

さあ、一足先に、愛と覚醒を手に入れるために癒しを行おうではありませんか！

キラエルはこう言っています。

「私の本を読むことで、細胞意識の理解が開始します。私がこの地上にもたらした本を読めば、あなたの細胞の理解力の波動が高まり、それが癒しを促すのです」

あなたに祝福を。さあ、癒しを始めましょう。

シグネチャーセル・ヒーリング財団法人出版社

はじめに

100ポイントの光

現在が最良の時代だと言う人がいると思えば、最悪の時代だと言う人もいます。私は、現在は私たちの学びを新しい意識レベルに高める時代なのだと考えています。地球上においてあまりにも多くのことが危機に瀕している今、私たちは自らの視点を変革しなくてはなりません。今こそ、制限された視点が発するエネルギーを手放し、驚異溢れるエネルギーを獲得し、発する時です。

例を挙げましょう。私にとって大切な人の一人に癒しを行っていた時のことです。突如として私の頭の少し上あたりに、輝きに満ちた魅惑的な100ポイントの光の集合体が現れました。この時、私は首を左右に振り、光を目撃していることを否定することもできれば、実際に起こっていることだとして、客観的に眺めることもできました。そこで、現実に起きていることだとみなし、光の集合体をじっくりと眺め始めた途端、自分が癒しを行っている光景を見ていることに気づきました。自分自身を見ていたのです！　自分の手が、しかるべき動きをしているのが見えたのです。治療台の周りで行っている動作は的を射ているようです。自分が集中しているのが見てとれました。

引き続き自分を眺めているうちに、光は突然ぼやけました。

なぜこのようなことが起きたのだろうか？　しばらく静かに考えたのち、ふと気づきました。自分が100パーセント、今ここに存在し、集中している時にのみ、私の癒しのエネルギーは完全な輝きを放つのです。

そうした状態を達成した時には、自分が独特の柔らかな光に包まれるのを感じます。私の感覚は研ぎ澄まされ、心は穏やかになります。集中力が少しでも100パーセントから欠ければ、私の癒しのエネルギーは弱まります。

癒しとは、集中力がフルに要求される極めて個人的な試みです。シグネチャーセル・ヒーリングでは、意図や集中力が少しでも欠けていれば、癒しの光がぼやけ、癒しの力が低下します。プラーナ呼吸のような単純な作業でさえも、100パーセントの集中力が必要です。明確な意図を持たずに呼吸すれば、癒しのエネルギーは弱まります。一方、呼吸に集中すれば、癒しのエネルギーは強まります。単純なことなのです。

友よ、この点を踏まえて、人生におけるすべての試みにおいて灯《とも》されるあなた自身の光に注目してください。あなたの人生という光の集合体を構成する100ポイントの光すべてがフルに灯った状態を心に描《ビジュアライズ》いてください。

誰かに癒しを施しているときには特に、それらの光すべてが明るく輝くことを意図してください。そうすれば、あなたの世界はいっそう輝き、驚異に満ち溢れるに違いありません。

癒しの旅

キラエル　あなた方それぞれが美しき癒しの旅を始めることができるように望み、このチャネリングを始めます。「ヒーリング（癒し）」という言葉の美しさは、「愛」という言葉の持つ美しさにほぼ匹敵します。この地球上に存在する人々はすべて一人の例外もなく、自分自身の癒しに向けて前進する必要があります。

あなたが誰を癒すためにこの世に生まれてきたと思っているにせよ、誰かの癒しの旅のどの部分で自分がどんな役割を担おうと感じているにせよ、まず何よりも先に行うべきは自分を癒すことです。腕の切り傷を癒すとか、そういうことを話しているわけではありません。また、悪性腫瘍や高齢者の衰えた膝を癒すことのみを話しているのでもありません。

誰かとの関係を自分の望むかたちに変えることを決心した瞬間、あるいは自分の望むかたちの結婚生活を創造することを決心した瞬間、そうした瞬間にも癒しは起きるのです。子どもの頃に経験したあらゆることについて気持ちの整理をした瞬間、あるいは何らかの事態の進展により行き詰まりを感じ、もがき苦しんでいた状況をすべて手放し、あるがままの自分で今現在を生きようと決心した瞬間に、すべては始まります。もう何にも屈しないと決心した瞬間に、すべては可能であり、自分が思いさえすれば、すべてが叶うと理解した瞬間、その瞬間に、あなた自身の癒しの旅が始まるのです。

私が言わんとしているのは、あなたの中に存在する普遍の光を、つまり創造主の一部であるあなた自身を癒すことについて、そして、あなた自身の旅の美しさについてです。

癒しとは旅だと理解してください。癒しは、４体（肉体・感情体・精神体・スピリット体）におけるさまざまなレベルで生じます。癒せないものなど何ひとつありません。

ここでひとつ聞かせてください。

あなたは癒されるために、どの程度のことまで行う覚悟ができていますか？

かかりつけの医師に余命あと僅かだと言われた人に対して、私がこう言ったとしたら、どう思われますか？

「今夜私と一緒に出かけましょう。肉体の足かせから自分を解き放ち、私と一緒にエーテル界の光の中に旅立ちませんか。そこでは、これまで存在した中で最も驚異的な力を持ったヒーラーたちが、あなたがやってくるのを待っていて、あなたの肉体を癒す美しい力をプレゼントしてくれるのです」

　あなたは、「喜んで！　準備はできています」と答え、それに対し私は、「では、一緒に瞑想しましょう」と言います。

　するとあなたは、「ちょっ、ちょっと待ってください。私は瞑想の仕方など知りません」と慌てふためきます。そこで、あなたが瞑想の仕方を覚えるまで、進行具合が遅くなります。そして、ようやく瞑想の仕方を習得したあなたはこう言います。

「準備完了です。瞑想の仕方がわかりました。それでは、その場所に行って、私を癒してください」

　そこで、私はこう言います。

「頑張りましたね！　では、もう1つやってもらいたいことがあります。その場所に行く前に、ちょっとしたお祈りを捧げてもらえますか」

　それを聞いたあなたの言葉はこうです。

「マスター・キラエル、でも、私は祈り方を知りません。あなたはさっき、『瞑想しましょう』としか言っていませんでしたよ。私たちが行おうとしていることは本当に癒しですか？」

「そうですよ。本当に自分のすべてを癒したいと思っていますか？　瞑想し、ちょっとした祈りを捧げる必要があったとしても、この旅の行程すべてを歩む覚悟はできていますか？」

　それに対して、あなたはこう言うでしょう。

「そのような手順を踏むのは苦手です。そうしたことすべてを端折って、癒しの旅に出かけることはできないのですか?」

できません。本当に自分を癒したいと思ったら、それは無理です。

私の言わんとしていることが、おわかりですか? 自分が癒しを望んでいることが完全にわかっており、何が何でも癒されるのだと決意してはじめて、癒しは完璧になります。

それでは、癒しを望むことと癒しを手に入れることの違いは何だと思いますか?

答えは「思考」です。これがあなたに対する答えです。

あなたは、「マスター・キラエル、そんな単純なことなのですか?」と言うでしょう。そう、そのとおりです。正しい思考を心に描けるようになれば、癒しを手に入れることができるのです。

こうして、肉体・感情体・精神体・スピリット体すべてに癒しがもたらされます。癒しを望むことと癒しを手に入れることを融合させる癒しは、あなたの思考の波動によって結ばれます。

自分が思考の産物であり、自分に肉体があると思考した結果、肉体を得たのだと、また自分が思考した結果、人間の経験というこの現実の中に存在しているのだと認識すれば、自分が思考で構成されているということをより理解しやすくなります。その事実に気づきさえすれば、癒せないものなど何ひとつなくなるのです。

ひとり暗く絶望の淵に落ち込んでいたり、他の人と距離を置いたりしているのであれば、自分が本当に望んでいることの結果を見ることはできません。自分が情熱を持って本当に癒したい、あるいは創造したいと思っているものを自分の思考を通じて、どのように実現させればよいのかを理解し、自分の存在をそれに開放することが大切です。

　癒しとは、単にかかりつけの医師に診てもらうだけではないとはっきり気づいた時、癒しとは冒険に乗り出すことだと、そして生涯最高のスリルを経験することだと気づいた時に、癒しの旅は完全なかたちであなたの目の前に広がるのです。

誰がシグネチャーセル・ヒーリングを必要とするか

〈ヒーリング・プラクティショナー〉

　レイキやヒーリングタッチなどの統合エネルギー療法をすでに学んだ方にとって、シグネチャーセル・ヒーリングは癒しを極めるための、次のステップとなります。

　愛を込めて癒しを行う、こうした療法やその他の補完療法と同じく、シグネチャーセル・ヒーリングでもエネルギーワークとハンズオン手法を基盤としています。

　「意識のグレートシフト」の局面では、世界は援助してくれるヒーラーを必要とします。つまり、あなたを必要とするのです。

〈癒しの旅の途上にある人〉

シグネチャーセル・ヒーリングは、西洋医学の医師に提供される治療とは別に、補完療法を求めている人にとってふさわしい癒しの手法です。癒しとは、単に肉体を癒すことではありません。あなたにそうした経験をもたらしたのは何なのか、そのような不快感、体調不良、事故に至った背景には、どのような思考、感情、怖れがあったのかを理解する必要があります。

本書を読めば、なぜ自分以外のプラクティショナー（施術者）からシグネチャーセル・ヒーリングを受けたほうが、自分自身の癒しがより完全になるのか理解できるでしょう。自分以外のプラクティショナーならば、あなたの4体で起きた経験に影響されずに、客観的にアプローチできるからです。もちろん、シグネチャーセル・ヒーリングを自らに施すことも可能です。その場合は、この4次元の癒しの手法で用いられる概念とテクニックを理解することはプラスに作用します。さらに、自分を癒すことに全力を注ぐ場合には、当然ながら自分の癒しの才能を他の人と共有することで、あなた自身の癒しが強化されることに気づくでしょう。

〈家族や友人〉

自分の家族、友人、同僚、知人が、頭痛によるストレスを軽減したい、傷ついた心を癒したい、あるいは心臓発作後の体調の回復を図りたいと思っている状況を思い浮かべてください。あるいは、知人で体調がすぐれない人や何らかの理由で動揺している人がいるかもしれません。または、解雇されたばかりの人、家族を亡くしたばかりの人が近くにいるかもしれません。単に日々の暮らしで遭遇する難題に対処する方法を、模索している人が近くにいるかもしれません。そういう人たちにも、シグネチャーセル・ヒーリングは効果的です。

実際のところ、誰もがシグネチャーセル・ヒーリングの恩恵を受けることができるのです。

〈エッジ・クリエイター〉

あなたが、真実の探求の途に、またはスピリチュアルな悟りの探求の途にあり、意識のグレートシフトが進行するなかで、自分の人生の目的を模索しているとしましょう。あなたは、生まれてくる前に描いた青写真《ブループリント》（巻末の用語解説参照）上ではすべての経験が完璧だと認識して、自己実現を図るために進化の道を選んだのです。

また、創造主のエネルギー、そして内なる愛につながっていると感じていることでしょう。あなたは、自分が多次元的存在であり、進化の道を歩むうえで自分を導いてくれる深遠な創造主の叡智とエネルギーを見いだす最先端になろうとしていることを認識しています。それこそが、エッジ・クリエイターです。あなたはエッジ・クリエイターなのです。

進化的レベルの癒しの最先端を行くシグネチャーセル・ヒーリングは、エッジ・クリエイターであるあなたにふさわしい癒しの手法です。

なぜ今シグネチャーセル・ヒーリングが重要なのか

〈最初の処置〉

シグネチャーセル・ヒーリングは、緊急事態において救急救命士や他の医療スタッフが現場に到着するまでに、一番先に行うことができる処置です。

たとえば、週末にシグネチャーセル・ヒーリングの集中講座に参加し、家に戻る飛行機の中で、応急処置が必要な乗客が出たとのアナウンスがあるかもしれません。あなたは医師やその他の医療スタッフが名乗り出てくれるのを期待するでしょう。しかし、再び、緊急事態に手助けしてくれる人がいないかとのアナウンスがあります。あなたはどうしますか?

モスクワで週末にシグネチャーセル・ヒーリングのコースを受講し、修了した生徒さんが、シベリアに戻る飛行機の中でまさにこうした状況に遭遇したのです。医療関係者は1人も搭乗していません。そこで、彼は、呼吸困難に陥っていた乗客にシグネチャーセル・ヒーリングを行ったのです。

シグネチャーセル・ヒーリングを施してからしばらくすると、乗客の呼吸は落ち着き始め、顔色も良くなりました。おかげで、この乗客は目的地に無事辿り着き、そこで医師の治療を受けることができたのです。

〈肉体が病んだ際の癒し〉

私たちは誰でも、健康で活動的な人生を送りたいと思っているはずです。少しでも長生きしていたいと思っていることでしょう。しかし、人生とは始まりがあり、中間があり、終わりのあるサイクルです。私たちの肉体は、永遠に生きられるようには創られていません。

まだご存知でない方のために、お伝えしましょう。体調不良や病気は、私たちがこの次元を離れるための、いわゆる「出口《エグジット・ポイント》」（巻末の用語解説参照）として、私たちの遺伝子の青写真《ブループリント》に組み込まれています。

ガン、心臓病、腎不全をはじめとした臓器不全は、人生の最終局面に差し掛かった人々にとって出口《エグジット・ポイント》となっていることがよくあります。また、事故や自然災害も、私たちが創造主のもとへと戻るための出口《エグジット・ポイント》だということを認識しなくてはなりません。

しかし、ありがたいことに、ＤＮＡに組み込まれた「出口《エグジット・ポイント》」を、その時点で甘受しなければならないわけではありません。

実際のところ、ほとんどの人は即座に生存を選択し、癒しの道を歩みます。病気の人のニーズを満たす医療施設もあれば、治療にあたる熟練医療スタッフもいます。代替療法による癒しを望む人のために、私たちは統合的アプローチの観点から癒しを行うヒーラーとしてお手伝いします。

〈日常生活の一環としての癒し〉

肉体が病気になったときだけ、癒しを受ければいいというものではありません。ある時は癒しを受けたものの、次の週には癒しなど見向きもしない。それはお勧めできません。もちろん、次に病気になるまで放置しておくこともできますが、その場合は一連の新たな癒しの旅を経験しなければならない可能性が高いでしょう。

過去の感情面での問題を解放する時期に達したと感じることがあるかもしれません。あるいは、インフルエンザにかかったり、日常生活のストレスによって頭痛に悩まされたりすることもあるかもしれません。

日常生活の一環としての癒しとは、怖れを愛に変える旅を歩むにあたり、定期的にシグネチャーセル・ヒーリングを受けるということです。癒しは生涯続けられるものです。

さあ、始めてみましょう！

成功につながる鍵があると思うかもしれませんが、そのような鍵など存在しません。成功した人々が言うように、大切なのは成功に至る過程としての旅なのです。旅の途中で一生懸命歩数を数えているうちに、気づけばすでに目的地に到着しているに違いありません。

1章

勇気をもって癒す

世界は刻一刻と変化しており、私たちはそうした変化に対応する必要があります。「傍観者的な無関心」の世界から、「積極的なケア」の世界へと気持ちを変えなくてはなりません。そのためには、癒しを必要とする人と同じ数のヒーラーが必要になるということです。前もって十分な準備を行いさえすれば、誰もが癒しの過程において積極的な役割を果たすことができると信じています。

『Kirael：The Genesis Matrix（キラエル：ジェネシス・マトリックス）』より

私の旅にようこそ。心より歓迎いたします。

この章では、私のこれまでの人生についてあらましを語るとともに、スピリット・ガイダンス界の最も深遠なマスターであるマスター・キラエルをチャネルする中で育んできた夢がどのように展開したかをお話しします。本書が、読後、忘れられることのないよう願っています。

本書に掲載された情報はあなたを覚醒させるだけではなく、魅了するような内容である一方で、思考をフルに働かさないといけないため、難しいと思うかもしれません。最初の段落から最後の一語に至るまで、私が心の宝物と感じている生きるための原理すべてが輝きを放ち、あなたの心の琴線に触れることを祈っています。

次の数ページでは、私が体験した癒しの旅を紹介します。私を知る人の中には、私の人生が終わったと思った人もいたでしょう。まさに危機一髪と言うべき状態でした。自分では覚えていない部分もあります。しかし、シグネチャーセル・ヒーリングに関する本を書きたいという熱い思いをすでに感じていたことは記憶にあります。

何年も前に、いつの日か世界各地から多くの人が、この癒しの手法を学ぶために私のもとに集うことを心に描いていました。そうした人々がヒーラーになるために学ぶべきことを教えるだけではなく、彼らを癒せることを知っていました。世界規模のヒーラー養成システムを構築することが、私の長年温めてきた構想でしたが、旅を完全にするためには、自分自身が死の淵から戻り、癒しの旅を完了するためにシグネチャーセル・ヒーリングを用いる必要があったのです。

私の人生の旅は20世紀に始まりましたが、今振り返るに、一連の始まりと終わりの繰り返しでした。ご存知の方もいらっしゃるように、キラエルとの出会いは私の人生の大きな転機となりました。当時、私は（USドルで）6桁台の年収を稼ぎ出す実業家として成功を収めていました。それ以前は陸軍の衛生兵を務め、ハワイ・ホノルルにあるトリプラー陸軍病院に勤務したこともありました。退役後は救急救命士として働きましたが、若い頃には精神療養に特化した国立病院が職場だったこともあります。

このように一連の医療関係の仕事に携わっていたにもかかわらず、そのどれも、のちにキラエルから伝えられた4体の癒しには程遠いものでした。伝授された当初は、「どうすれば、これらすべてをマスターして、他の人に教えることができるのだろうか」と当惑したものです。旅においては多くの重要なステップがあります。これからお話しすることは、私の人生における非常に大きなステップの1つでした。


素晴らしいことに、今この本を手にとって読んでいるあなたも私の旅の一部なのです。何らかの力が作用したため、あなたはこの本に出会ったのです。

どうぞ、先入観を持たずに心を開き、私の旅に付き合ってください。旅の結末がどうなるのかはっきりと知っているのは、創造主なる神のみです。

見事な癒しの技：2つの世界からの眺め

大きいにせよ、小さいにせよ、すべての出来事はいくつかの異なる視点から眺めることができます。それぞれの視点は、私たちが全体像を把握する一助となり、そういう視点について話を聞くことにより、癒しの旅をはるかに完全に近いかたちで理解することが可能になります。

私が創造主のもとへ帰る可能性に直面した、あの夜のことはあまり記憶にないのですが、覚えていることをできる限りお伝えしたいと思います。

私の話のあとに、キラエルの視点からの話があります。キラエルからの話により、あの夜実際に起きたこと、またなぜそれが起きたのかを、より深く理解しやすくなるに違いありません。

2006年10月18日の夕刻、帰宅した私は自室でシャツを脱ぎ始めました。その瞬間に何の前触れもなく、自分が後ろ向きに倒れていくのを感じました。薄れていく意識の中で、「マスター・キラエルはどこだ？　キラエルが仕向けたことなんだろうか？　こんなことをするなんてひどいじゃないか！」と独り言を言ったのを覚えています。

しかし、その後すぐに、たとえどんな結果に至ろうとも、私たちのガイドや天使は私たちの旅に干渉しないことを思い出しました。彼らは、私たちに危険が迫った際にできる限りの助けを提供してくれるためにそばに控えてくれているのです。しかしその時は、「うまくいってないじゃないか」と思ったのを覚えています。

「どうしたの？」という妻の声が、はるか彼方から響いているような感じで聞こえました。ふと気づくと、救急隊員たちが到着したようでした。彼らが身をかがめた時に、防火コートのゴワゴワした肌触りを感じました。ほかに白いシャツを着た男性が2人いたのも覚えています。それを最後に意識が途切れました。

次に意識が戻ると、驚いたことに体外離脱していました。病院のベッドで眠っている自分の肉体を離れ、宙に浮いていたのです。ベッドに横たわる自分自身を見下ろしながら、「うわっ、ひどい状況だ。これはまったくひどい」と思いました。医師が2人（男性、女性1人ずつ）ベッドの足元で、私を眺めているのが見えます。女医さんが、「脳卒中の典型的な例ね。右足も右手をもう動かないと思うわ。それに顔面が麻痺しているわね」と言っています。

「いったい、この人たちは誰のことを話しているんだろう？　まさか、私じゃないだろうな」と思い、辺りを見回したのですが、私以外には患者らしき姿は見えません。そこで、自分のことだと気づきました。

「なんてことだ。これは大変だ！　先生たちは私が脳卒中を起こしたって言っているぞ！　なんでこんなことが起こったんだ。キラエルは何をしているんだ？　何が起こったんだ？」

ちょうどそう思った時に、2人の医師は病室から出ていきました。どこか感覚が残っていないかと、自分の体に触れようとしました。腕を持ち上げようとしたのですが、微動だにしません。今度は右足を上げようとしましたが、そちらもまったく動きません。パニックに陥りましたが、私はまだ体外離脱の状態です。

その時です。キラエルの声が聞こえました。

「おやおや、呼吸しないつもりかい？　呼吸だよ、さあ、呼吸するんだ！」

はっと気づいて、私は意識して呼吸し始めました。その途端、自分の体に戻っていました。呼吸はできましたが、その時の私は、地上を離れ、故郷である神のみもとに戻る寸前だったに違いありません。

プラーナ呼吸を始めると、すべてが変化しました。癒しの要《かなめ》は呼吸です。癒しの大半はプラーナ呼吸の過程で生じます。

クラウン・チャクラ（頭頂部にあるチャクラ）から金色の光の粒子を吸い込み、それをハート・チャクラへ導いたのち、身体全体に流すのです。手を動かして、体に触れようとしましたが、まだ無理です。何も動きません。できることといえば、呼吸することのみでした。大きな音を立てて、激しく呼吸していたに違いありません。看護師さんが何人かやってきて、私の顔を覗き込みました。しかし、声帯と顔面が麻痺していたため、何も告げることができませんでした。彼女たちは、「いったい何をしているのかしら」「呼吸しているだけよ」「まあ、大丈夫そうね」と言葉をかわすと、病室から出ていきました。

とにかく、私は呼吸し続けました。その日どれほどの間プラーナ呼吸を続けていたのか、わかりません。いずれにせよ、長時間にわたるプラーナ呼吸のおかげで、健康体に戻る癒しの旅が開始したのです。

その時点で、自分の状態が深刻なことに気づきました。右半身に何の感覚もなかったのです。数時間ほどプラーナ呼吸を続けた後、「足を動かしてみよう」と思いました。足を選んだのは、足の指が見えたからです。

そこで、足の指先に意識を集中しました。足の指がまっすぐ上を向いているのが見えます。その指先を頭の方に向かって引っ張ってみました。どうにか動きましたが、傍目にはわからないほど少しです。とは言っても、足の指先を曲げることができたのは、奇跡でした。その時点で、この状態を克服できることがわかりました。私がそれまでに世界各地でさまざまな方と共有してきた驚異的な出来事のどれも、私がその瞬間に足の指を動かせた奇跡に比べると些細なことのように思えました。この時、私はすでに癒しの旅に真剣に取り組んでいたのです。

私は自分の脳卒中がそこまで重症だと気づいていませんでした。わかっていることといえば、足の指先が微かながら動くということだけです。

それから1時間ほど経ったでしょうか、右足を上げることもできるようになりました。やがて手の感覚、そして体の他の部分の感覚も戻っているのに気づきました。あまり力は入りませんでしたが、動いているのが見えるたびに体のあちこちを動かせるようになっていました。まだ話すことはできませんでしたが、顔は医師たちが言っていたほどは麻痺していないのがわかりました。

ここまでお話ししたことはすべて忘れても構いませんが、これだけは覚えておいてください。体を思いどおりに動かせなかったとしても、正しい呼吸の仕方さえ知っていれば、自分自身の癒しを始めることができるのです。

そして、祈りの重要さも忘れないでください。感謝の気持ちを込めて祈れば、どんどん癒されていきます。

私は祈りましたが、具体的なことを要求したわけではありません。ただ創造主に、キラエルに、そしてその他すべてのガイドや天使たちに感謝の気持ちを捧げました。私はこう言いました。

「こちら側でできることはすべて行いますので、指導されている側からも多くの力添えをお願いいたします」

私たちはこの驚異的な癒しの旅をともに歩んだのです。


2時間ほどすると、顔の麻痺がなくなっているのに気づきました。頬が動くのを感じます。その時点では、まだ話すことはできず、それに関して少々心配な気持ちもありましたが、6時間ほど経つと話せるようになりました。不明瞭で聞き取れないほどでしたが、とにかく声を出せたのです。

先ほどの医師たちが部屋に戻り、私に向かって、私が今後できること、できないことについて説明し始めました。私の足や腕が動くことについては、信じられないようでした。このようなことを言っていました。

「素晴らしい！　先ほど打った注射が効いたに違いないですね」

彼らは私の回復を説明するのに医学的な理由を探しているようでした。

私の癒しの旅における注目すべき点は、私がひたすらプラーナ呼吸を続け、心の底から祈り続けた結果、祈りが聞き届けられたということなのです。

ここで話を少し先に進めましょう。脳卒中で病院に運び込まれてからわずか3日後に、私は自分自身の足で歩いて退院しました。そこから新しい癒しの旅が始まります。

脳卒中を発症したあとは、脳の一部が失われるため、頭で何かを考えたとしても、口に出した瞬間に別のことを意味する言葉になっている可能性があります。あるいは、何かを思いついたとしても、言葉にする前にそれが消えてしまう可能性もあるとのことでした。それは、私にとって非常に恐ろしい経験でした。

私は言語聴覚クリニックに通い、再び喋れるようになるためにリハビリを始めました。週に1回と言われたのですが、2、3回通院しました。私からの質問攻めで、言語聴覚士さんたちは疲労困憊してしまったようです。とにかく、彼らが知っていることを吸収したかったのです。

すべて学んだと思った時点で、クリニックへの通院をやめ、自らシグネチャーセル・ヒーリングを使って声帯と喉の筋肉を鍛え始めました。

医学的な観点からいうと、左の頸動脈は完全に切れ、右の頸動脈は80パーセント詰まっていました。右側のそのわずかな20パーセントの隙間から、私の脳に血液が運び込まれていたようです。外科医の先生から、右頸動脈の20パーセントの経路のみを通じて運ばれる血液は、生命を維持できる最低限の量だと言われました。この女医さんは、私の動脈にステント（血管など人体の管状器官を管腔内部から広げる医療機器）を挿入し、20パーセントの容量を40パーセントに拡大したかったようですが、私としては動脈へのステント挿入に同意すべきか決めかねていたため、答えを保留にして、時間をかけていろいろと調べることにしました。その結果、シグネチャーセル・ヒーリングによる癒しに専念することにしたのです。

脳卒中で倒れてから1年後の２００７年10月15日に検診を受けた際には、右側の頸動脈における血流が50パーセント近くまで拡大していただけでなく、左側の頸動脈には新しい血管ができつつあり、脳に向かって伸び始めていたことが明らかになりました。検診の結果について、医師は「奇跡」だと言いました。

私は引き続き週に3、4回、自らにシグネチャーセル・ヒーリングを施していますが、私の癒しの旅が終了するまでにはどちら側の頸動脈も完治していると確信しています。

これは素晴らしい旅です。まだ、脳卒中で倒れる前のように明瞭に話すことはできませんが、脳と言葉がシンクロするよう一生懸命訓練しているところです。

さあ、ここからはキラエルに、彼の視点から語ってもらいましょう。

＊＊＊

キラエル　私のミディアム（カフー）がお話ししたことを、今度は私の視点から話してみましょう。私の話はカフーよりも少々長くて複雑です。彼は自分が覚えていることを話しましたが、すべて覚えているわけではありません。たとえば、助けを求めて私を呼び寄せた時のことは覚えていません。それほど動揺していたのです。

実際のところ、この癒しの旅について非常に怒っており、その時点では魂は体から抜け出ていました。しかし、魂はどうにか肉体につながっていたため、心臓は動いていましたが、完全につながっていたわけではありませんでした。

マスター・イエスも近くにいたのですが、カフーはイエスも他の存在も呼ぼうとはしませんでした。しかし、どうにか落ち着きを取り戻したらしく、私を呼びました。

「マスター・キラエル、どうすればいいんだい？」

そこで私は、「そうだな、呼吸したらどうだい？」と言いました。

すると、「えっ、呼吸するですって？　足も腕も顔も壊れてしまったんですよ。何ひとつ動かないんです」という答えが返ってきました。

私が、「呼吸するんだ、君、呼吸するんだ！」と言うと、「わかったよ」と答えました。

その時点でカフーの癒しの旅が始まったのです。

カフーは深いプラーナ呼吸を始めました。その間に、私は、カフーのスピリット界の友人たちを呼び寄せました。真っ先に駆けつけたのが、レイブンです。続いてリアホナとシェリフも到着しました。こうした友人たちは、カフーがミディアムの仕事を通じて出会ったエネルギーの存在です。これらエネルギーの存在たちに頼み、カフーのプラーナ呼吸に参加してもらいました。

私たちはカフーの周りを輪になって囲み、彼がクラウン・チャクラからプラーナを吸い込むたびに、その吸気に私たちのエネルギーを混ぜて注ぎ込んだのです。私たちのエネルギーは融合しました。カフーがプラーナを吸い込むたびに、私たちはその吸気とともに彼の身体組織に入り込み、彼のつま先まで移動しました。カフーとともに癒しの作業を行ったのです。彼の呼吸が刻一刻と強くなっていくのがわかりました。

やがて、カフーの呼吸は、吸気とともに私たち全員を彼の体の組織に引き込めるほど強まりました。ついに私たちは、カフーの生体プロセスの中に入ったのです。

次の点を忘れないでください。あなた方の肉体には自己治癒の力が備わっているということ。そして、すべての人にはガイドや天使がついており、望みさえすれば、すぐにやってきてくれるということを。彼らを自分の肉体の中に呼び入れ、何にせよ、あなたの望むことをしてもらうことができるのです。

私のミディアムであるカフーはシグネチャーセル・ヒーリングの創始者だったため、自分が何を行うべきか知っていました。彼のスピリット体も自分の肉体に入り、私たちが彼の体内で動き回るのを見守っていました。カフーは吸気とともに胃に入ると、そこから私たちに行ってほしいことについて指示を出し始めました。

カフーがシグネチャーセル・ヒーリングを知っているのは非常にありがたいことでした。彼からの指示がなければ、私たちは彼を助けることができなかったでしょう。よろしいですか？　カフー自らがこの癒しの旅を歩まなければならなかったのです。私たちにできるのは、指示されたことだけです。

彼自身がこの旅を歩む必要がありました。私たちはガイドであり、あなたの肉体の中に入ることも含め、できることは何でも喜んで行います。しかし、いったん肉体に入ったら、持ち主の指示を待つ必要があります。あなた方の役目は、私たちがあなたの旅の手助けをできるよう指示を送ることです。

カフーは次々と指示を出します。

「キラエル はこっちに来て。リアホナはあっちに行って、そこで膝を担当してほしいんだけど。シェリフ、あなたはもう少し上に行って、臀部をこちら側に動かしてくれないかい。キラエル、あなたのほうはどんな調子だい？」

私はちょうどカフーのつま先にいたのですが、リアホナがこちらを担当したいと言うので、入れ替わりました（リアホナを知っている方ならばご存知のように、彼女は強引なところがあるのです）。シェリフは、指示どおりカフーの臀部で作業していました。

カフーは、私たち全員にメッセージを送りました。

「ありがとう。準備は整ったかい？　では、私の足の細胞意識の中に、足の裏側の魂《ソウル》（訳注：英語で

Soul〈魂〉とSole〈足の裏〉は発音が同じ。ここではこの2つをかけている）の中に入って！」

普段でも細胞意識の中に深く入ることは難しいのですが、この時は、中に入って足の裏側に話しかけ、意識を呼び覚ますのに通常以上に時間がかかりました。カフーの足は弱りすぎていて、すべての指を動かすだけの力が残っていなかったのです。それでも、指の1つをどうにか1ミリ強ほど、次の細胞層に引き入れることに成功しました。

次に、カフーは細胞とリアホナに指示を出しました。

「足の裏からまず、この細胞層まで引き上げるんだ。そう、上へ、もっと上へ！」

リアホナは努力の末、カフーの足の細胞に話しかけることに成功し、細胞は心を開きました。カフーの指が動いています。リアホナは得意げな様子です。

「みんな、見て！　私たち、やったわよ！」

私自身はすでにカフーの膝の細胞に入って、準備万端だったのですが、指が動かないことにはお手上げだったのです。

シェリフはというと、指令を出しています。

「さあ、こっちに上がってくるんだ！」

少しでもシェリフのエネルギーに触れたことのある方ならば、シェリフに対して決して「ノー」と言えないことをご存知でしょう。

その間、レイブンは、カフーの指示どおり、身体のあちこちで（特に心臓と顔を中心に）作業を続けていました。感情体の再活性化が必要だとカフーに言われると、レイブンは感情体に移動し、ペヨーテ（訳注　米国のインディアンを中心に北米の原住民が治療薬として、あるいは儀式で用いるサボテン科の植物）らしきものを吸っていました。確定はできませんが、とにかくレイブンがカフーの感情体で何かを吸いながら、急ピッチで動き回っていたのは事実です。

カフーは次に、リアホナに精神体に行くよう指示しました。精神体とは、その時レイブン、シェリフ、私が作業していた場所（すなわち肉体と感情体の外側にあるエネルギー体）です。カフーの精神体のバランスは崩れ、中心からずれていたのです。精神体が乱れ果てていたために、感情体は激しく揺れていました。

精神体で作業してほしいという指示に、リアホナはショックを受けました。精神体で作業をするのが好きではなかったのです。感情体で作業を行っているレイブンに変わってほしいと思ったようでした。

リアホナには精神体で古代レムリアの風水であるデンジェ（Denjé：4体すべてに対して、中心に意識の焦点を合わせ、肉体の正常な機能を促す）を実践してもらい、それによって精神体を中心に戻して落ち着かせることが、カフーの狙いでした。私はリアホナが、カフーの心が深い闇に落ち込まないように、ミディアムの精神体の振り子を左右に動かし、調整しているのをじっと見守っていました。

リアホナがカフーの精神体を中心に戻すことに成功した途端、カフーの精神体全体は癒しに集中し始めました。カフーは癒しの旅に専念できるようになり、彼の精神体に入り込もうとする邪気をすべて払いのけることができました。

その間ずっと、私たちは愛に意識を集中していました。やがて、カフーの脳は美しいパワフルなエネルギーへと変化を遂げたのです。

私があなた方に何を伝えようとしているか、おわかりですか？　なぜ、カフーは生き延びることができたのでしょう？　いいですか、カフーに起きたことは奇跡ではないのです。彼は自分の癒しの旅を歩んでいるだけです。明日また、脳卒中に襲われるかもしれません。そうなってもまったく問題ありません。今や彼は自分を癒すために、何を行うべきか知っているからです。

私たちが行ったことは奇跡ではありません。何をすべきかを知り、そしてそれを実践に移すことが大切なのです。

あなたの天使があなたのために何もしてくれないと感じる時には、話しかけることです。あなたは、「なんで話しかけなきゃいけないの？　私は元気よ」と言うかもしれません。

２００６年10月18日の午後から夕方にかけ、カフーは元気に溢れていました。しかしその夜、一瞬のうちに彼は脳卒中に見舞われたのです。

シグネチャーセル・ヒーリングを知っていたことが彼を救いました。そのおかげで、脳卒中による麻痺から急速に（ほんの数時間で）回復できたのです。

ですから、あなたがシグネチャーセル・ヒーリングを、またはそれに似た癒しの手法を知っていれば、あなたは自分を癒せます。

シグネチャーセル・ヒーリングでは、自分の細胞の意識と共同で作業できますし、自分の体で起きていることを感じることができます。つまり、自分の心臓に入り、行うべきことをするのです。カフーのように、まだ冷静な判断を下せるうちに、自分の身体の中に入ってください。

まず、カフーは胃の中に入りました。その時はなぜそんな場所に入るのか、私たちには合点がいきませんでした。脳卒中で倒れたばかりです。なぜ、心臓や脳に行かないのでしょう？　やがて、なぜカフーが胃に入りこんだのか理解できました。胃は、脳卒中の影響を受けたさまざまな場所に行って作業するようにと、私たちに指示を出すのに、最適の場所だったのです。

「体のどの場所に行っていいのかわからないなんて、一体あなたはガイドと言えるの、マスター・キラエル」と言う方もいらっしゃるかもしれません。そう言われても、私に肉体はないんですよ！

時々カフーの体を借りはしますが、実際に所有しているわけではありません。

しかし、過去に肉体を持っていたことはあるので、カフーの指示に従うことはできました。膝に行って、こう言ったのです。

「今、膝に着いたけど、君は何をしてほしいんだい？　この辺の筋肉を支えて、これを持ち上げ、それをそちらへ引っ張るのかい？」

私たちが行ったことはすべて、私たちのミディアムであるカフーの指示で行いました。彼は何をすべきかわかっていたのです。

「他の人が同様の状態だったとして、そういうことができるのでしょうか？」と尋ねる方もいらっしゃるでしょう。それにはお答えできません。私にはわかりません。

しかし、これだけは言えます。カフーはこれらのことを行い、そして今現在、自分の足で不自由なく歩いています。あなたの障害や病気が何にせよ、シグネチャーセル・ヒーリングを使えば癒しは可能なのです。

結局のところ、カフーは脳卒中後、３日入院しただけでした。私がよくお話しする比喩的な表現を用いると、「暗闇の３日間」です。

彼にとってあの３日間は、細胞意識の３つの層に新たな光をあてるために必要な過程でした。その結果、カフーは第４の光に到達したのです。

暗闇の３日間とは、癒しの過程にある人が歩む意識の旅を象徴しています。大きな病気を患ったことのある人ならば、この「暗闇の３日間」を経験したことがあるはずです。実際に３日間とは限りません。暗闇の３日間とは、あなたが癒され、真実を見つけるまでの期間を指すのであり、必ずしも３日ではありません。その期間は人によってさまざまです。

今このようなことを聞いても、実際に経験するまではピンとこないでしょう。肉体にトラウマを感じた際には、次の点を覚えていてください。

癒しの旅とは自分の体に責任を持って、自らが癒しを指揮することです。体が何らかの外傷に晒された時には、肉体から抜け出して、自分のガイドに指示を出してください。あなたの体の中に入ってもらい、してほしいことすべてを行ってもらえるよう指示するのです。あなたに何人のガイドがいるかなど、ここでは関係ありません。すべてのガイドを呼び出し、あなたのクラウン・チャクラから体へと入りやすいように、情熱を込めてプラーナ呼吸を行ってください。そのあとは、彼らと一緒に自分の体に入り、そこから自らの癒しを指揮するのです。

カフーが行ったことは誰にでもできるのです。彼の回復の話は奇跡についてではありません。誰でもシグネチャーセル・ヒーリングを活用できる、ということを示しているのです。カフーが経験したほどの肉体的なトラウマを経験することはないかもしれません。しかし、グレートシフトが生じ、地球全体がフォトン・エネルギーに包まれる「暗闇の3日間」には、このようにして自分の肉体に働きかけることが必要になります。

ここでいう「暗闇の3日間」は世界規模で生じます。正確な時期はわかりませんが、あっという間に起きるでしょう。したがって、その時が来るまでに、どのように対処すればよいか、知っておく必要があります。準備してください。フォトン・エネルギーに包まれれば、少なくとも3日間、意識を失った状態が続くからです。

その時、魂としてのあなた方は自らの癒しの旅を乗り切るために、自分の天使やガイドを呼び出し、助けてもらわなければなりません。目に見えない光の存在に助けてもらい、自分の体の細胞構造を新しく創り変えるのです。

カフーは、頸動脈を完全に治すと決意を固めています。そのため、私たちは毎日カフーの患部の治療に取り組んでいます。彼には死の淵から戻るだけの勇気がありました。その勇気がなければ、とっくに創造主のもとへと帰っていたことでしょう。

自分の体を眺め、「体が動かないぞ。マスター・キラエル、どうすればいいんだい？」と言った瞬間に、彼の癒しの旅が始まったのです。

私たちはカフーのシグネチャーセルのエネルギーに入り込み、そこから体中を巡って、肉体をすっかり創り変えました。

右足はすでに麻痺していたため、まず左足に入って、そこのエネルギーを右足に移しました。具体的には、左の膝、ふくらはぎ、腿などに行き、それぞれのエネルギーをすべて右の同じ場所に移動させたのです。左足のエネルギーすべてを右側に注入したため、左足の細胞構造を再構築する必要がありました。天使、ガイド、エルフがそれぞれ2名ずつ、作業を手伝いに来てくれました。

次に、幹細胞に取り組みました。身体のあちこちから幹細胞を借りてきて、必要な場所に導きました。しかし、最初の2日間に借りてきた細胞すべては、他の細胞で置き換える必要がありました。そのため、カフーの細胞構造はすべて変化しました。

ほとんどの人の場合、この過程を終えるのに3、4日かかるうえ、麻痺は残ります。細胞構造の再構築には多くのエネルギーが要求され、必要とされる場所の細胞構造を創り変えたあとには、そのためにエネルギーを引っ張ってきた場所を再構築しなくてはならないためです。カフーが経験した脳卒中の深刻さを考えると、現在、彼が元気に歩きまわり、普通に会話ができているのはまったく驚くべきことです。

私たちは、カフーがリラックスして、ゆっくりと深呼吸できるよう、休憩時間をたっぷり設けるようにしました。そのおかげで、細胞の活性化が促され、ぐんと体力がつきました。彼の体はすべて新しくなりました。体のどこかが疲労ですり減った場合は、そこを治さなくてはなりません。ただ、それだけのことです。細胞は扱いやすいため、どんな病気でも治すことができるのです。癒しの方法さえ知っていればいいのです。

新しい世界、新しい時間、新しい場所が私たちを取り巻いています。地球全体を癒すことが、今の私たちの使命です。そのために1人ずつ癒していく必要があるならば、やろうではありませんか。

癒しの旅に必要なのは愛です。自分自身をあますところなく愛し、それによって自らを癒し、愛と一体化しましょう。

＊＊＊

今でさえも、医師たちは私の回復の速さに驚きを隠せないようです。私がこのように歩いて、話せている事実は医学的に説明できないのです。重度の脳卒中からの回復に関する彼らの認識を、はるかに超えているそうです。

今でも私は、自分自身を、ひいては他の人を癒したいとの情熱に駆られ、シグネチャーセル・ヒーリングの新しい技術を学び続けています。引き続き、幹細胞を活用した癒しに取り組んでいます。損傷した幹細胞を別の場所の幹細胞で入れ替え、体内の細胞を動かすことは、脳卒中に見舞われる前から、私が教え実践していたことです。

脳卒中に倒れた自分に癒しを施していた時、脳に幹細胞を見つけた私の喜びはこの上ないものでした。それまで私は心臓やその他の臓器の細胞を脳に移していたのですが、思うような成果が得られずにいました。ですが、脳そのものを探索してみたら、脳の幹細胞に行きあたったのです！

今では、すべての主要臓器に幹細胞が存在することを知っています。肝臓には肝臓の幹細胞が、腎臓には腎臓の幹細胞が、心臓には心臓の幹細胞が、というように主な臓器には幹細胞があります。これは非常に重要な意味合いを含んでいます。

どの臓器にせよ、そこの幹細胞を活性化すれば、エネルギーを増幅できるということです。伝統的な西洋医学が体の外側から幹細胞の移植に取り組んでいるのに対し、シグネチャーセル・ヒーリング手法では、体の内側で幹細胞を活用しようとしているのです。これは大きな強みです。

今ここで言えるのはこれだけです。私がこのように脳卒中を克服し、生きながらえ、あなた方に私が学んだことをお伝えできるのは、また今後も、真に癒されるとはどういうことかを伝え続けていけるのは、ひとえにシグネチャーセル・ヒーリングのおかげです。

私が脳卒中から回復し、後遺症も克服したことについては、私とキラエルの親密な関係があったためであり、特殊なケースだとおっしゃる方もいるかもしれません。しかし、実はこうです。あなたも、自らのハイヤーセルフ、守護天使、スピリット・ガイドなど、スピリット界から助けを得られるのです。神、女神、創造主、イエスやその他スピリット界のリーダー的存在を心から信じることもプラスになります。

最後に言わせていただきますが、自分の癒しの旅は自らが歩まなければならないことを覚えておいてください。1歩ずつ確実に、あますことなく、治るためにはあらゆる手段を講じて、その旅を歩んでください。

キラエルと私がよく使う言葉に、「5歩か50歩の旅」というものがあります。癒しを実現させるために5歩進んだだけですむのか、50歩進む必要があるのかわかりませんが、怖れから愛へと、そしてそこから愛と光への旅を歩み続けてください。

まず自己を癒す

私たちが生を受け今ここにいるのは、自らを癒すためです。私たちはそれぞれ、自らの癒しに向かって進まなくてはなりません。自分が誰かを癒すために生まれてきたのだと思っているにせよ、誰かの癒しの旅において自分が何らかの役割を果たすのだと思っているにせよ、何をおいてもやるべきは自己を癒すことです。

私たちは、何らかの思考を心に描き、その思考が実現するのだと認めさえすれば、その思いを具現化できる、無限の世界に生きていることに気づく必要があります。これが癒しの旅です。

癒しとは単に肉体を癒すにとどまりません。自分の中に創造主の一部として宿っている粒子、すなわち普遍の光を癒すことが大切です。私たちは皆、地球に生まれた時は完全な魂であり、この上なく鮮やかな輝きを放つ光です。

子どもの頃、私たちは人間であることの特異性を学びます。両親や先生たちは、自分たちが知っていることすべてを教えてくれますが、ほとんどの人にとって、幼少時の経験はネガティブなことが多いため、自分本来の完全なる光からどんどん離れてしまいます。

大人になる頃には、全身にネガティブな思考が詰まっています。そのため、内なるチャイルド・セルフは癒されないまま育ちます。自分に向かって、「私の内なる子ども《インナー・チャイルド》を癒したいのです」と言ってみましょう。その瞬間に癒しが始まります。

癒しとは人生をフルに生きることです。4体すべてのさまざまなレベルで癒しは生じます。癒されないものなど何ひとつありません。

私の友人の若い男性は、雄弁家でスタイルがよく、あらゆることに恵まれているのですが、ただひとつうまくいかないことがあります。好きになった相手と満足のいく関係を育むことができないのです。その理由に気づかないかぎり、そうした関係を実現することはできません。理解できた時に初めて、満足のいく恋愛関係が実現するのです。これも一種の癒しです。

毎月の出費を賄うお金がない、あるいは住んでいるマンションや家が気に入らない場合は、その点を癒す必要があります。すべては癒しと関係しています。癒しにはあなたのすべてが関わってきます。癒されたいという自分の気持ちに気づきさえすれば、癒しを最大限に引き出すことができます。癒されたいという気持ちがあれば、癒しの実現は目前です。それほど簡単なことなのです。正しい思いを心に描いていれば、癒しの旅を完遂できるのです。

こうした考えがシグネチャーセル・ヒーリングの基盤となっています。癒しの豊かさは各人の思考の波動に左右されます。私たちは思考が生み出した産物です。思考を具現化して肉体を手に入れ、人間としての生活を経験しています。それさえ理解できれば、すべては癒されます。情熱を込め、全存在を傾けて創造しようとすれば、それが何であれ、実現できるのです。

忘れないでください。創り上げたものはすべて元に戻すことができます。傷ついたものはすべて癒すことができます。それに気づきさえすれば、完全性への過程が見えてきます。若きマスター・イエスが、私たちに癒しを通して愛を思い出させるために地上に降り立ったことを忘れないでください。

こうした癒しの冒険を効果的に歩みたければ、私たちは誰もが光の粒子で構成された磁力であり、人としての経験を味わうために肉体をまとっている、ということを認識する必要があります。つまり、心に抱く思考すべてが大切だということです。

何事においてもポジティブ思考であれば、痛みも苦痛も感じず、恋愛関係を渇望することもなく、精神的に不安定になることもありません。それができれば、私たちは地上で最もスピリチュアルな人となるでしょう。

あなたが、常にポジティブ思考を持ち続けることなどできない、と感じるとすれば、それこそがネガティブ思考の始まりです。それを、「私の思いはすべてポジティブだ」に変えてみましょう。自分が輝ける場所を探している光だと認識した時、あなたの中で次々と明かりが灯り、体中を駆け巡るのを感じることでしょう。

癒しの旅を歩むことに全力投球すれば、それが単に肉体を癒すだけではないことに気づくに違いありません。全体性を取り戻すための癒しなのです。いったん癒されたいと決心すれば、あとは癒しの旅に専念し、それを続けるのみです。

旅の途中で一時的に自分が地球にやってきた目的を忘れて、脱線することもあるでしょう。でも、その時にはまた旅を再開すればいいのです。

私たちが時々脱線するのは人間だからです。私たち人間は創造主の美しい光を内在していますが、自我というベールのせいで真実が見えなくなっています。そのため、学びの計画《レッスンプラン》の一部を忘れてしまう時もあります。

私たちは地球という進化の過程を何度でも心ゆくまで繰り返し経験できますが、ほんの少し手を伸ばせば完全な癒しを手にできるのです。

さあ、最初の一歩を踏み出して、癒しを始めましょう。

癒しでは常に愛に焦点を絞ります。私たちの体内の細胞はすべて圧縮され、液体によって周囲を囲まれていますが、私たちが愛を感じる時には、より高次の波動で振動します。癒しのエネルギーはこのようにして送られるのです。

4体すべてのバランスがとれていれば、波動はそうでない場合の4倍上昇するため、私たちの体は光のエネルギーを受け入れやすくなります。私たちの意識がそのような状態にある時には、体中の細胞が振動し、癒しのエネルギーを必要としている人や物を探し始めます。

癒されるためには、まず自分自身を愛さなくてはなりません。癒しにより愛を取り戻すとは、自分はすでに癒されたのだと受け入れ、自分が完全無欠の存在である創造主の粒子だと認識することです。旅はあなたがどのように癒されたかを示してくれます。これが、癒しにより愛を取り戻すということです。

自分が癒されたと認識した時、あなたが自分の旅をまっとうし、癒しによって愛を取り戻したことが証明されるのです。

最も短期間で癒される方法は、自分自身を愛するために地球にやってきたことを思い出すことです。ある女性から癒しにまつわる素晴らしい話を聞きました。非常に感動したため、ここで皆さんにお伝えしたいと思います。30年にも及ぶ癒しの話です。

彼女が美術専攻の高校生だった頃、何年もいじめに遭っていたそうです。彼女はいわゆる「排他的な仲間集団」には属していませんでしたが、当時多数存在していたそうした「集団」に属している友人たちもいました。美術専攻の生徒として、彼女は毎週、作品を提出する必要がありましたが、ある有名なロックスターの肖像画が課題となった週がありました。たまたま当時の友人の1人がこのロックスターの大ファンだったため、完成した肖像画を彼にプレゼントしました。

話はそれから2年ほど先に飛びます。彼女の高校では、美術専攻の生徒は卒業の年に自画像を作成するのが習わしとなっており、作品はすべて美術室の壁に掛けられることになっていました。過去の卒業生による多数の自画像に混じって自分の作品も残るのだと思い、彼女は誇らしさに満たされました。

ところが、彼女の作品が壁に掛けられた当日、誰かがそれにいたずらして、口ひげを加えたのです。同級生たちにあざ笑われ、踏みにじられ、いじめられていた頃の記憶がまざまざとよみがえり、ショックを受けました。しかし、この時は昔のように泣き寝入りしませんでした。美術室に堂々と入ると、犯人は誰か問いただしたのです。

美術の先生は、かなりためらっていましたが、ようやく重い口を開き、誰がいたずらの犯人か教えてくれました。それを聞いた彼女は2度めのショックに襲われました。なんと、2年ほど前にロックスターの肖像画をプレゼントした友人が、いたずらの張本人だったからです。先生は彼女を脇に呼び、こう言いました。

「君には2つの選択肢があるよ。私も手伝うから、口ひげの部分をできるだけ消して、その後、君が手を入れて修正するというのが1つ。あるいは、気分を一新して、家で新しい自画像を作成してくるというのが2番めの選択肢だ」

彼女は後者を選びました。その金曜日の午後は暗い気持ちのまま家に帰りましたが、週明けの月曜日には新しい作品を持って登校し、作品はすぐさま美術室の壁に掛けられました。

彼女によると、最初からやり直すことは、自分の権利は自分で守るという姿勢を明確に打ち出すための、彼女なりの手段だったそうです。最初のものよりもさらにいい作品にしようと決意した彼女は、それをやり遂げることで、他人にどんな目で見られようが、どんな仕打ちをされようが、自分自身をそれまで以上に愛する術《すべ》を見いだしたのです。彼女はまったく新しいかたちで自分を愛することを学んだだけでなく、その過程で彼女の作品にいたずら書きをした級友を許しました。

それからかなりの年月を経て（実際には30年後でした）、彼女はいたずらの張本人である、かつての同級生に会う機会がありました。その際、彼が彼女の自画像にいたずらしたことをいまだに後悔しているだけでなく、彼女が昔プレゼントしたロックスターの肖像画を今でも持っていることを知り、彼女は非常に驚きました。肖像画は額に入れられ、彼の家の娯楽室に飾られているとのこと。この肖像画を見るたびに、彼は高校時代にした恥ずべき行為を思い出し、悔やんでいたそうです。30年もの間です！

今この本を読んでいる人の中に、子どもの頃のつらい思いをいまだに引きずっている方もいるかもしれません。よろしいですか、長い年月を経た後でも癒しは可能です。自分自身を、人間関係を癒すのに遅すぎることはありません。あなたの日常生活において許しや癒しが必要なものは何であれ、すべて癒せます。勇気を奮い起こして、癒しへの第一歩を踏み出しさえすればいいのです。そうすれば癒しの旅は自ずと始まるのです。

チャイルド・セルフを理解する

シグネチャーセル・ヒーリングで「チャイルド・セルフ」という言葉を使う時は、自分が創造主の本質の一部であることを完全に覚えている自身のことを指します。

あなたは、そうした純真無垢で脆い状態の時にひどい目に遭ったことがあり、そうした状況が癒しを求めている可能性があります。幼児期のつらい思い出を追体験する必要はありません。幼児期に体験した苦痛や同様のエネルギーは、現在でもあなたの「チャイルド・セルフ」の中でくすぶっているかもしれません。

さあ、エネルギーを集中させてください。あなたの中に存在し、癒しを求めている、この小さくかけがえのない自分に焦点を絞るのです。あなたが悲しみの「か」の字も知らなかったはるか昔、無限の可能性があなたの前に広がっていた頃、自分の周囲を見てどのように感じていたのかを、何ひとつ曇りのない目で、心を開き、素直な気持ちになって思い出してください。何らかの出来事によってあなたが痛みを感じた可能性、あるいはあなた自身の行いによって他の人が苦痛を感じた可能性を認識してください。

悲しい出来事が起こるたびに、あなたの細胞に新たなネガティブ・エネルギーの層が書き込まれます。そうした層は癒されることを待ち、のちに表面化するのです。

そうした部分を癒す準備が整い、また自分の理解力の大半は成長期の経験に基づいていることを受け入れることができれば、あなたはこの過程の重要さに気づくに違いありません。

たとえば、子どもの頃にいじめられたことがあり、まだその痛みが癒されていなかった場合、上司など権威のあるポジションにいる人に接する際に問題に直面するかもしれません。その反面、そうしたネガティブな経験があったからこそ、より深い叡智と他の人に対する思いやりが培われ、今のあなたが形成されたのかもしれません。

いずれにせよ、記憶を遡《さかのぼ》って、思い出したことを恐れずに真正面から見据えてください。思い浮かんだ記憶をひとつずつ、子ども時代の経験をあますところなく抱きしめてあげてください。

すべてを考え合わせると、あなたが幼少時に経験したことは、あなたがより大切なことを学び、自分自身と他の人をより純粋に愛するために必要だったのです。その点を踏まえ、その時を振り返り、新しい気持ちでその時のことを感じとってください。驚くべきことを経験するかもしれません！　ひょっとしたら、痛みと悲しみを感じる代わりに、あなたをいじめた人に対し心から慈《いつく》しみが湧き上がってくるかもしれません。

一方、かつてのいじめっ子は、ある日ふと、今のあなたのように過去を直視し、あなたを傷つけたことを思い出し、心からすまなかったと感じるかもしれないのです。

過去生

すべての人が過去生という概念を受け入れているわけではありません。苦難も混乱も喜びも成功も含め、生まれてくる前にあなた自身がシナリオを書いたという前提があるためです。

あなたはこの次元にやってくる前に、自分の人生の青写真《ブループリント》を作成しました。この青写真《ブループリント》には、人生の学びの場である地球であなたが取り組まねばならないさまざまな学びの計画《レッスンプラン》が含まれています。こうした学びの計画《レッスンプラン》の中には、さまざまな過去生において完了できなかった、あるいは解決できていない問題や魂の学びが多く含まれます。こうした問題の大半はカルマの要素を備えています。

より重要なことには、どの人生においても楽な青写真《ブループリント》が描かれることはありません。時にはあまりにも多くのカルマ関連の問題を詰め込んでしまい、惨めなほど苦しいと感じるかもしれませんが、それはあなた自身が望んでいることなのです。あなた方は地球に学ぶためにやってきます。ですから、学びの計画《レッスンプラン》を完了することは癒しの旅なのです。

＊＊＊

キラエル　私の次元では、過去生に取り組む必要はありません。過去生は7次元の意識には含まれていません。しかし、あなた方の存在する次元では、過去生は最も重要な要素の1つです。特に、なぜある種の人たちがあなたの人生に関わってくるのかを理解するうえで非常に重要です。

創造主なる神の次元で次に新しい学びの計画《レッスンプラン》を立てる時に、多くのことが明らかになるでしょう。

神から、「地球に君の居場所を準備しよう」と言われると、あなたは用いることのできる種々の青写真《ブループリント》に目を通します。当然ながら、あなたは地球で歩む旅として自分に最もふさわしいものを選びます。正さなければいけない点がたくさんあるため、あなたはこう言います。

「前回地球に生まれた時、この人につらい目に遭わせたのを覚えています。今生で、この点を解決する必要があります。彼女にもう一度つらくあたり、その後2人で協力してその過程すべてを癒しましょう」

心に愛と光を持ち、どんなにつらい時にも高らかに笑い飛ばしましょう。あなたにひどいことをしている人は、あなたにとって最善の状態がもたらされるように、そうした行動をとっているのです。なかなか理解できないことかもしれません。

多くの人は、「マスター・キラエル、そんなチャネリングはやめてください。聞きたくありません」と言うことでしょう。ある人があなたをつらい目に遭わせ、あなたがその人についてイライラしている点を癒さずに放置しておいたとすれば、何度も同じ問題に取り組まねばならない可能性が高まります。あなたをつらい目に遭わせる人は、その都度《つど》変わるかもしれませんが、同じ問題が生じます。

しかし、別の角度からこの人を見て、「あなたの役目がわかったの。何のために、そんなことをやっているのかもね。どうもありがとう。私のところにやってきてくれて、どうもありがとう。あなたに神の祝福がありますように」と言うこともできるのです。そうすれば、その人はやがてあなたの人生から消えていくはずです。これで、任務完了です。

あなたのすべきことはそれだけです。たった一度でいいのです。それが、あなたが地球にやってきた理由のひとつであり、あなたが人として歩む旅の一部なのです。

＊＊＊

カルマの問題

カルマの問題は、過去生であなたがやり残した点を浮き彫りにします。たとえば、自分が言っていることや行っていることが、道徳面、倫理面で間違っているという気がしてならないとしましょう。あなたは、そうした気持ちを無視して、自分に有利になるような結果を選ぶかもしれません。

反対に、心が愛と誠実さに適《かな》った道を選ぶよう、あなたにささやきかけ、あなたはそれに従うことに決めたとしましょう。より良い選択、すなわち愛に基づいた選択をした場合は、(最近、科学者が心臓に存在することを見つけた)神経細胞《ニューロン》からカルマは消滅します。

一方、愛にそぐわない選択をした場合には、カルマの問題はあなたの心からあなたのハイヤーセルフへと戻り、今生のうちに同じ課題に直面するか、将来、生まれ変わった際に再びカルマの学びとして同じ問題が生じることになります。

カルマの癒しは、何が正しいか正しくないかを決める精神上の過程を経て生じます。その際には、4体すべてで納得するに違いありません。カルマを癒すことは愛への回帰であり、4体すべてにおいて調和を感じるためです。

固体:意識の状態

キラエル　あなたは固体ではありません。つまり、見えたり、触れたりできる皮膚や肉体を、はるかに上回る存在なのです。あなたの全体性は、カフーが教える癒しにあますことなく影響を受けます。

固体は意識の状態にすぎません。現在、多くのスピリチュアリストが思考のみで時空を簡単に移動できることを理解し始めているのは、そのためです。

また、カフーが遠隔ヒーリングの重要性を説き、それを行うことが簡単だと強調しているのも、そのためです。この本でお伝えする他のすべてと同じく、4次元への旅は日常的になっており、そこで癒しが始まります。

すべては癒せる

キラエル　すべては癒せます。本当のことです。癒せないものなどひとつもありません。重病にせよ、些細なささくれにせよ、癒せないものはないのです。実際、癒すことが最も難しい部類に入る傷ついた心さえ癒せるのです。

シグネチャーセルのヒーラーと癒しの受け手が一体になった時、どちらも癒しが起こることを悟ります。どちらにとっても癒しの目的は同じかもしれません。

同時に、ヒーラーは死さえも癒しの結果たりうることを知っています。当然ながら癒しの受け手側は、最初はそれを受け入れられないでしょうが、ヒーラーは何でもありだと認識しなければなりません。死が結果の場合、ヒーラーは旅の全行程を癒しという観点から考えるべきです。

単純すぎると思われるかもしれませんが、シグネチャーセル・ヒーリングで癒せないものは何ひとつありません。愛が基盤にあるからです。愛は私たちが地球にやってきた唯一の理由なのです。この「愛」と呼ばれるものを大いなるすべての中心に据えた時、あなたは癒しが始まるのを全身で感じることでしょう。

＊＊＊

ここではっきり言わせてください。私たちは皆やがて死ぬことを知っていながら、この世にやってきます。また、私たちは皆できるだけ長生きしたいと思っています。

しかし、大切なのは有意義な人生を送り、自分の旅と青写真《ブループリント》を少しでも完成に近づけることです。私たちが進化するためには自分の魂を熟成させる必要があります。シグネチャーセル・ヒーリングはあなたにこれを提供できるのです。

癒しの体験談

シグネチャーセル・ヒーリング・コースでの奇跡の覚醒

シグネチャーセル・ヒーリング・コースに初めて参加するまでは、私は程度こそ違え16年にもわたりさまざまな病気を抱えていました。毎日が痛みとの戦いで、見た目はまるで拒食症患者のようにやせ細っていました。常に疲労感に悩まされていたため、仕事はできませんでした。体中の細胞すべてが常に痛みにさいなまされ、少しでも力仕事をすれば、痛みは増しました。医師から助けを得ることはできませんでした。私を鬱《うつ》の患者とみなし、そうした治療しかしてくれなかったためです。

皮膚にも問題があり、髪は抜ける一方で、シャワーを浴びた後はエネルギーを取り戻すのに1時間もかかる状況でした。

普通の人には取るに足らないようなことでも、私にとっては大事《おおごと》で、そうした出来事に直面するたび、パニック発作を起こしていました。人と対立するような状況に直面すると、自己主張できず、ただ涙にくれるだけでした。非常に繊細で、他の人とポジティブなかたちで交流することはできませんでした。

食品に対するアレルギーにより消化不良にもさいなまされ、その結果、腸は痛み、下痢や便秘に悩まされるどころか、それ以上に大変な目にも遭いました。夜になると腹部が腫れ上がり、朝起きる時には寛骨《かんこつ》（骨盤の一部）が飛び出ている状態でした。あまりにも痩せていたため、脇の下を剃ることができず、またベルトなしではズボンがズリ落ちてしまうほどでした。偏頭痛のように頭が割れるほど痛くて、夜中に目覚めることもありました。そうした頭痛から回復するには2日ほどかかり、筋肉痛から立ち直るのには2週間もかかりました。そんな時には4キロほど体重が落ち、再び食べ物を口にできるようになっても、減った体重の半分しか戻りませんでした。

最後にこういう状態が起きた時には体重が37キロまで減り、まるで死人のような気持ちでした。『シグネチャーセル・ヒーリングへの目覚め』のレベル1のコースに参加した時の体重は40キロ弱でした。身長は166センチで、その当時は45歳でした。その頃、ゆっくりと抗鬱剤を減らしているところでした。

コースが終わって2日後に、胃腸科に予約をしていました。医師は私を一目見るなりギョッとした表情を見せ、一連の検査を受けるよう半ば強制的に予約を調整しました。私はこれまでアレルギー反応を示した食べ物すべてを食べることにしました。そうすれば、検査の結果、何が問題なのかわかると思ったからです。すべてを食べるようになって1週間が過ぎました。しかし、私は一度も吐きませんでした。

3週間が過ぎましたが、一度も食べ物にアレルギー反応を示さず、気分も爽快でした。その上、6キロも体重が増えました。

検査の結果が戻ってきました。唯一の問題が軽いビタミンDの欠乏症だと知って、胃腸科の先生は非常に驚いていました。

また、1カ月後にはポダイアトリスト（足専門医）による定期検診があり、足のスキャンを撮りました。誕生以来、遺伝性の足の奇形に悩まされていたのですが、スキャンの結果は私の足が完全な状態だと示していました。

シグネチャーセル・ヒーリングのコースに出たのち1年間で、友人や家族に通算4～500回ほどシグネチャーセル・ヒーリングを施しましたが、すべて驚くべき結果でした。すべての人に効果があるようでした。シグネチャーセル・ヒーリングの効果は驚異的で、今では私の生活の一部となっています。

他の人たちの癒しのお手伝いをしたいという情熱が、今では私の人生の大きな部分を占めています。現在では健康に満ち溢れ、悪い症状は何もなく、体重は50キロに増えました。2人の小さな娘たちも「新しいママ」が非常に気に入っているようです。また、周囲の人たちとの関係もすべて愛に満ちています。「どこかですれ違っても私だとわからない」と言う人もいます。

私としては、奇跡の癒しを経験したという一言に尽きます。とにかく、私はそう感じているのです。カフー、パティ・アシーナ、そしてシグネチャーセル・ヒーリング・チームの皆さまに心からの感謝を捧げます。

シグネチャーセル・ヒーラー
リアン・D（オーストラリア　レッドランド・ベイ在住）

あなたは創造主の粒子です。何が欲しいにせよ、それをいつ手に入れたいにせよ、あなたには、それを自分のものにできる全面的権利があります。ですから、準備を整え、前進してください。

毎朝目覚めた時に、自分の望むものが間もなく手に入る、という認識を新たにしてください。今日行うことが、自分の夢が自分の望みどおりのかたちで実現するか否かを左右するのだということを忘れないでください。

2章　シグネチャーセル・ヒーリングの基盤と哲学

誰でも自分の中に創造主の粒子を宿しています。友よ、それだけではありません。あなたの松果体の中にも創造主なる神の粒子が存在しており、そこにあなたの人生計画が保存されています。

『Kirael：Lemurian Legacy for The Great Shift
（キラエル：グレートシフトへ向けてのレムリアの遺産）』より

シグネチャーセル・ヒーリングは非侵襲的（皮膚の切開などの手術を伴わず、開口部から器具の挿入をしない手技）なハンドヒーリング手法のひとつで、松果体にある「シグネチャーセル」、すなわち「神の細胞」のエネルギーに焦点を絞って癒しを行います。シグネチャーセルを活性化することで、4体すべては最適な健康状態と調和に戻ります。

古代レムリアのヒーリング手法であるシグネチャーセル・ヒーリングは癒しの力を強化し、新たなDNAの鎖《ストランド》を活性化して、意識のグレートシフト（怖れから愛への旅）を乗り切るための準備を整えてくれます。

こうした進化を促す癒しの手法の中核には、すべての人間はスピリチュアルな存在であり、無限に進化する可能性を秘めているという考え方があります。

別の光の次元からやってきたキラエルは、私たち人類に、魂について深遠で人生が変わるほどの教えをもたらしてくれます。そうした教えは、最も深いレベルで行われる癒しの基盤となります。

シグネチャーセル・ヒーリングを完全に把握するには、まず、その中核にあるスピリチュアル面での概念と考えについて知る必要があります。

この章では、シグネチャーセル・ヒーリングの中核にある哲学の多くについて簡潔に説明することに努めます。ここでは、この癒しの手法に関する情報すべてをお伝えするわけではありません。興味を引かれた箇所があれば、ウェブサイト〈Kirael.com〉から詳しい情報が入手できるでしょう。

それでは、シグネチャーセル・ヒーリングに関するスピリチュアル面での概念について、集約的かつ多次元的に説明してみましょう。

4次元への偉大なる意識のシフト

キラエル　地球では「意識のグレートシフト」が近づいています。5万年以上の長きにわたり、人類は3次元世界で暮らしてきました。レムリアやアトランティスのような多くの社会が、3次元における旅を経験するために地球にやってきました。ある時点で、こうした社会はシフトを経験し、旅は終わりを迎え、当時、地球にいた存在はすべて創造主のもとへ帰りました。3次元におけるあなた方の現サイクルは終わりに近づいており、あなた方の一部は地球にとどまり、ひとつ上の次元である4次元、すなわち思考の次元へと移動します。「怖れから愛」への旅から、「愛から光」への旅へとシフトするのです。

そのために、今生で問題を抱えているあらゆる領域で、また4体すべてにおいて学び《レッスン》の計画《プラン》を終え、次元のシフトに備えることが大切です。そういった意味で、怖れから愛への旅を完了するために、シグネチャーセル・ヒーリングは非常に重要な役割を果たすのです。

今この本を読んでいらっしゃる方々はおそらく、まだ完全には「古い魂」ではないけれども、「相対的に古い魂」で、魂年齢の中間層の最終局面にあるのでしょう。あなた方の多くは数百、いえ場合によっては数千もの過去生を経験しています。

あなた方にとって、喜ぶべきお知らせがあります。怖れを愛に変えることで、より多くの光を肉体に吸収してきたあなた方にとって、この4次元はご褒美です。光を取り入れ覚醒することで、4体すべてが軽くなります。4体が軽くなればなるほど、4次元開始後の第一局面へとシフトしていく過程について意識が高まります。

4次元の地球は、ちょうど3次元の地球が進行したように進行します。ただし、違いはあります。3次元の世界が5万年ほどかけて進化したのに対し、4次元ではシフトする新しいエネルギーに備えるための期間はそれよりはるかに短くなります。

＊＊＊

私たちは依然として3次元の人間ですが、癒しの機会があります。3次元の旅においてあなたが克服しなければならない唯一残されたものが、怖れです。あなたの思考（すなわち精神体）とスピリット体がそうした癒しにおいて重要な役割を果たします。あなたのスピリット体はあなたの旅に参加したいのです。ですから、これからは祈りや瞑想を通じて、ほぼ毎日のようにスピリット体と関わり、絆を深めてください。

シグネチャーセル・ヒーリングは、スピリット体・精神体・感情体・肉体の4体を融合させ、「何にも増して大切なのは愛」だという認識へと導いていきます。

フォトン・エネルギー

私たちの体は、4次元への進化のシフトの一環として変化を経験しているところです。

地球がフォトン・ベルトの中を進んでいる時、パワフルなフォトン・エネルギーに包まれます。私たちはこの間、覚醒と癒しのためにクラウン・チャクラからプラーナ呼吸によって、フォトン・エネルギーを吸収することができます。

＊＊＊

キラエル　フォトン・エネルギーは新しい時代、すなわち4次元の時代の新しいエネルギーです。母なる地球は、拍車がかかる一方の人類による酷使から自身を解き放つため、そして新たなエネルギー層へと上昇するために、フォトン・エネルギーに助けを求めました。フォトン・エネルギーは、あなた方がこれまで見たり、聞いたり、経験したりしたことのある何とも異なります。

この新しいエネルギーは地球よりもはるかに高次の周波数で振動しており、癒し、調整し、また事象を変化させる力を備えています。人間の体をライトボディへと組み替えることのできる分子構造を持っているため、人間の寿命を延ばすこともできます。

また、フォトン・エネルギーは光のエネルギーであり、ある時点であらゆる銀河を移動できます。

グレートシフトとは、母なる地球とその住民がフォトン・エネルギーへと入っていく進化の過程です。

フォトン・エネルギーは道を交えるすべてを満たします。そして、すでに地球の一部に浸透しつつあります。フォトン・エネルギーの外縁部、すなわちベルトは、すでに地球の大気圏に達しており、地球だけでなく周囲の多くの惑星に影響を及ぼしています。

フォトン・エネルギーがあれば、化石燃料への依存から解き放たれます。そして、誰もフォトン・エネルギーを独占することはできません。誰もが利用できる自由なエネルギー源であり、グレートシフトが実現したあと、あなた方に必要なエネルギーはこれのみです。

これまでにも従来のエネルギーでは生存が不可能となった惑星系《システム》にエネルギーをもたらすため、主要なシフト時に用いられてきました。

フォトン・エネルギーは非常に高い周波数で振動するため、思いを一瞬で実現させる力を持っています。つまり、あなたが思ったことは何にせよ、一瞬のうちに実現するのです。そのため、瞑想する際には思考の明瞭性と純粋さを保ち、「今」に生きることが大切になります。

変化と変貌の過程にある人々は、すぐにフォトン・エネルギーに順応するに違いありません。すべての人にとって最高善の癒しのエネルギーなのです。

キラエル　怖れから愛への旅は、あなた方がこの意識の次元で経験するあらゆる旅の最も重要な要素です。

あなたがお母さんの子宮にいる時、あなたは愛を感じ、すべては完璧な状態でした。毎分毎秒が楽しくてたまりませんでしたが、この次元で実行しなければならない学びの計画《レッスンプラン》を抱えていました。

あなたが経験する最初で最大の怖れは、お母さんの産道を出て、初めて息を吸い込み、人間としての旅を開始した時に生じました。その瞬間から、あなたは怖れから愛への旅を歩んでいるのです。

私たちの旅には常に怖れがつきまとうようです。旅の途中で怖れに出会い、それを克服し、そして愛を見つけます。しかし、そこですべてが終わるわけではありません。別の怖れが現れます。そして、またそれを克服し、愛を見つけます。怖れから愛へと移動するサイクルの繰り返しです。

しかし、もはや自分には怖れを経験する必要がないと決めれば、それ以上は怖れに巻き込まれることはありません。あなたが自分の心に忠実に生き、自分の外側で起きていることは何ひとつあなたを傷つけることができないと理解すれば、怖れは二度と現れません。そして、あなたは怖れに怯える人生ではなく、愛に満ちた人生を送ることになるのです。

＊＊＊

この本を読んで、たとえ他のことは忘れたとしても、これだけは覚えておいてください。

すべてを愛してください。それこそが、あなたの魂の進化を促す旅なのです。

意識的な生き方《コンシャス・リビング》の概念

2章のこれからの箇所を読むにあたり、本来ならば、あなた方全員とそれぞれ膝を突き合わせて、お話したいところです。

後段で話す概念は初見では少し複雑に思えるかもしれませんが、シグネチャーセル・ヒーリングをさまざまな角度から深く理解していただくためには非常に重要な概念です。

たとえば、私が「5歩か50歩の旅」と言った場合、それが何を意味するのかおわかりいただけるでしょう。目指す目的が癒しにせよ、他の何にせよ、本当にそれを達成したいと思うならば、途中で投げ出してはいけない、という私ならではの表現なのです。これは本書の中で最も重要な概念の1つといえるかもしれません。些細なことにせよ、重要なことにせよ、あなたが何らかの癒しの旅を歩んでいるのであれば、学びの計画《レッスンプラン》が終わりを迎えた際、それに気づくはずです。旅の途中で泣きたくてたまらない気持ちに襲われたとしても、それはそれでいいのです。遠慮せずに泣いてください。しかし、その後は速やかに旅を再開しましょう。それが何かを完成させることのできる唯一の方法なのです。そういうことです。

次のいくつかの概念では、自己強化《セルフ・エンパワーメント》がテーマとなっています。「意識的な創造の10の原理」に関する箇所は特に重要です。そのためにこの本を書いたと言っても過言ではないでしょう。これら10の原理とレムリアの数秘術はどちらも、癒しとより高次の生き方へのパワフルな道を創造する形而上学的な手段を垣間見せてくれるかもしれません。

先に述べたように、次からの説明の一語一語がいかに重要かを、本書を読み進めるあなたのそばで自ら強調したいところです。「5歩か50歩の旅」という観点から、次に説明する概念があなたの中で具体化するにつれ、その関連性が理解できることでしょう。いつか、自分の家族や友人を癒すことになった時、その概念を活用することになるはずです。その時、なぜ私が本書でそれらの概念について説明したかおわかりになるでしょう。

調和のとれた生き方をする

キラエル　あなた方は3次元の現実、すなわち、善と悪、幸せと悲しみ、病気と健康、金持ちと貧乏、愛と憎しみ、戦争と平和など、二元性《デュアルティ》の世界に生きています。

2004年の金星の太陽面通過以来、新しいエネルギーが地球中にみなぎっています。これは愛と調和のエネルギーです。対極のない愛です。憎しみを伴わない、怖れを伴わない愛です。この愛は内なる女神の光の覚醒であり、創造主の光に包まれた調和のとれた愛の力です。

　男性も女性も、感情体がこれまでよりも落ち着き、怒りや怖れではなく愛に基づく生き方を可能にする新しい力に気づくことでしょう。調和のとれた愛を宿していれば、周囲のエネルギーすべてが混沌に満ち、激しく揺れ動いている時でも、落ち着いた状態でいられるに違いありません。こうした愛の空間に身を置くことで、自分を調整し直し、あなた自身や他の人にとって有害になりうる二元性に振り回されることなく、落ち着いた状態へと自分を戻すことができるのです。

意識的な創造の10の原理

シグネチャーセル・ヒーリングは「シフト・ヒーリング（シフト時の癒し）」です。「意識的な創造の10の原理」は叡智とガイダンスの進化を促す手段で、シフト時の癒しと意識のグレートシフトの基盤を構築する助けとなります。

　5万年ほど前にレムリアで初めて実践され、また広大な古代アレクサンドリア図書館の一部であった古代の叡智の教義に基づいています。こうした教義を記した初期の記録は、紀元前48年に同図書館が火災に遭った際に失われたにもかかわらず、その真実はエーテル界に保存され、キラエルによって

「意識的な創造の10の原理」として地球に再びもたらされました。シグネチャーセル・ヒーリングの手法が地球で紹介されるという点で、この10の原理は理想的なタイミングで再び姿を現したのです。

意識的な創造の10の原理は、4次元の世界へと進化的な癒しの旅をあますことなく歩むと決意した人たちのためのものです。

最初の3つの原理（真実・信頼・情熱から成る「3つの鍵」）を日々実践することで、あなたの癒しの旅を新たなレベルに引き上げる道が開かれます。

次の3つの原理（明確さ・コミュニケーション・完了から成る「3つの誓約」）は学びの計画《レッスンプラン》を完了させ、4体に愛を教えるための道を照らします。

最後の4つの原理（祈り・瞑想・睡眠プログラム・マスターマインドから成る「4つの柱」）は、スピリットとガイダンスの領域へとあなたを導きます。この4原理は、多次元に身を置くための自然な方法です。

怖れから愛への旅を理解し始めるにつれ、大半の人は最初の3つの原理である真実・信頼・情熱が最も達成が難しいと同時に、最も人生を変えるような経験となることに気づきます。

ここで「意識的な創造の10の原理」と、それがシグネチャーセル・ヒーリングとどう関わってくるかをまとめてみましょう。

「意識的な創造の10の原理」に関する詳細は、『Kirael: The Ten Principles of Consciously Creating』（邦訳ではキラエルシリーズの抄本『キラエル』／ナチュラルスピリット刊）を参照ください。

3つの鍵

〈第1の原理——真実〉

真実は愛の本質です。そこからすべての現実が生じ、地球でのあなたの光の基盤となっています。真実とは思考、言葉、行為がすべて完全無欠な状態であり、それによって、あなたはあるがままの自分でいられるのです。真実は残り9つの原理の基盤となっています。

キラエル　あなた方は真実によって構成された概念です。あなた方は意識的な経験の中で意識的に動く創造のエネルギーの集合体です。思考がすべてでないと認識した時に、自分の中に存在する自分自身の旅を見いだします。旅が見つかったら、今度は言葉を組み立て、自分自身の意志で、それをあるがままのあなたの真実へと導いてください。

シグネチャーセル・ヒーリングにおける「真実」：真実（Truth）とは、英語の言葉の中で最もパワフルな言葉かもしれません。「意識的な創造の10の原理」における最初の原理である真実によって、人は愛が自分の中に入ってこられるように、すべての思考を見直したいという気持ちになります。すべては癒せるということを、心の底から信じてください。それこそがヒーラーと癒しの受け手の間に存在すべきエネルギーであり、それがこの真実の中核にあります。

癒しの言葉（ヒーリング・コード）：「この真実に基づき、私は常にポジティブでいられるように心がけます。しかし、癒しの受け手に偽りの希望を抱かせるつもりはありません。最高次の光の中で、真実は常にすべてに打ち勝ちます」

〈第2の原理──信頼〉

信頼とは、自分が創造主の一部だという真実を心の中で認識することです。あなた方はあらゆるレベルの現実と結び付いています。あなたの人生においてすべては完璧なかたちで起こるのだと信じてください。

キラエル　**信頼とは、五感で感知できることがすべてではないと認識することから始まるのかもしれません。人生という名の旅が進行するにつれ、あなた方は目に見える以上のものが存在することに気づき始めます。人生という名の空間《スペース》にエネルギーを集中させるために、第六感を活用する方法を学んでください。**

シグネチャーセル・ヒーリングにおける「信頼」：最大の確信の効果を望む際には、信頼することにためらいを覚えるかもしれません。それでも、自分のハイヤーセルフを含め、より高次の存在が癒しの全過程を導いてくれることを信じてください。

癒しの言葉：「私は自分と、自分以外のものすべてとのつながりは、愛と光のみだと信じています。

この点において、私の心はあらゆる癒しの可能性を進んで受け入れ、決してあきらめません」

〈**第3の原理——情熱**〉

情熱とは、自分の中に存在する創造主の光に気づかせてくれる強力なエネルギーです。自分が無限の光の存在だという認識です。情熱は、あなたの人生の旅が常に進化し続けることを可能にしてくれる力です。

キラエル　**情熱とは、旅そのものを促す原動力です。内なる中核の光、すなわち情熱以外に自分を支えるものはいらないと気づいた瞬間に、あなたはすべてが達成可能であることを理解し始めます。**

……………………

シグネチャーセル・ヒーリングにおける「情熱」：情熱は信頼の一形態としてのみ、とらえることができます。真に情熱を感じるということは、細胞意識を引き出すことにほかなりません。癒すこと、癒されることに対する情熱に光の力と古代の叡智を合わせて、癒しの過程を強化してください。そうすれば、すべては可能です。

癒しの言葉：「人に奉仕するという私の力は、私が癒しのために創造する情熱によって評価されます。この情熱があれば、自分が常に大いなるすべての一部であるという希望が消えることはありません」

3つの誓約

〈第4の原理――明確さ〉

明確さとは、人間としての自己は、より大きな非肉体的な存在の一部だと認識することであり、そうした存在であるハイヤーセルフとつながることで、人間としての経験を明確にできると認めることです。物事を明確にとらえている際には、あなたは起きることを意識的にコントロールしています。明確さとは、あなた自身の真実を認識することであり、あなたが自分の人生の計画を意識的に創造できるよう導いてくれます。

キラエル　創造の明確さを理解できれば、あなたは自分が創造主の使者として、自分の旅を明確に定義するために地球にやってきたことがわかるはずです。要するに、いったん何らかの旅を開始した場合には、何かを完了せずに放置したり、あるいは完全に明確化されていないものがあったりすれば、それらはあなたの次の旅に自動的に組み込まれるのです。

シグネチャーセル・ヒーリングにおける「明確さ」：行動は、完全なる明確さに基づく変化が、新たな完全性のレベルにつながるということをどれほど認識しているかによって、評価することができます。明確さは、最善かつ最高の結果が得られるように、癒しのあらゆる可能性を探ってみようという私たちの意図に集中します。

癒しの言葉：「確信が持てない時、私は細胞組織のパターンを探し求め、自分の求めるものを見つけ出します。私は知っています。決して推測しているわけではありません」

〈第5の原理——コミュニケーション〉

コミュニケーションとは、人間同士の、あなたとハイヤーセルフとの、そしてあなたと目に見えない光の存在との情報とエネルギーの交換です。

キラエル　**あなたが、自分自身と物質世界に生きる他の生命体と意識的にコミュニケーションをとり、より高次の自己やスピリット・ガイド界および天使界とコミュニケーションをとれるように常に協力を求めていれば、集中すべきなのは自分自身だと理解することでしょう。集中すれば、自分に似たエネルギーを引き寄せることに気づくはずです。**

シグネチャーセル・ヒーリングにおける「コミュニケーション」：いかなるかたちにせよ、コミュニケーションはハイヤーセルフという光源を通じて活性化しなくてはなりません。そうすることで、コミュニケーションは完璧になります。癒しの受け手、ヒーラー、より高次の愛の力が三位一体となって、バランスを創造するためにコミュニケーションをとります。

癒しの言葉：「私は常に、自分のハイヤーセルフを含め、見えざる光の力とコミュニケーションをとる力を進化させることに努めます。私は常に新鮮で活力に満ちた状態にあります」

〈第6の原理――完了〉

完了とは、今自分が経験していること、プロセス、旅を完了させることは、さまざまな理解のレベルで生じているのだと認識することです。それぞれの完了は必ず、あなたの旅の次の段階や新たな経験へとつながっていきます。

キラエル　完了は多角的です。つまり、自分自身がしかるべき結果だと考えることが、実は多くの意味合いを含んでいるということです。完了は、いわゆる人間が有するひとつの思考プロセスにとどまらず、多数のレベルで生じます。完了がなければ、新しい領域に入ることはできないのです。

シグネチャーセル・ヒーリングにおける「完了」：癒しの最終結果は、10の原理の産物でなくてはなりません。完了は新しい旅へと足を踏み出し、何ひとつ成り行きに任せないということを意味します。「5歩か50歩の旅」を用いて、あらゆる癒しの可能性を模索してください。断念するという選択肢はありません。

癒しの言葉：「私は選んだ癒しの過程の豊かさを達成することに奉仕しており、私の行動は純粋です」

4つの柱

〈第7の原理——祈り〉

祈りとは、自分の思考、感情、願望を、霊的自己であるあなたを通じて創造主の光へ伝えることです。この方法で行う祈りは、伝統的な形式の祈り以上の力を持ちます。あなたの人生を愛で満たす方法です。祈りとは、問いかけること。瞑想とは、その祈りに対する答えを聞くことです。

キラエル　祈りは、あなたの旅の豊かさにガイダンスを提供する最も驚異的なエネルギーです。いったん人間としての領域から抜け出せば、あなたは光に包まれたエーテル界へと足を踏み入れます。そこでは、あなたの天使、ガイド、そして創造主のエネルギーそのものが存在し、あなたはそうした存在とコミュニケーションがとれるのです。

シグネチャーセル・ヒーリングにおける「祈り」：人間が目では認識できないエネルギーとのコミュニケーションは、自分には絶対的な完璧さでそうした存在と会話する力があると知ったうえで行わなければなりません。祈りは、人間である自分とあらゆるレベルの光の意識体とのつながりです。祈りを通じて癒しの意図を確立させましょう。

癒しの言葉：「私は癒しの過程を、癒しを意図する祈りで始めます。そして感謝の祈りで終えます。その間に存在するものは、すべて癒しです」

〈第8の原理――瞑想〉

瞑想とは、あなた方の10パーセントの意識を静めて、霊的自己であるあなたや光の存在が提供してくれる、あなたの人間としての旅に必要な情報、叡智、ガイダンスにアクセスするための実践方法です。

キラエル　瞑想は、自分の求めている答えが意識的に聞こえるレベルまで、自分の思考を鈍化させることを可能にするために、現実世界で必要な要素です。あなたはここ地球上では、90パーセントの精神（「90パーセントの意識」「90パーセントの脳」ともいう）ではなく、10パーセントの精神（「10パーセントの意識」「10パーセントの脳」ともいう）のみを使いがちです。90パーセントの精神とは、あなたの本質的自己《エッセンシャル・セルフ》であるハイヤーセルフ、そして創造のすべてと、しっかりつながっているあなたです。

シグネチャーセル・ヒーリングにおける「瞑想」：瞑想における意識的な意図がどのようなかたちをとるにせよ、他のレベルの意識から癒しについて最大の洞察力を受け取ることで、あなたの力は増大します。意識的に自らの世界と癒しを創造するために瞑想を一生懸命に行うことに比べれば、瞑想する時間そのものはさほど重要ではありません。常に癒しを意識的に行ってください。

癒しの言葉：「私はすべての存在を認識できるように、つながりを維持し、自分自身の癒しの旅を歩むために毎日瞑想します」

5分間の瞑想――自分のハイヤーセルフと出会う

キラエル　どのような瞑想においても、最も重要なのは呼吸です。

まず、5回、深呼吸してください。鼻から息を吸い込み、口から吐き出します。呼吸をコントロールし、体の中で何が起きているかを聞いてください。心臓の鼓動に耳を澄ませましょう。血液が心臓を通り抜け、体中を駆け巡るのを感じ、聞いてください。血液が流れる道筋をもう少し追ってみましょう。どこに向かっているかは、さほど重要ではありません。ただ、血液の流れについていってください。

心臓に戻ったら、今度は頭に向かいます。血液があなたの脳を流れるのが見えますか？　呼吸を続けてください。そして、次に心臓に戻ったら、今度は体全体に耳を澄ませてください。

さあ、今度はあなたの意識を肉体の外へと押し出し、振り返って自分自身を見つめてください。もう少しで、あなたのハイヤーセルフに会えます！　その前に、もう一度振り返ってあなたの肉体を眺めてください。

次は、前方に意識を集中させましょう。垂直の光を探してください。光を見つけたら、その中に入ってください。最初は空間らしきものしか見えないかもしれません。そのまま進んでください。自分が光速で飛んでいるのを感じるでしょう。上方に光の玉が見えるはずですから、それに向かってください。これがあなたのハイヤーセルフです。なぜこれが自分のハイヤーセルフだとわかるのでしょうか？ それは、自分のハイヤーセルフがそこにあるように、あなたが意図したからです。

自分のハイヤーセルフを見つけたら、まず深呼吸してから、ハイヤーセルフと一体になりましょう。その時の経験を必ず覚えていてください。

準備ができたら、やってきた時の経路を逆に辿り、自分の意識を肉体へ戻してください。心を開きましょう。心臓の鼓動に耳を澄ませ、徐々に肉体の現実へと戻ってください。

ゆっくりと右脳の前頭葉に隙間を作り、今経験したばかりの旅の記憶をそこに保存してください。たとえば、黄色の馬など、この3次元に存在しないものを見たかもしれません。あるいは、涙を流したかもしれません。すべてが完璧です。この後いつでも、この旅の記憶へと戻ることができます。

準備ができたら、目を開けてください。

この瞑想が始まって終わるまで、どれほど時間が経ったと思いますか。せいぜい数分のことでしょう。そんな短い時間に、たくさんの場所を訪れたことに驚くかもしれません。

この瞑想を実践してください。そうすればあなたの人生の旅は一段と前進するでしょう。

〈第9の原理——睡眠プログラム〉

睡眠プログラムとは、何らかの問題を解決したり、人間関係を改善したり、人生を自分の望むかたちに創造したりするために、自分のハイヤーセルフが他の人のハイヤーセルフにコンタクトをとって、睡眠中に対話するパワフルな手法です。

キラエル　睡眠プログラムは、3次元ではさほど認識されていない原理です。その理由は、潜在性すべてを出しきった状態で用いた場合、電話やコンピューターなどの通信機器を用いずに他の人と対話できることに気づくからです。ここで、ひとつ忠告しておきたいことがあります。睡眠プログラムは、関係する人々すべてに最善の結果がもたらされるようなかたちで行う必要があります。

シグネチャーセル・ヒーリングにおける「睡眠プログラム」：一緒に行えば、癒しの過程を強化し、望んでいる結果を達成できると信じている人々と、睡眠状態で会えるようにプログラムすることです。

癒しの言葉：「私の力は起きている時のみに制限されているわけではありません。目が覚めていない時でも、自分の高次の意識を働かせ、その時点で可能な限りの癒しを模索することに努めます」

〈第10の原理——マスターマインド〉

マスターマインドとは、2人以上の人が集まって集合的な意識を創造し、自分たちの人生における特定の経験や結果を実現させることです。他の9つの原理を用い、この集合意識は物質世界においてある結果を実現させるためにとるべきステップを示してくれます。

キラエル　**マスターマインドは、古代エジプトの神官イムホテプやマスター・イエスの時代にも使われたほど、古くから存在する原理です。マスターマインドが光に満たされ、愛に基づいている限り、あなたの選択が何にせよ、まさにその時空においてあなたの現実になるのです。**

シグネチャーセル・ヒーリングにおける「マスターマインド」：共通の関心事を持つ人が2人以上集まって、それを3次元のエネルギーに織り込めば、奇跡は起こります。

癒しの言葉：「私は、4体がすべてつながった時、癒しにおけるマスターマインドが持つ強大な力を知っています」

レムリアの数秘術

レムリアの数秘術は有史以前のレムリアの時代にまで遡る予言に基づき、現在の癒しの世界が発する周波数に見合ったエネルギーを導き出します。シグネチャーセル・ヒーリングとレムリアの数秘術を合わせれば、あなたは人類のマトリックス・エネルギー（基盤となるエネルギー）を超える深い洞察力を手にし、「すべては癒せる」という表現の真の意味が理解できるようになるでしょう。

シグネチャーセル・ヒーリングにおけるレムリアの数秘術

1．創造主

創造主の光に再びつながる：愛との調和が崩れてしまったと認識されるものはすべて癒し、創造主の完璧さに戻すことが可能です。1はすべての創造物との調和を意味します。

2．二元性《デュアルティ》

陰陽のバランス：細胞意識の調和を図るとは、すべては最高の波動である愛に回帰させることができると、揺るぎない信頼を持つことです。二元性《デュアルティ》において、2は陰と陽の調和を意味します。これが、4次元の存在になるうえで、まず、怖れを愛に、次にそれを愛から光に変えることができたかを評価する尺度となります。

3．三位一体

真実・信頼・情熱：真実・信頼・情熱の三位一体に基づく癒しの行為は、意識的に奇跡を創り上げます。この三位一体による癒しの行為は、地球上において意識的に人生を創り上げるという3次元の現実の明確な特徴といえるでしょう。

4．4体にバランスを織り込む

肉体・感情体・精神体・スピリット体を自覚：バランスのとれた波動の模様（Weave）を達成するためには、真の癒しは4体（肉体・感情体・精神体・スピリット体）すべてで生じる必要があります。それができてこそ、人は愛に満ち溢れているといえるのです。

5．愛

創造主の無条件の愛：癒しの道は愛で創り上げ、経験しなくてはなりません。癒しの全行程は具現化された愛を知ることです。愛とは完璧さの結果であり、愛に満ちていれば、すべては壮大です。

6．極める《マスターする》

自分の人生のあらゆる側面を完全にコントロールする：癒しの技《わざ》を極める《マスターする》ために、ヒーラーは、自分と癒しの受け手および見えざる光の力を巧みにつなげて、申し分のない関係を築き上げなくてはなりません。それができた時点で、ありとあらゆる驚異的なことが生じます。

7．移行

癒しのエネルギーの流れと変貌：癒しは進化します。ひとつの癒しのレベルを極める《マスターする》たびに、その完璧さを祝い、次のレベルに向けて準備しましょう。すべては愛だと認識することが鍵です。

8．無限性を織り込む（Weave）

スピリット体としてのエネルギーと人としてのエネルギーと同時につながる：癒しのあらゆる可能性を求める際には、癒しが教えられる他の領域も、進んで探索しなくてはなりません。私たちは人間を経験している霊的存在です。人間としての理解力を超えた癒しもあるのです。

9．完了

自分の人生で（癒すと）選んだことを完了する：癒しの完了は、完全なる認識が伴う時に達成されます。その時が訪れるまでは、癒しの旅を最大限に育まなくてはなりません。完了に達するための旅が5歩ですむにせよ、50歩かかるにせよ、癒しは必ず完了するのだと信じてください。

「5歩か50歩の旅」

キラエル　「5歩か50歩の旅」という考え方は、癒しの旅における最も重要な側面の一つとなるかもしれません。たとえば、あなたの旅において中途半端で投げ出してしまったことがあるとしましょう。あるいは、完了できなかった学びの計画《レッスンプラン》があるとしましょう。それは、あなたが自分の旅を終えていないということなのです。

「5歩か50歩の旅」とは、5歩ですむにせよ、50歩にせよ、あるいは100歩にせよ、自分が完全に癒されるためには、行うべきすべてを確実に行わねばならないということを意味します。自分が真に癒されたのかどうか、ほんの少しでも疑問が残る場合は、やり忘れたことがあるということです。

今あなたはある地点にいて、そこからほんの少し離れた別の場所に行きたいと思っているとしましょう。そこで、あなたはその場所に到達するために何歩必要か計算します。5歩だと推計し、勇んで歩き始めます。ところが歩き始めてすぐに、その目的地に到着するには事前に計算した5歩では無理なことに気づきました。あなたならば、どうしますか？　地面に座り込み、「ああ、目的地はまだ先だ。もう歩きたくない」と泣きますか？　あと5、6歩、あるいはもう少し歩けば、目的地に到達するかもしれないのですよ。座り込んで泣き叫び、嘆くより、歩き続けるほうがずっと建設的だと思いませんか？

私はそうした状況を「5歩か50歩の旅」と呼んでいます。誰もが本当に治りたいと思っているのです。誰だって癒されたいのです。もっとお金持ちになりたいと思っている人もいれば、できるだけ良い人間関係を築きたいと思っている人もいるでしょう。求めるものが何にせよ、それを手に入れるためには「5歩か50歩」の全行程を歩む必要があるのです。

実際、真の癒しの学びはここにあります。5歩にせよ50歩にせよ、いえそれが何歩にせよ、決して挫けず、あきらめない心があれば、必ずや目的地に到達します。その意味では、成功したか否かを知るのは、あなたのみです。

今歩んでいる旅の意味を明確に理解できれば、何をすべきかわかるはずです。何歩かかるにせよ、曇りなき確信とともに全行程を踏破すること、それこそが「5歩か50歩の旅」です。

さあ、5歩にせよ50歩にせよ、やるべきことをすべて完了しましょう。自分が愛に満ち溢れていることがわかれば、あなたのご主人、あるいは奥さんがあなたを尊敬してくれなかったとしても、それはそれでいいのです。今こそ相手と別れる時、あるいは仕事であれば転職する時だという合図なのです。

米ミシガン州デトロイトで、ある男性は自動車組立工場に勤めていましたが、解雇されてしまいました。彼は次の仕事がやってくるのをじっとして待ってなどいませんでした。ある日、新聞の求人広告で看護関係の仕事に目が止まりました。それを見て、彼はこう思ったのです。

「看護という仕事についてほとんど知らないけど、前の仕事よりは良さそうじゃないか。とにかく失業中なんだから、応募してみよう」

あなたが現在の彼と話すことができたとしたら、自動車産業と縁を切り、新しい看護職を非常に楽しんでいることがわかるでしょう。彼は日々を無為に過ごし、あきらめたりしませんでした。手を伸ばしたのです。愛の波動を発し、それに従ったのです。やるべきことを行ったのです。

これが「5歩か50歩の旅」の仕組みです。目的地までの歩数が5歩にせよ、10歩にせよ、50歩にせよ、場合によっては1000歩かもしれません。何歩必要にせよ、愛の波動を発し、それに従えばいいのです。歩み続ければ、必ず目的地に到達します。毎回毎回、勝者はあなたなのです！

ただ話すために私のもとを訪れる人たちがいます。そして、最後は泣き崩れます。もし、あなたが癒しの旅の途上にあるのならば、泣いて日々を過ごすことはやめましょう。泣き続けている間、5歩か50歩の旅は休止してしまうのです。ある時点で、泣き止まなくてはなりません。感情体の癒しと肉体の癒しは互いにつながっています。すべては、完全な癒しに向けて100ポイントの光を灯すための一貫作業なのです。

「10パーセント／90パーセント」の脳

キラエル　あなた方は誰でも脳の機能を100パーセント活用できる潜在的な能力がありますが、

ほとんどの人はせいぜい10〜15パーセントを使っているのみです。「10パーセント／90パーセントの脳」とは、あなた方が自分の旅を少しでも理解しやすくなるために用いた、私なりの表現です。

自分の脳の機能を活用している割合が、あなたが自分自身の愛を経験できる能力に等しいと考えてください。つまり、脳を10パーセントしか活用していなければ、自分自身の愛を10パーセントしか用いていないということです。

一方、あなたが他の人に対し励ましや称賛などポジティブな言葉のみを発し、悪いことはひとつも言わないとすれば、自分の愛を用いている比率は上昇します。

あなたが他の人たちが行っていることに基づいてではなく、自分の心に基づいて行動しているとしましょう。その場合、あなたの脳の潜在的な可能性は他の人より高くなります。ただし、「私は自分を愛している」とか、自分は他の人より愛に満ち溢れているので、それらの人たちより優れている、などとは言わないでください。それは誤りです。それは、愛ではありません。自我《エゴ》です。

病気の旅

キラエル　ここまで読めば、病気の旅は4体すべてで経験することがおわかりでしょう。スピリット体の波動が創造主の愛の波動に合わなくなってしまった時、病気が始まります。そこで癒されなかった場合、ハイヤーセルフはスピリット体から、波動が最も近い精神体へと病気のエネルギーを送ります。本来ならば、その段階で何がいけないのか考えて、行いを改めるのでしょうが、3次元は混沌たる思考の世界ですので、うやむやになってしまうことがよくあります。そのため、この病気のエネルギーは自動的に次のエネルギー体である感情体へと移動します。感情体は、4体の中で最もエネルギーに満ち溢れている一方、自ら克服しなければならない課題もあります。感情体でも教訓が学ばれなかった場合には、病気のエネルギーは残りの唯一のボディである肉体で具現化することになります。

最初の3体（スピリット体・精神体・感情体）で取り組まれなかった学びの計画《レッスンプラン》は必ず、細胞意識で具現化されます。シグネチャーセル・ヒーリングで癒しの計画を立てるには、4体それぞれについて病気をチェックし、波動をすべて再調整しなくてはなりません。

単に喉の痛みに悩んでいるのか、あるいは人生が一変してしまうほど重いガンにかかってしまったのかは、当事者が経験すべき学びの計画《レッスンプラン》の深刻さに左右されます。しかし、学びの深刻さがどうあれ、もちろん癒しが病気に打ち勝つ可能性は十分あります。

この病気を今、フルに経験しなければならないのかもしれません。グレートシフトが生じた後は、長期的で進行性の病気を通じた学びは経験できないのです。多くの人々が今生で、ガンやエイズなど生命を脅かす病気にかかり、それを耐え忍んでいるのはそのためです。これが人生の陰陽に巻き込まれた、3次元に生きる人間の旅なのです。

恐れるべきは怖れそのもののみ

キラエル　あなた方は創造主の思考です。癒しを始めたければ、まず心臓から少しずつ始めましょう。

次のことを試してください。今夜、眠りにつく前に、ベッドに座ってこう言ってください。

「創造主よ、どうぞあなたを感じさせてください。心臓がほんの少しジンジンするだけでも結構です」

もし金色の粒子に包まれた気がしたとしたら、それを祝いましょう。そうでなかったら、明日の夜、また同じことを繰り返してください。それを続けていれば、やがては怖れから愛への旅とは何か、理解できるに違いありません。

誰もあなたの思いを代弁してくれません。どんな宗教もあなたの問いすべてに答えることはできません。あなたが求めている答えすべてを知っている人やグループもありません。その代わりに、今こそ勇気を出して行動しようとしている人がたくさんいます。そう、あなた方スピリチュアリストです。

中にはマイクを握って熱弁を振るう人もいるかもしれません。いずれにせよ、全員が愛の旅に積極的に参加しようとしているのです。

私が言わんとしているのはこうです。恐れるべきは「怖れ」そのもののみです。有名な言葉ですので、聞いたことがある人も少なくないでしょう。

今度はこの言葉の持つ力を感じとってください。もし怖いと思うのであれば、怖れを真正面から見据えることを恐れているためです。勇気を出して、癒されようとしていないのです。友よ、癒されてください。一度に多くをする必要はありません。まず心から始めましょう。

今生であなたが求め続けてきた問いの答えはそれです。愛に生きてください。

バランスのとれた4体

キラエル　進化的な癒しの手法であるシグネチャーセル・ヒーリングは、怖れから愛への、そしてさらに愛から光への癒しの旅です。肉体・感情体・精神体・スピリット体の側面を考慮した癒しの旅です。シグネチャーセル・ヒーリングでは、癒しは肉体のみを対象にするのではないと考え、4体すべての癒しを目指します。

こうした4体システムに基づく人生のパターンは、地球での旅を歩むあなた方のために創造主が計画したものです。4体システムの原型を見つけるには、人類を構成しているもの、すなわち意図的に創造を行う美しい光の粒子の集合体である創造主まで遡らなくてはなりません。

光の粒子はエネルギーの磁気です。心の中で思い描くにせよ、顕微鏡で覗くにせよ、光の粒子に注目した途端に、その分子構造は変化し、新しいパターンへと姿を変えます。量子物理学者《クォンタム・フィジシスト》は、すでにこうした動きを観察し、理解しています。

創造の過程（ここでは人間としての創造過程）において、光の粒子は次々と集《つど》い、線を形成し、パターンができあがります。このパターンは私たちが集合的に思考として理解しているもの、つまり創造主の思考プロセスです。創造主は、地球などさまざまな場所で自らのある側面を進化させることを意図し、粒子をつないでユニークなパターンを創り上げるのです。ある時点で、こうした思考は生命あるエネルギーとして具体的な形態をとり、光の模様は細胞となります。

地球での人生を経験する魂に選ばれたことを知ると、あなたは大喜びします。人間を経験できることが栄誉だと知っているためです。その時点では、あなたは光の粒子で構成されたスピリット体として存在しています。このスピリット体はすべての生において、受肉の前にせよ後にせよ、永遠にあなた自身のものですが、地球での旅を歩むためにはそれ以上のものが必要になります。

次に、創造主の思考が具現化するのは精神体です。あなたのハイヤーセルフは精神体で、地球における旅に向け計画、すなわち青写真《ブループリント》を作成します。このようにさまざまな冒険や人生の構想が精神体において思考を通じて形成されるため、精神体は地球で旅を歩むにあたり、あなたの一部として残ります。

なお、あなたの精神体は、普通考えられがちな局所脳《ローカル・ブレイン》（人間が普段、意識的に考え、行動し、理解するために使っている10パーセントの脳）ではなく、偏在的な意識である全脳《オムニ・ブレイン》（無限で非直線的なハイヤーセルフの意識である90パーセントの脳）の中に存在します。あなたはそこにアクセスし、スピリット体の中で精神体と協力します。

あなたの人生の青写真《ブループリント》が作成されれば、今度は人生を通じてあなたをやる気にさせる原動力である、情熱の役割を担う感情体が必要になります。感情体の最も純粋なかたちは愛です。創造主の愛とあなたのハイヤーセルフの愛に、あなたの生物学上の両親が加わり、あなたの肉体がこの世に形成されるのです。

＊＊＊

シグネチャーセル・ヒーリングでは、４体すべてをバランス良く最善の状態に維持することが目標です。スピリット体から、自分のハイヤーセルフとつながることができます。勇気を出せば、創造主のエネルギーまで到達することもできるかもしれません。

また、スピリット体から精神世界が形成されます。現在、多くの人々は以前よりも深く精神世界に集中し始めています。あなたの精神世界の異なる側面が互いに作用し合うようになってきたのは、当然の成り行きです。

精神体の次が感情体です。感情体が理解できるようになれば、まさに地上で天国を経験するようなものです。ちょうど生まれ変わったかのような気持ちになります。

そして、あなたには肉体があります。肉体が他の3体の影響を直接受けるのだと理解した時に初めて、肉体は地上に存在する完全なる目的に向かって進み始めます。

4体が完全に機能して初めて、自分が利用できる癒しの力を真に認識することができるのです。

4体システムとは

スピリット体：スピリット体はあなたが受肉して人間の旅を歩む間、創造主の一部としてエーテル界にとどまっているあなたのハイヤーセルフにつながっています。あなたの旅はここから始まり、ここで新しい人生の青写真《ブループリント》が設計されます。あなたのベール（すなわち自我《エゴ》）によって、スピリット体からのメッセージが不明瞭になることもあるかもしれません。しかし、スピリット体はあなたの人生を通じて、描かれた学びの計画《レッスンプラン》に準じた旅が展開されるように、あなたを助けてくれます。

精神体：精神体は受肉したあなたを、その生命力に応じて行動することを訓練するために用いられます。この世に生まれた時から、精神体は人としての人生が計画どおりに進むように、局所脳《ローカル・ブレイン》と人間意識へと思考を注ぎます。また、あなたが自分の左脳と右脳のバランスをとり、全脳《オムニ・ブレイン》にアクセスするために第六感を活用することを学ぶのも、精神体においてです。

感情体：感情体は最も純粋なかたちでは愛の光の粒子だと考えられています。感情体は、地上での旅において常に怖れと愛のバランスをとる役割を担っており、シグネチャーセル・ヒーリングではその点に集中して癒しを行います。エネルギーのバランスが崩れる場合は感情体が原因となることが多く、肉体においてそれが具現化されることになります。

肉体：肉体は細胞群の集合体であり、それが磁気により特定の体を形成します。それぞれの肉体が持つ70兆ほどの細胞には、創造主の完全な本質に関する記憶が含まれています。しかし、病気、体調不良、怪我を引き起こすのは人生における経験であり、その結果、癒しの旅を通じて愛に戻るチャンスが与えられるのです。

細胞意識

〈シグネチャーセル〉

体内の各細胞は自分の完全な状態だった頃の記憶があり、それを忘れることは決してありません。

すべての細胞は、脳の松果体にある「神の細胞」とも呼ばれるシグネチャーセルの記憶の一部です。元々エネルギーであるシグネチャーセルは各人を構成するユニークな細胞で、他の細胞の意識に話しかけます。

成長と発達の過程において、それぞれの細胞は自分がどの部分の細胞になるのか、つまり心臓の細胞は心臓の一部となることを、指の細胞は指の一部となることを知っています。そして、体が成長し発達しても、それぞれの細胞は自分の場所を知っています。

また、各細胞は自分の起源であるシグネチャーセルのことを覚えています。足の親指の最も小さな部分の最後の細胞は、シグネチャーセルに端を発する最初の細胞とまったく同じです。こうした過程において、すべての細胞には自らが生まれた時の記憶があります。

〈細胞意識の三位一体〉

人の細胞はどれも、創造の三位一体から形成されたのだという記憶を持っています。人の生命における三位一体の基盤は、あなたのご両親、そしてあなたのスピリット体の光で構成されています。受胎時には、あなたのお父さんの精子とお母さんの卵子とともにあなたのスピリット体の光が、あなたの新たな生命における三位一体の光を創り上げます。より重要なのは、創造主の光に端を発するあなた独自の意識の流れが、あなたの人生の旅がどのような三位一体になるかを決定することです。すべての細胞は同じ意識を持っています。70兆ほどに及ぶすべての細胞が一つの意識を構成しているのです。

〈シグネチャーセル・ヒーリングにおけるトリニティ・タッチ《三位一体のタッチ》〉

シグネチャーセル・ヒーリングは患部に手をあてて癒しを行う手法であり、すべての細胞に、それぞれが生命の基盤である三位一体の一部だと思い出させます。ヒーラーであるあなたが、癒しの受け手のトリニティ・ポイント（トリニティ・ポイントについては188、225ページ参照）を軽くトントン叩く《タッピングする》と、相手の細胞は肉体に何か新しいことが起きていることを認識し、それに注目し始めます。

三位一体のエネルギーが、体内の細胞意識を活性化させると、細胞意識は創造された時に自分が完全だったことを思い出し、最高次の光の中で素晴らしいことが起きる寸前だということに気づくのです。

〈癒しにおける思考エネルギー〉

私たちが肉体をまとっているように見えるのは、私たちの細胞のなせる業《わざ》です。しかし、肉体のように見えているものは、実際には思考エネルギーによって結合されているのです。

思考は精神体・スピリット体・感情体が持つそれぞれの側面を、肉体の意識へと固定します。シグネチャーセル・ヒーリングを用いれば、あなたは文字どおりに魂の意識レベルで振動し始めることができます。そのレベルでは、あなたの細胞は実際に思考することで（癒すことで）、肉体を健康体に戻せる可能性があるのです。

肉体にせよ、精神体にせよ、スピリット体にせよ、感情体にせよ、思考はあなたが癒したいと意図する部分に癒しをもたらす力を持っています。自分が思考の産物だということに、受肉するために思考を具現化しなければならなかったことに、人間の経験というこの現実へと思考を具現化しなければならなかったことに気づきさえすれば、自分が思考によって構成されていることをこれまで以上に深く理解できるようになるでしょう。その段階までくれば、癒されないものなど何ひとつないのです。

〈シグネチャーセルにおける青写真《ブループリント》〉

あなたが自分は不完全だと考えるかたちで生まれたとすれば、それは受肉前に、あなた自身が自分のシグネチャーセルにそうした青写真《ブループリント》を刻んだためです。人間関係、薬物、アルコールに関する問題など、あなたが直面するかもしれないさまざまな問題を含め、そうした不完全性は今生におけるあなたを形成している一部なのです。

〈細胞間のコミュニケーション〉

そうした青写真《ブループリント》は、すべての細胞核の中に存在するＤＮＡ鎖にも記録されています。コミュニケーション網はＤＮＡを通じて構築されているのです。細胞同士は常にコミュニケーションを取り合っています。１つの細胞が別の１つの細胞に話しかけることもあれば、すべての細胞が同時に話し合うこともあります。まさに驚異的なコミュニケーション・システムなのです。

〈細胞のプログラミング〉

シグネチャーセル・ヒーリングでは、意識的に体を再生したり、癒したりできます。例外なく、体内すべての細胞は記憶システムを持っており、多種多様なかたちでプログラムされています。これには、機能しろという指令を受けるまでは、思考や目的を持たないようにプログラムされている幹細胞が含まれます。

シグネチャーセル・ヒーリングにおける本質的な力

スピリット体から肉体へと創造における流れがあるように、シグネチャーセル・ヒーリングの癒しにおいても本質的な力の流れがあります。本質的な力は、人間を構成する4体システムの不可欠な要素として織り込まれています。これらは、シグネチャーセル・ヒーリングの手法である「エネルギーの織り模様（Weave)」、すなわち「エネルギーの舞い」でつながれているパワフルな力です。

フォトン・エネルギーを取り込んで呼吸することで、創造主の金色の粒子がスピリット体を、精神体に位置する松果体、そしてその中に存在するシグネチャーセルにつなぎます。

精神体において、意図の力によって癒しのビジョンが創り上げられます。金色の光の粒子は、そこから感情体のハート・エネルギーへと流れたあと、最終的には肉体に達します。肉体は、人に触れられることで愛が目覚めるのを感じるのです。

〈スピリット体：呼吸とフォトン呼吸の力〉

シグネチャー・セル・ヒーリングは深呼吸から始まります。これは普通の呼吸とは違い、プラーナの光を体内へ取り込む呼吸法です。

まず、頭上に金色の光の粒子の塊が漂っているのを心の中で思い描い《ビジュアライズ》たのち、そのエネルギーを深呼吸によって体内に取り込み、それが頭蓋骨を通り抜け、松果体へと入っていく様子に意識を集中します。この呼吸が胸腺を抜けて、さらに下方へと流れ、ハート・チャクラを満たす頃には、創造主の光が体中を駆け巡るのを感じるでしょう。ここで、あなたは吸い込んだ息を肩から腕、そして手へと流したのち、最終的には癒しの受け手の中へと送り込みます。

このように呼吸することで、意識は集中し、精神も感情も落ち着きます。これによって、自分自身のハイヤーセルフと癒しの受け手のハイヤーセルフとのつながりが明確になり、そうした穏やかな状態の中で、あなたは自分自身と癒しの受け手とのつながりを感じ始めるでしょう。

シグネチャー・セル・ヒーリングについて講演するために世界各地を回り始めた頃、私は癒しにおいてフォトンを取り込む呼吸と自然の呼吸を一緒に用いれば、パワーアップすることに気づき始めました。

フォトン・エネルギーとは、量子の電磁気を帯びた光のエネルギーです。非常に高い波動で振動し、伸縮自在であり顕微鏡を使わないと見えません。科学技術の専門家はフォトン・エネルギーについて知っていることを完全には公表していませんが、私たちはこれが癒しにおいて重要な役割を果たす要素だと知っています。

フォトン・エネルギーを体内に取り入れれば、私たちは量子物理学の原則を活用して癒しの全過程を育むことができます。思考と意図の力はこうした癒しの過程を通じて量子内の粒子を動かすようで、私たちはフォトン・エネルギーを「思考する」ことで癒しのエネルギーそのものに転換することが可能なのだと気づいています。

確かに言えるのは、フォトンの正しい呼吸法を通じてフォトン・エネルギーをコントロールし、その結果、癒しの全過程をコントロールできるということです。つまり、対象が何にせよ、心から癒したいと望みさえすれば、すべては確実に癒されるのです。

金色のフォトンの光子を呼吸によって自分の体内に取り入れ、それをあなたが癒している相手の体へと導くだけで、実際に癒しの過程を促せるのだと信じることはなかなか難しいでしょう。もちろん、それだけに頼るわけにはいきませんが、光の自然な形であるフォトンを自ら実際に感じとり、それにシグネチャーセル・ヒーリングに備わった驚異的な力すべてを織り込んでいくのです。

プラーナ呼吸のエクササイズ1

背筋を伸ばし、足をピッタリと床につけ、楽な姿勢で腰掛けてください。手は膝の上に置き、リラックスしましょう。その後、深呼吸します。まず、空気が頭頂から体内に入ってくる様子をイメージしてください。ちょうどイルカが、水面上に出て空気を取り入れる瞬間を思い浮かべるとイメージしやすいかもしれません。

さぁ、今度は、自分が頭頂から金色の光の粒子を吸い込んでいる様子をイメージしてください。こうした金色の粒子はフォトン・エネルギーで構成されています。この粒子で体中を満たしてください。この光があなたの体内に入っては出るのを体験しながら、横隔膜が拡大・収縮するのを感じてください。

今度は、この光の流れと呼吸を数秒間止めてください。

次に、止めていた光の流れと呼吸を、ハート・チャクラとクラウン・チャクラに戻したあと、足に導いて、足裏から母なる大地へと解放してください。これを何度か繰り返せば、心が落ち着き、リラックスした気分になるでしょう。

〈精神体：意図の力〉

シグネチャーセル・ヒーリングを実践する際に対処しなければならない最も深遠なエネルギーのひ

とつが、意図の力です。それぞれの癒しは意図の力を用いて行わなければなりません。

実際のところ、これこそがあらゆる癒しにおいて用いる必要のある力です。すべての癒しのかなりの部分は、こうしたレベルの思考が基盤になっています。

意図の力は癒しを成功させるための最も直接的な手段です。こうした成功は単に、肉体的な困難を精神力で乗り越える、というだけではありません。

癒しの過程は精神体で始まります。具体的に言うと、癒しの意図とビジョンがヒーラーと癒しの受け手双方の思考の中で明確になったとき、開始するのです。こうした集合的な意図の明確さを感じとることができれば、癒しの確率は大いに高まります。

〈感情体：愛の力〉

進化の旅を歩むための美しい場所が他にたくさんあるのに、なぜ私たちは地球にやってくるのでしょうか？　なぜ陰陽の、すなわち二元性の現実に基づいている場所を選ぶのでしょうか？

友よ、まさに愛ゆえの選択なのです。

地球という名の魂の共同体は、私たちが善悪の違いを学ぶ機会を得るためにやってくる場所です。そして、最も重要なことには、地球は一度の生涯で愛について学びとり、愛を獲得する最大の潜在性を秘めた場所なのです。

私たちは通常、愛の力は心の力だと信じるよう導かれます。もちろん、これは真実ですが、どうも多くの人々は愛の力は創造主が持つエネルギーの力と同じだという、さらに重要な真実を受け入れたくないようです。

〈肉体：ヒーリングタッチの力〉

軽いヒーリングタッチ（触れるか触れないか程度にそっと手を触れて行う癒し）の手法は、シグネチャーセル・ヒーリングを行う過程で極めて重要です。肉体に触れられることはあらゆる人間が必要とするものです。

たとえば、新生児が最適の条件で健康に育つことを望むのならば、生まれた瞬間からことあるごとにその体に触れ、抱きしめてあげることは必須条件です。それと同じ理由で、癒しにおいて人のタッチの重要性は強調してもしすぎることはないのです。

どんな人であれ、触れられれば、癒しはスピードアップします。指を使おうが手のひらを使おうが構いません。

大切なのは、癒しを受けている相手が細胞レベルで感じとる音と光の波動です。

なお、シグネチャーセル・ヒーリングでは、どこに触れるのか、何回タップするのか、どれほどの強さで体を押さえるのかが、ヒーリングを施すうえで重要な要素となります。

瞑想状態下での癒し

前述した4体の基本的な力を一体化して癒しを行う際、あなたの心は静かになり、自分の感情に触れることのできる意識的な状態が生じます。瞑想状態と表するのが最も適切でしょう。要するに、知覚している状態です。

スピリット体を参加させることさえできれば、肉体はそれに追随します。そして、あなたの精神がそれを認識できれば、実現します。あなたが瞑想状態下で見るものは完璧なものとして知覚され、そう意識した時点で、癒しは完璧な場所から始まるのです。

この空間において、ヒーラーは、ちょうど癒しに向けて愛と光が舞うように、スピリットとの最高のつながりを引き出すことになります。

癒しの体験談

ヒーラーの旅

ヒーラーとして、私はクライアント（患者）さんを癒す時には常に全力を尽くします。ひどい状態で私を訪れた患者さんたちすべてを覚えています。そうした患者さんを癒す過程で絆《きずな》が強まるため、覚えているのです。癒されたあと、地上にとどまった人にせよ、最終的な癒しを経験して、創造主のもとに帰った人にせよ、誰ひとりとして忘れません。

なかでも、私の記憶から決して消え去ることのない患者さんがいました。ヴァーナという名前の、非常に美しい魂の持ち主でした。あれほどエネルギーを注いで癒しを行ったことはありません。

いくつかの重要な臓器でガンが進行しており、肋骨と背骨に転移していました。

当時、私はヒーラーとしての経験が15年近くありました。それまでに癒しについて学んだすべての手法を駆使して、ヴァーナの癒しに臨みました。彼女のご主人は、「ガンが進行し続けているにもかかわらず、彼女が比較的痛みを感じずに過ごしており、そのおかげで夜も眠れることは驚きだ」とよく言っていました。しかし、私は時おり自分の無力さを感じていました。

最初の頃は自分で歩いて来ていたのですが、そのうち車椅子で押されてくるようになり、やがては酸素ボンベとマスクをして訪れるようになりました。それでも、ヴァーナはその間ずっと週に二度、私による癒しのセッションのためにセンターを訪れていました。

とうとう、ヴァーナはセンターでの私の癒しの場にやってくることができなくなりました。そこで、私は東オアフの彼女の家を車で訪問し、週に一度の癒しを行うことになりました。彼女の家でのセッションが終わり、愛と癒しについて彼女と意見を交換する時間があった時には、彼女はいつも目を半開きにして、静かに私の言葉に聞き入り、「もう少しそばにいてほしい」と言ったものです。

ある夕べ、ヴァーナが苦しまずに亡くなったと、ご主人から知らせがありました。やがてはその時がやってくるのはわかっていましたが、私は打ちのめされました。

ヴァーナのご主人から、内輪で葬儀を行うと知らされ参列しましたが、その間中、私は彼女がそばにいるのを感じ、表現しきれないような大きな喜びを覚えました。彼女はついに自由になったのです。彼女の癒しの旅は私にとって驚異的な経験となりました。そして、私に、ヒーラーとして極めて貴重なレッスンを学ぶ機会を与えてくれたのです。

シグネチャーセル・ヒーラー、コース・ファシリテーター
『ホノルル光の教会』メル・モリシゲ牧師（米ハワイ州ホノルル）

原子は3次元における生体プロセスだけでなく、物質世界におけるすべての事象を証明する単位です。原子を分解すれば、クォークがみつかりますが、それを結合しているのがグルーオンです。

思うに、強大な力を持つ、こうしたグルーオンは、本質的には愛かもしれません。

結局のところ、宇宙をまとめているのは愛なのですから。

3章 シグネチャーセル・ヒーリングの体系 ～生物学～

人の肉体を、多くの楽器で構成されたシンフォニー・オーケストラと考えてみましょう。あるパートが音を外した場合、オーケストラ全体に不協和音の悪影響が及びます。ハーモニーを取り戻すには、不協和音を出したパートを見つけ出し、改める必要があります。つまり、オーケストラのように、体のすべての部分が細胞意識のシンフォニーを奏でることに積極的に参加している時には、ハーモニーは体内で永遠に続きます。こうした状況は、細胞意識がすべて一体となり、周囲を取り巻く宇宙エネルギーと完全なる調和を達成している時に生じます。

『Kirael：The Genesis Matrix（キラエル：ジェネシス・マトリックス）』より

肉体は驚異に満ち溢れた創造物です。次から次へと、肉体をめぐる発見は果てしなく続きます。今では量子物理学のおかげで、人の体の細胞は常に互いに作用しているだけではなく、私たちの思考や感情を通じて周囲の環境とも相互作用していることがわかるようになりました。

2章までで、癒しをスピリット体・精神体・感情体の側面から論じてきましたが、今度は肉体に目を向けてみましょう。

シグネチャーセル・ヒーラーになるには、人間の肉体の基本を理解しなくてはなりません。なぜなら、この癒しの手法は肉体との関わりが大きいからです。シグネチャーセル・ヒーリングで重点的に取り組む肉体の箇所は、スピリット体とつながっている肉体の機能の始点かつ終点だという点を、さらに、この2つが一緒になって癒しの4体システムを完成させるのだということを念頭に置いてください。

松果体の重要性

医師や微生物学者に、「シグネチャーセルとは何ですか？」と聞いてみてください。十中八九、怪訝な顔をするに違いありません。

私が開発した癒しの手法の基盤となっている「シグネチャーセル」という細胞は、人体解剖学や生理学に関する本には出ていませんし、科学研究室の顕微鏡で突き止められるものでもありません。「細胞《セル》」と呼んでいますが、これは脳の松果体の内部に存在するユニークな細胞で、非常にとらえにくい光の粒子という形でしか識別できません。

古代の神秘的な教義では松果体を「魂の座」、または内なる洞察力を司《つかさど》る「第三の目《サードアイ》」とみなしていました。フランスの哲学者ルネ・デカルトも松果体を魂の座と考え、彼の思想はすべてそこに端を発しています。

現在では、霊的な悟りを象徴する第三の目《サードアイ》として知られている第6チャクラに関連づけられています。

シグネチャーセル・ヒーリングでは、キラエルが「目《アイ》」と呼ぶこの松果体は、上方に座する創造主の光のみに向けられており、スピリット体と肉体をつないでいます。

松果体（側面図）

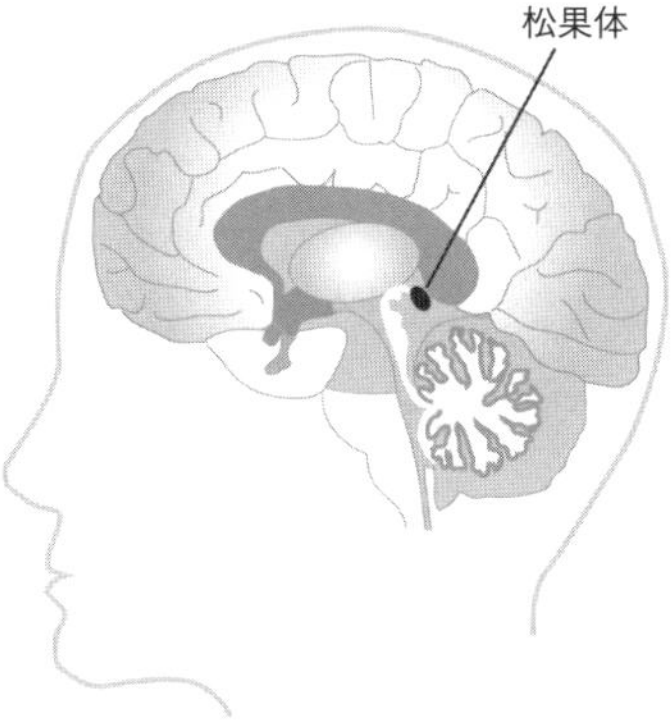

生物学用語としては、松果体は脊椎動物の脳にある小さな内分泌腺です。2つの大脳半球である右脳と左脳の間に位置しています。幾何学的にみて両者のちょうど中心にあります。形が小さな松かさに似ていることが名前の由来です（訳注：松果体の英語名である「pineal gland」の「pineal」には「松かさ」という意味がある）。

そのほか、松果体は睡眠と覚醒のパターンを調整するホルモンであるメラトニンを分泌します。

シグネチャーセル

シグネチャーセルとは、創造主があなたの肉体に組み込んでくれた奇跡の細胞です。そこには、あなたの人生計画の署名《シグネチャー》、すなわち青写真《ブループリント》が保有されています。それは、人の元来の完全性と今生における目的を記した情報《コード》です。

肉体を構成する他のすべての細胞は、シグネチャーセルを基盤にして複製されます。すべての細胞は状況や環境がどうであれ、絶対的な完全性を持って生まれます。それぞれの細胞はたとえ病気に冒されているように見えたとしても、生まれた時の自らの完全性を記憶しており、決して忘れることはありません。体内のすべての細胞には、自分たちの原型であるシグネチャーセルの思考が寸分違いなく複製されています。つまり、生まれながらに創造主の愛に包まれており、それぞれの細胞の中には、いつであれ、自らが望む時に癒せるという生来の権利と愛が備わっているのです。

松果体（上面図）

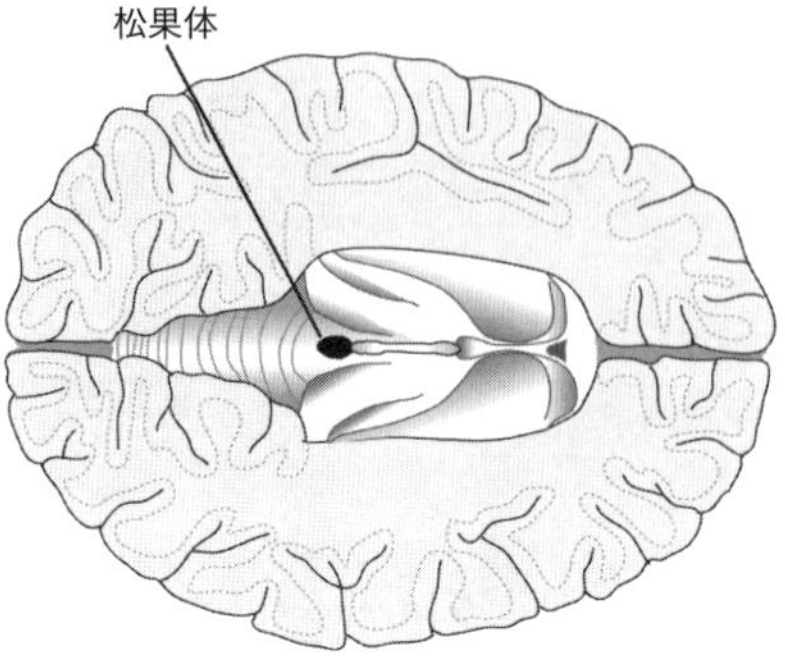

シグネチャーセルの光の粒子は、あなたが初めて地上に生を

松果体（拡大図）

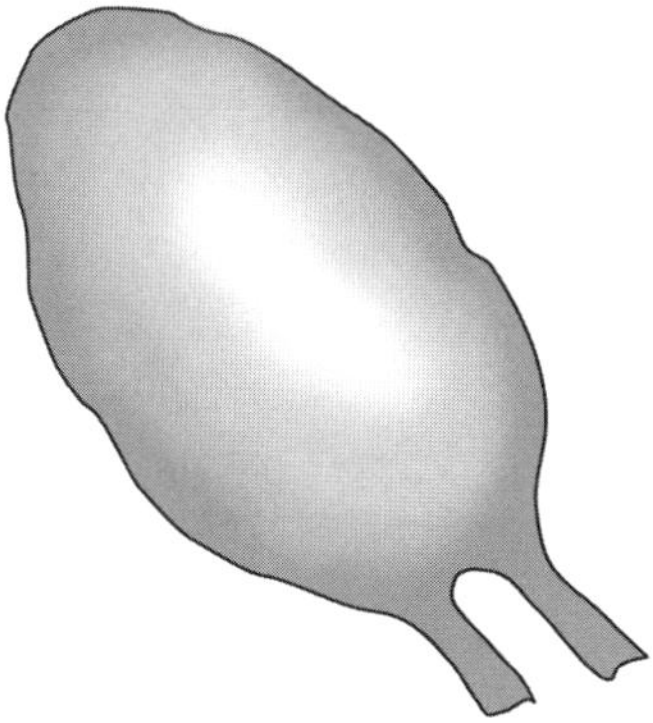

受けた時に形成されます。「それはどれほど昔のことですか」とお尋ねになるかもしれません。しかし、あなたが本当に知るべき点は、あなたがどれほど地球に戻ってきているか、ということです。今この瞬間に、あなたが癒しとスピリチュアルをつなぐ本を読んでいるという事実から判断すると、あなたの魂年齢は少なくとも中間地点に達しているのでしょう。つまり、あなたはかなり長期にわたり、地球に転生しているということになります。

免疫

少しの間、自分のエネルギーが小さな光の粒子だと心の中でイメージしてください。あまりにも美しい光なので、あなたは自分が創造主なる神の一部かもしれないと感じます。もちろん、そのとおりです。

さあ、また地上に転生する時がやってきました。そこで、この創造主はあなたの本質を呼び寄せ、地球で新たな旅を歩む順番がやってきたことを告げます。あなたはワクワクしてたまりません。この特別な「シグネチャーセルの粒子」も含め、あなたの光の粒子すべてがバランスの取れている状態で、あなたは人間として新たな人生を歩むための準備を始めます。

あなたは素晴らしい冒険を始めるため、出発しようとします。そこで、人間としての新しい人生では何をすべきかを決めるために、さまざまな前世における人生のパターンを振り返ります。

まず、できる限りたくさんの冒険を盛り込む必要のあることを踏まえ、新しい青写真《ブループリント》を作成し始めます。それどころか、興奮のあまり、一度の人生では到底完了できないほど多くの学びを組み込むかもしれません。完璧です！

さらにあなたには、新しい人生のいかなる時点であろうが、あなたの意識的な認識へと入り込み、あなたの魂が成長と拡大を続けられるように、新しい波動エネルギーを少々追加してくれるハイヤーセルフがついています。

いったん人間としての新しい冒険が始まれば、癒しが必要なことに気づく時が到来するかもしれません。そして、あなたはなんらかの力に導かれて、シグネチャーセル・ヒーラーに到達します。初めて受けたシグネチャーセル・ヒーリングで、松果体の奥深くで眠っていたあなたのシグネチャーセルに火が灯った時、ちょうどあなたの青写真《ブループリント》に刻まれていたように、あなたと創造主のエネルギーのつながりがよみがえるのです。

シグネチャーセル・ヒーラーが初めてあなたの頭頂部に手をあて、創造主なる神が座する松果体へと一連のエネルギーを流し込んだ時、何か驚異的な、いえ、それどころか、まるで魔法にかけられたかのような神秘的な気持ちに満たされます。あなたのシグネチャーセルに火が灯った瞬間、あなたの体全体が集中し始めます。その瞬間、あなたとヒーラーだけでなく、あなたの体中の細胞すべては癒しが始まったことを知るのです。

シグネチャーセル・ヒーリングで用いられる特殊な手法について詳しく説明する前に、3章では、シグネチャーセル・ヒーリングに関連した概念を理解するうえで必要となる体の仕組みや生物学について、主な医学用語を概説します。精神レベルでこうした基本原則を深く掘り下げれば、肉体からの直感的なシグナルや、最適な健康と活力を得るために送り込まれる癒しのエネルギーをより完全に認識できるようになるでしょう。

私の人生はシグネチャーセル・ヒーリングを通じた癒しに捧げられており、私は多くの方々が癒しの旅を続けるためのお手伝いをしてきました。私はできる限り客観的であるよう、またできるだけ医学界に近い見解をとるよう努めてきましたが、西洋医学の医師に、私が体の細胞と意思の伝達を行うと言うと、たいていの場合は懐疑的な態度が返ってきます。私たちが医学界によって事実上回復の見込みはないと見放された患者を助けると、せいぜい、「あなた方が何をやっているのか私たちには理解できませんが、とにかく続けてください」と言われるのがオチです。ですから、この章を読み進めるにあたり、癒しの可能性について希望と新しい見方を提供することが私の意図だということを忘れないでいてください。このことを心の中でしっかりと理解すれば、あなたは自分の肉体も同じ方向に進む準備ができたことに気づくことでしょう。

※3章での説明の一部には、シグネチャーセル・ヒーリングの「はじまりのシークエンス」に関する情報が含まれていますが、癒しの手法に関する詳しい説明は6章を参照してください。

免疫系

松果体にあるシグネチャーセルの活性化にあたっては、体の免疫系に焦点を絞り、胸腺とT細胞の活性化から始めます。シグネチャーセル・ヒーリングでは、最初にプラーナ呼吸を行い、体に軽く触《タッチ》れることで、体自身の免疫系を強化します。

胸腺

胸腺は胸の上前部、ハート・チャクラのあたり、ちょうど胸骨の背後に位置する器官です。T細胞を分泌するだけでなく、T細胞を教育するという重要な役割を果たす腺です。これが、シグネチャーセル・ヒーリングにおいて胸腺に働きかける主な理由です。

なお、子ども時代の記憶は胸腺に蓄えられていることが判明しています。そのため、胸腺は感情体で生じた問題を癒すうえで大きな鍵を握っています。

T細胞

T細胞（Tは胸腺を意味する英語“Thymus”の頭文字）は、リンパ球として知られる白血球細胞グループに属しており、免疫系において大きな役割を果しています。T細胞は非常に強力な細胞で、ウイルスや腫瘍だけでなく、ありとあらゆる免疫系の異常を認識するなど、数多くの機能を持っています。

胸腺

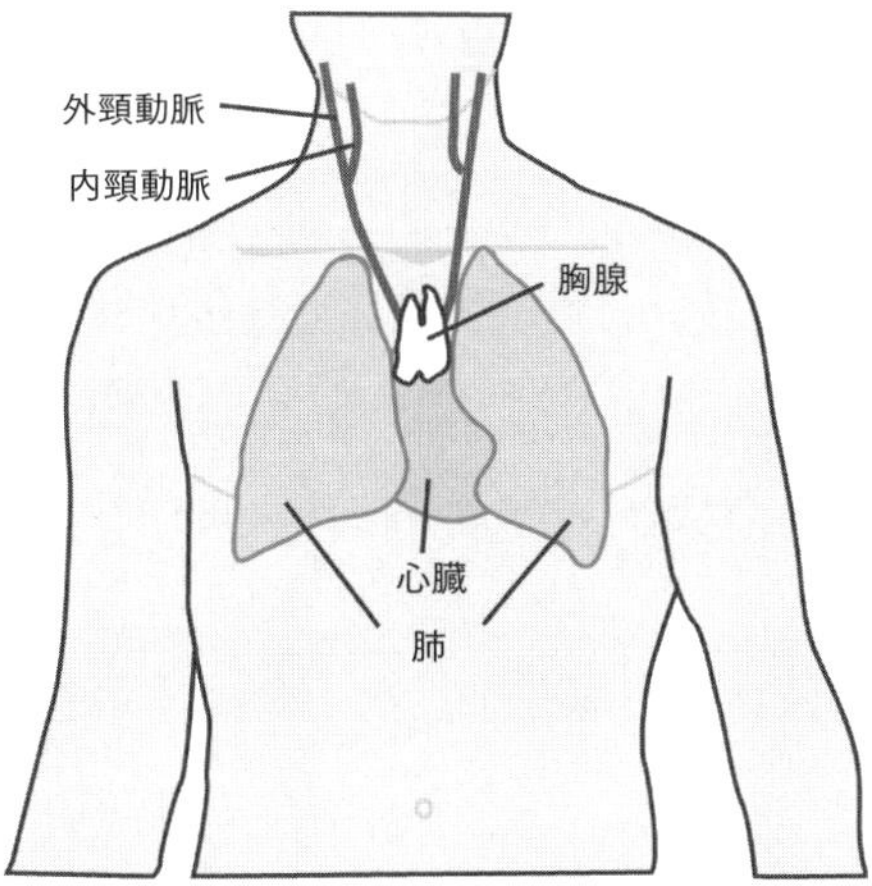

T細胞

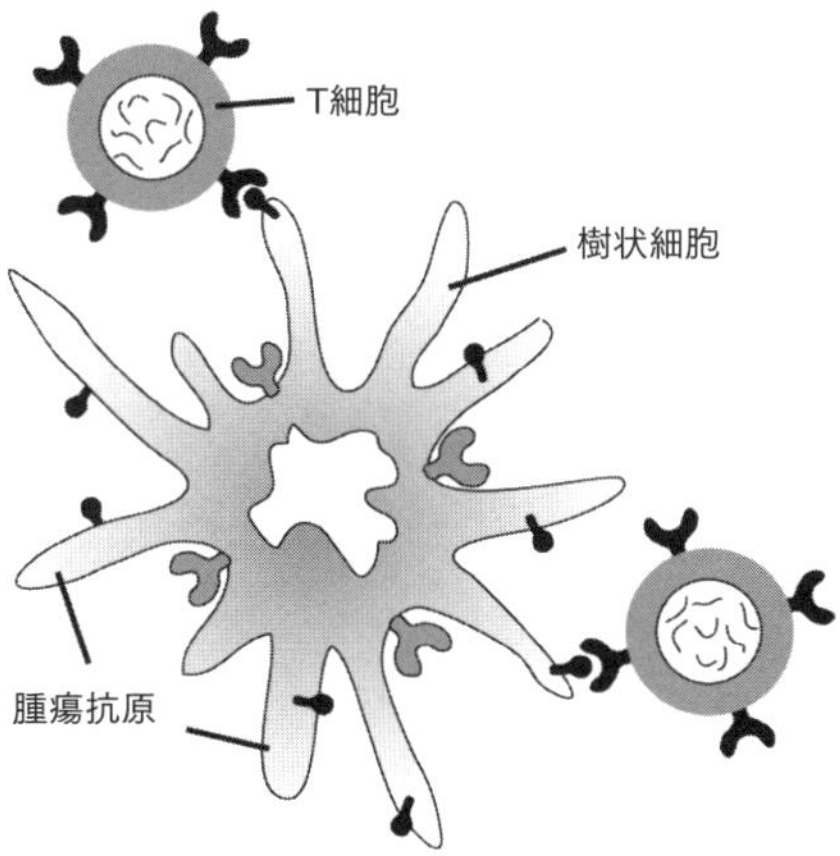

T細胞は、細胞の表面上にT細胞受容体と呼ばれる特殊な受容体を持っているという点で、B細胞やナチュラルキラー細胞など、他のリンパ球細胞と異なります。T細胞受容体は体内に侵入したウイルスを見つけ出してくれます。残念ながら、T細胞は子どもの頃に蓄積されたあと、年を経るとともに大幅に減少するため、高齢者は感染症やガンなどにかかりやすくなります。

B細胞

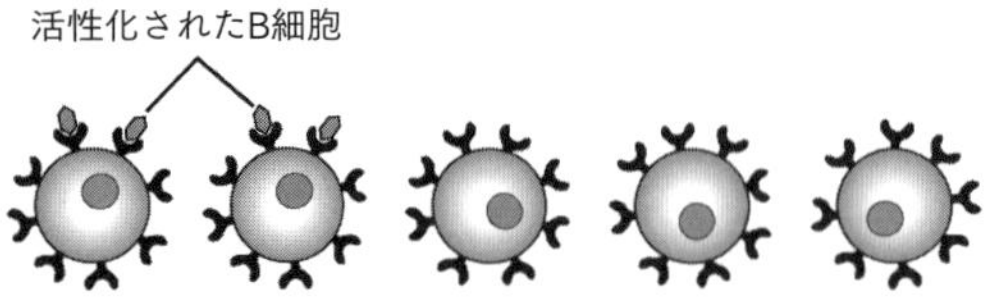

T細胞同様にリンパ球であるB細胞は骨髄で常に生産され、成熟します（Bは骨髄の英語“Bone marrow”の頭文字）。B細胞の第一の機能は、抗原を見つけ出して破壊する抗体を多く生産することです。

B細胞にもそれ自身の細胞受容体があり、それが免疫を監視する役割を担います。簡単にいうと、抗原が病気をもたらし、抗体が病気を治す、ということです。B細胞とT細胞は似ていますが、B細胞が体液に関連した免疫に携わっているのに対し、T細胞は細胞に関連した免疫に携わっている、という違いがあります。

シグネチャーセル・ヒーリングの「はじまりのシークエンス」では、ヒーラーが次に挙げる2種のB細胞を活性化させるという意図を持つことで、体の骨格組織に明かりを灯します。

1. プラズマ細胞：最も成熟した段階のB細胞で、異物を破壊することで知られている食細胞（不要物質を除去する細胞）を狙う特殊な抗原に的を絞る。
2. メモリーB細胞：一次免疫応答を記憶しているため、特定の抗原に2度めにさらされた際、免疫はより迅速に応答できることになる。

リンパ腺

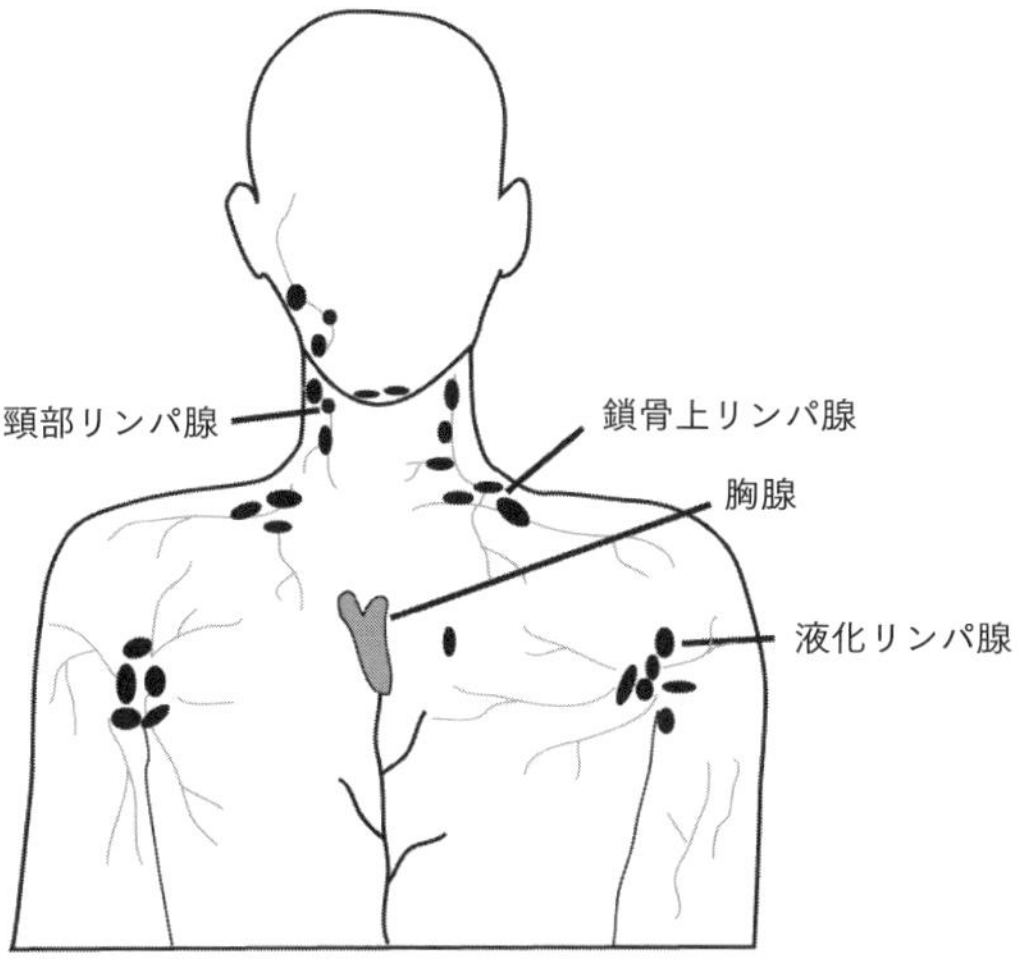

リンパ系

リンパ系は、体が体液のバランスを調整し、感染症と戦うことを助けます。リンパ系臓器、リンパ節、リンパ本幹、リンパ組織、リンパ毛細管、リンパ管で構成された複雑なシステムです。

リンパ系には相互関連する機能が3つあります。

1. すでに体によって活用されて老廃物となり取り除く必要が出た過剰体液を除去する
2. 脂肪酸を吸収し、そして吸収後、粒子を循環系に移送する
3. リンパ系全体を循環するリンパ球などの免疫細胞を保護する

リンパ腺（拡大図）

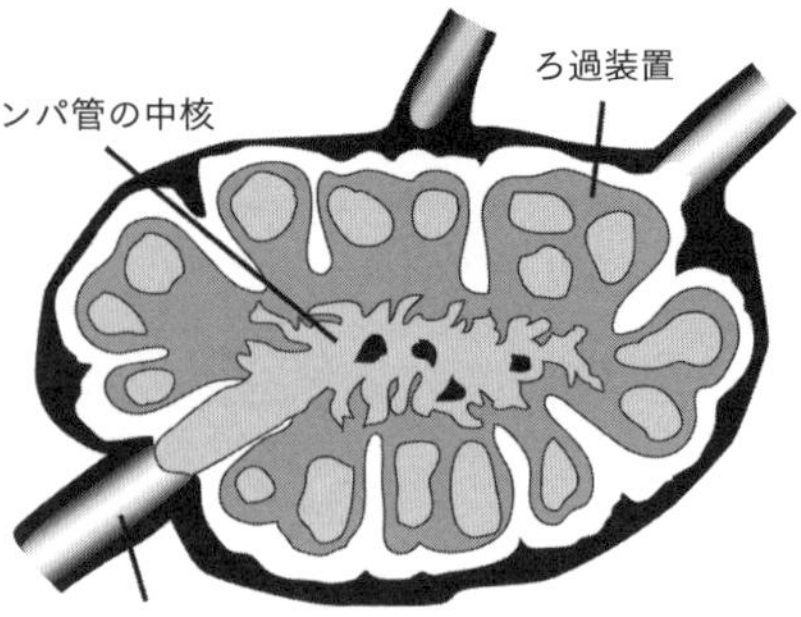

リンパ腺（リンパ管）

リンパ管とも呼ばれるリンパ腺も、免疫系において重要な役割を果たします。リンパ液（リンパ）をろ過し、白血細胞（白血球）を蓄えます。リンパ系の器官として、こうした腺はちょうど小さな血管のように枝分かれした細い管からなる網状のネットワークの中に見られます。

豆のような形をしたこれらの器官は主に首、顎、腋下、下部消化管／鼠蹊部《そけいぶ》に集中しており、バクテリア、ウイルス、異物である毒を撃退するという重要な役割を担っています。リンパ系は、もともとは腸液として分泌された細胞組織内の体液を通じて、バクテリア、ウイルス、その他異物や細胞の老廃物を集めて破壊するリンパ球を移送し、そうした異物・老廃物を除去します。

脳

シグネチャーセルの「はじまりのシークエンス」で次に行うのは、脳の調整です。脳は、「ニューロン」と呼ばれる１０００億個ほどの神経細胞で構成されています。こうしたニューロンは電気化学的シグナルを集め、伝達し、体のある場所から別の場所へと1秒あたり数千回ほどのメッセージ（神経インパルス）を送ることで、コミュニケーションを行います。

ニューロンは、細胞体、軸索、樹状突起（神経末端）の３つの基本的な要素で構成されています。３つのうちの主要要素は細胞体で、ここにＤＮＡを含む神経核、小胞体、（タンパク質を合成する）リボソーム、（エネルギーを産生する）ミトコンドリアなど、細胞に必要な要素すべてが詰まっています。細胞体が死ねば、ニューロンも死にます。

脳（側面）

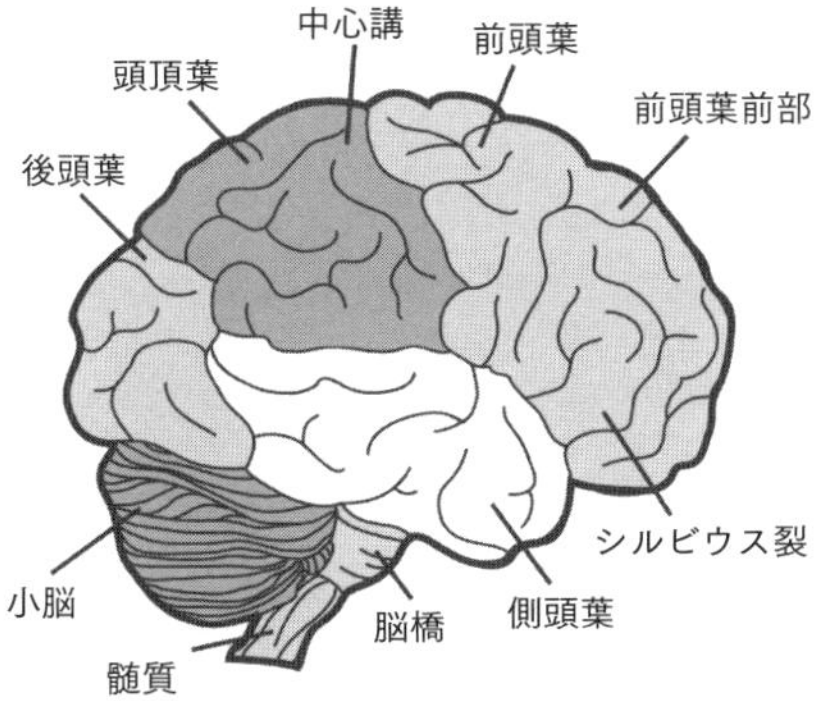

脳（側面、横断面図）

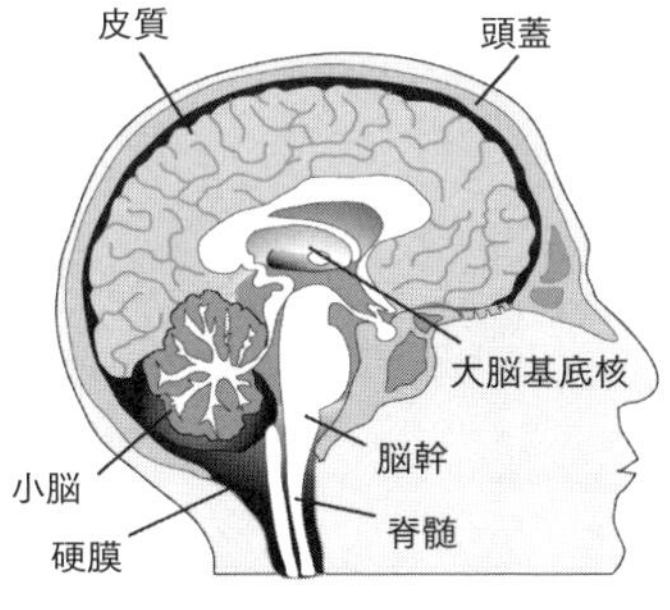

脳のニューロン

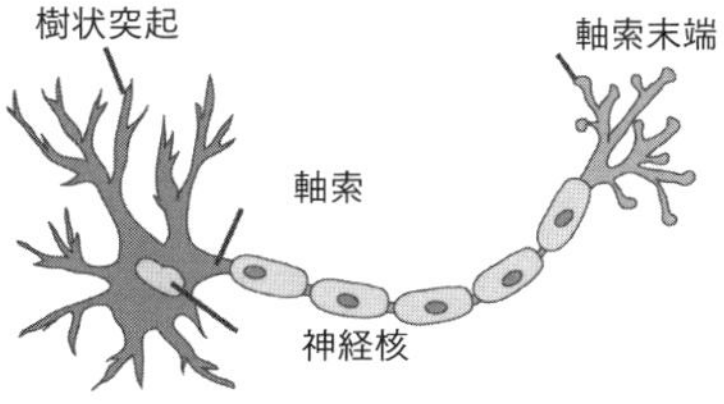

軸索は、長いケーブルのようなニューロンの突起物で、細胞体から細胞の末端に向けて電気化学的メッセージを伝達します。ニューロンのタイプに応じて、軸索の周囲には、ちょうど絶縁電線のように髄鞘《ミエリン》という薄い層が巻き付いていることがあります。各軸索は末端が多数に枝分かれしており、それぞれ数百から数千ほどの軸索末端を構成しています。それぞれの軸索末端は、小さな隙間であるシナプス間隙によって、次のニューロンと隔てられています。

シナプスとは、通常2つの神経細胞をつなぐ接合点です。具体的には、新しいニューロンが標的細胞とコミュニケーションを行うための特別な合流点です。

ニューロンは化学伝達物質（神経伝達物質）を放出します。こうしてシナプス間隙に放出された伝達物質は、この小さな隙間全体に拡散し、標的細胞上に位置する受容体を活性化します。標的細胞は他のニューロンかもしれませんし、あるいは筋肉細胞や、（物質を産生し、分泌する）分泌細胞の特定の領域かもしれません。ニューロンは電気的接続（電気シナプス）を通じてもコミュニケーションを行います。

樹状突起すなわち神経終末は、細胞の小さな枝状の突起で、他の細胞と結びついて、ニューロンが他の細胞と話したり、環境を認識したりすることを可能にします。樹状突起は細胞の1つの末端または両端に位置しています。

シグネチャーセル・ヒーリングを行うにあたって脳のニューロンについて理解すればするほど、そうした驚異的な脳の機能についてもっと学びたいという知識欲に駆られます。脳の内部機能が解明され、ニューロンがいかにしてエネルギーを伝達するのかが明らかになるにつれ、そうした過程のパワーを感じます。

また、これほど広範囲にわたるネットワークへのアクセスを可能にし、肉体の癒しを促してくれるシグネチャーセル・ヒーリングに感謝の気持ちでいっぱいです。

私たちが実際に人間の言語を用いて脳に「話しかける」ことができると気づいた時、癒しの可能性は大きく広がります。

ところで、話しかける対象はヒーラー自身の脳ではなく、癒しの受け手の脳です。最初は、声に出さずに、心の中での会話を通じ「脳に意識的に話しかけている」のかもしれません。あるいは、単に「効果ある癒しを意識的に創造している」のかもしれません。たとえば、シグネチャーセル・ヒーリングの「はじまりのシークエンス」の第2ステップで、深いプラーナ呼吸を行っている間に、声に出さずに松果体に話しかけ、シグネチャーセルを活性化してくれるように頼んでいることもあるでしょう。

細胞生物学

人間の進化の旅に関する青写真《ブループリント》が、松果体にあるシグネチャーセルの中に刻まれていることは、すでに論じました。目下、物理学やその他の科学分野は飛躍的なペースで進歩しており、それがシグネチャーセル・ヒーリング手法の原則の実践に役立っています。

シグネチャーセル・ヒーリングとの関連で基礎細胞生物学と量子物理学についてお話しするのは、ヒーラーの直感を研ぎ澄ます重要性について、読者の方々の理解を深めるためです。精神レベルで基礎的な人体構造を理解すれば、体が発する直感からの信号をより深く感じられるようになるだけでなく、最適な健康と活力につながるようなエネルギー・ヒーリングを施しやすくなるのです。

量子物理学

量子物理学は、原子以下のレベルにおける個別で識別可能なエネルギー・ユニットという概念を研究する科学分野です。「量子論の父」と呼ばれるドイツのマックス・プランクは1900年代初頭に、量子物理学に関する画期的な功績を残しました。

また、現代において生物学とスピリチュアリティを結びつけた草分け的存在である生物学者ブルー

量子物理学：原子

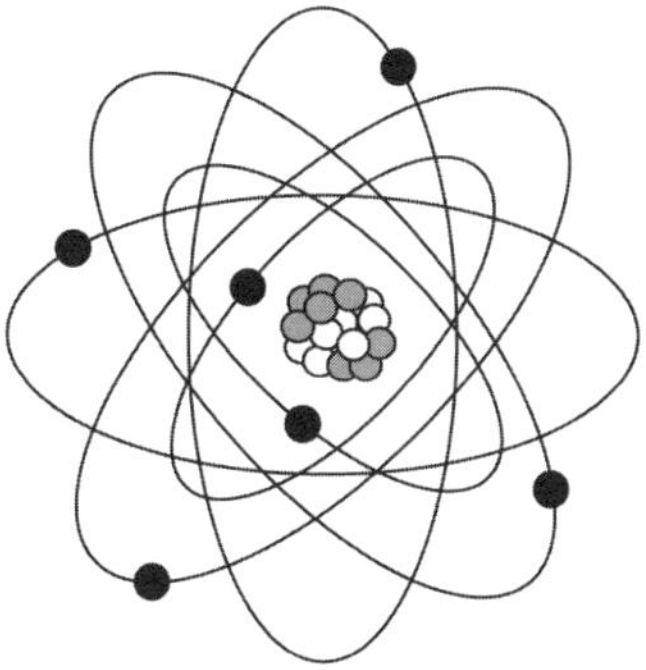

ス・リプトン博士は、精神と肉体の直接的な相関関係を確立しました。リプトン博士は、人間の思考と信念は細胞の機能に直接影響することを科学的に証明したのです。たとえある種の病気や疾病の遺伝情報《コード》を持っており、そうした病気にかかりやすい体質だったとしても、細胞に語りかけて、健康になるよう再教育できるのだとわかったのは、リプトン博士の研究のおかげです。

いわゆるヒーラーと癒しの受け手の細胞意識のコミュニケーション・プロセスは、こうした細胞の機能に関連しています。たとえば、あなたがヒーラーで、ステージ4のガンと診断された患者さんの癒しを行っているとしましょう。あなたはシグネチャーセル・ヒーラーとしてできる限りのことをしたいと思うに違いありません。細胞意識のレベルも含め、あらゆるレベルで積極的に意志の伝達を図ることは理にかなったことです。

「習うより慣れろ」ということわざがあります。癒しの受け手の細胞意識に話しかければかけるほど、あなたの癒しの力は高まります。すべては、すでにお話しした「１００ポイントの光」の一環です。

また、次の点も覚えていてください。あなたが自分の心と癒しの受け手の心の間で癒しについて意識的なコミュニケーションを創造できるようになれば、頭痛などの軽い体調不良は即座に治せるようになるため、癒しの受け手はそうした力のあるヒーラーにしか癒しを頼まなくなるでしょう。

それでは、もう少し掘り下げて、シグネチャーセル・ヒーリングにおけるさらに重要な側面についてお話ししましょう。

原子

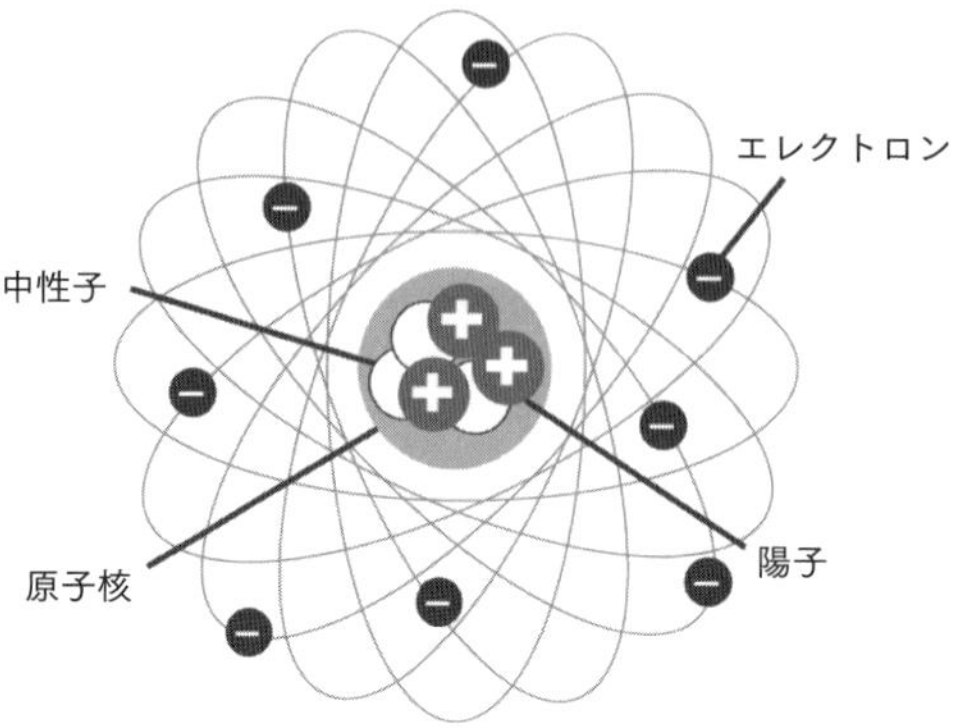

原子

原子は物質を構成する最小の単位ですが、元素の特質を備えています。単純な形としては、原子は陽子を含む原子核と中性子で構成されており、また中性子の周りをエレクトロンが公転しています。

クォーク／グルーオン

比較的最近まで、科学者たちは原子核の中にある陽子より小さな構成要素はないと考えていました。ところが、1968年に、科学者たちは亜原子粒子加速器を用い、陽子の中に新しい粒子を発見し、クォークと名づけました。

現在では、それぞれの陽子には3つのクォークがあり、こ

細胞—原形質膜

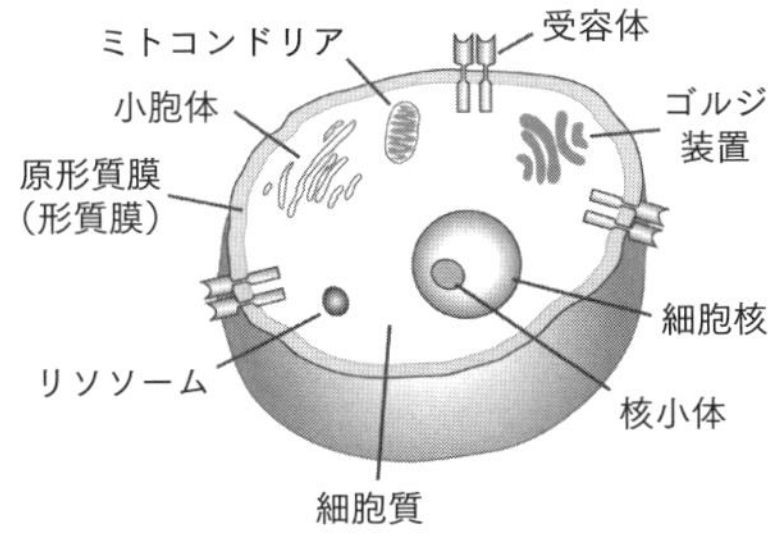

クォーク／グルーオン

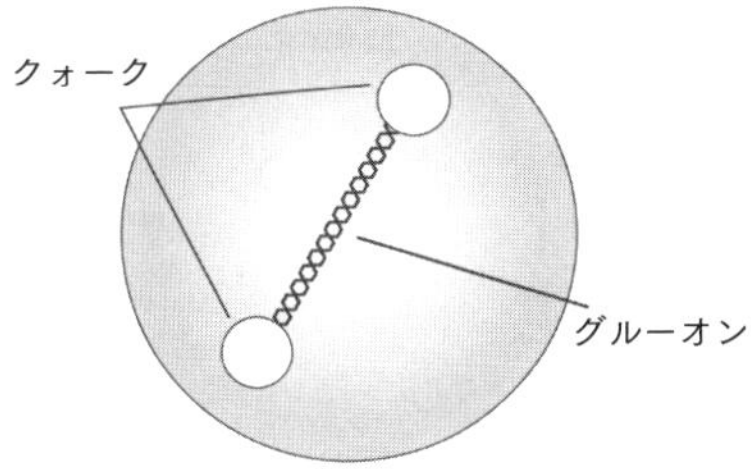

れらクォークがグルーオンによって結ばれ、体内で特定の波動を発していることが知られています。シグネチャーセル・ヒーリングでは、グルーオンが波動の最も純粋な形、すなわち愛を代表しているとみています。

時とともに、健康な細胞と癒しを必要とする細胞がそれぞれ発する音や波動を認識するための知識がどんどん明らかになっています。こうした細胞の差異を認識することを学ぶことが、シグネチャーセル・ヒーリングの訓練の一環となります。

細胞膜（原形質膜）

「原形質膜」とも呼ばれる細胞膜は、細胞内の細胞質を囲んでいる半透膜です。この膜は生きている細胞すべての周囲を覆っており、細胞内部と細胞外部の環境を分ける障壁の役割を果たしています。

DNA

デオキシリボ核酸、すなわちDNAは、あらゆる生命体が発達し、機能する上で発せられる遺伝子に関する指令を包含する核酸の一種

DNAの二重螺旋《らせん》構造

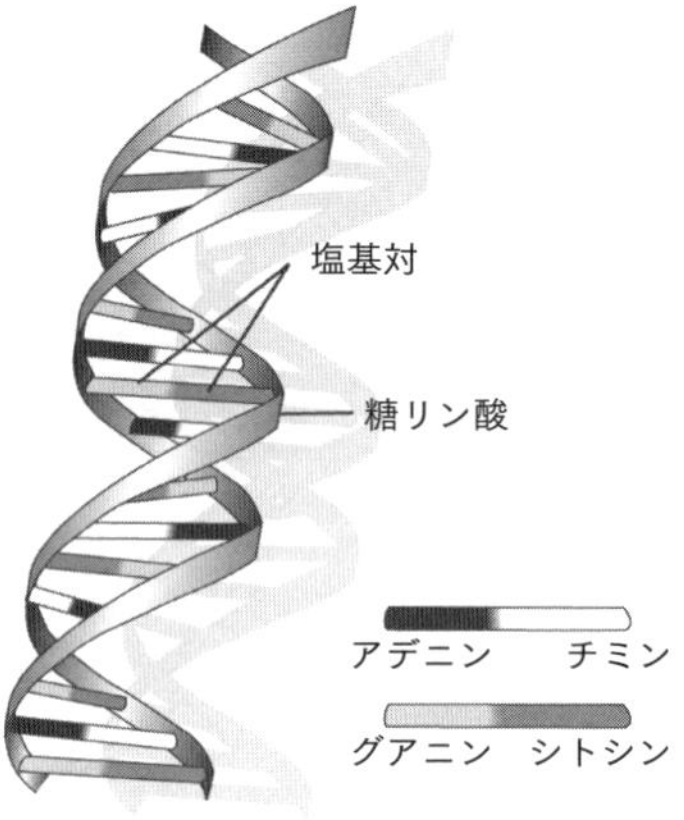

です。細胞が必要とするタンパク質すべてを合成するための指令一式を備えた化学情報のデータベースといえるでしょう。

ＤＮＡは、体内にある数兆にも及ぶ細胞それぞれの中核である細胞核の中に存在します。一人の人間の細胞はすべて同じＤＮＡを持っています。各細胞には、二重螺《ら》旋《せん》構造をとる46本のＤＮＡ分子が備わっています。それぞれの分子は、各染色体に含まれる約5千万から2億5千万の塩基から成っています。

ＤＮＡ分子の主な役割は長期的な情報の保存です。ＤＮＡは、タンパク質やＲＮＡ分子（リボ核酸分子）など、細胞を構成する他の物質を作るために必要な指令を含んでいるため、一連の青写真《ブループリント》になぞらえられることがあります。こうした遺伝に関する情報を運ぶＤＮＡの断片《セグメント》が、「遺伝子」と呼ばれます。

遺伝子

遺伝子はＤＮＡの亜粒子（サブユニット）です。各染色体には、通常特定のタンパク質に関する情報が暗号化されているなど、特定の指令が含まれています。こうしたタンパク質もＤＮＡの亜粒子とみなすことができます。

科学は、遺伝子によって特定の健康状態をめぐる傾向が作られると教えています。しかし、新しい研究によると、私たちの肉体構造は考えられていたよりも、はるかに大きな影響を環境から受けるようです。同時に、遺伝子は人の遺伝的な構造を形成する役割を担っている可能性がある一方、必ずしもあらかじめ定められた遺伝的な結果をもたらすわけではないのです。

シグネチャーセル・ヒーリングでは、遺伝子は部分的に、思考によってコントロールできると考えています。具体的には、局所脳《ローカル・ブレイン》（人間が普段、意識的に考え、行動し、理解するために使っている10パーセントの脳）のみによるだけではなく、それ以上に全脳《オムニ・ブレイン》（無限で非直線的なハイヤーセルフの意識である90パーセントの脳）によってコントロールできる、という見方をとっています。

遺伝子

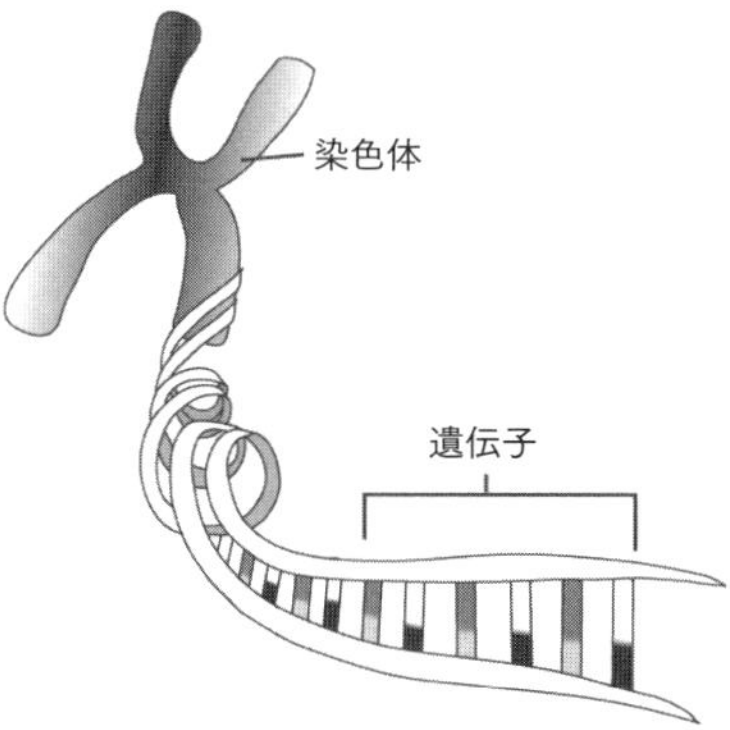

したがって、認知症、ガンなどの重病にせよ、鼻風邪などの軽い病状にせよ、直接的な影響を及ぼすよう、あなたは意識的な選択を行えるのです。あなたのご両親のどちらか、あるいはあなたの家族全員が何らかの病歴を持っていたとしても、あなたは自分のなかに潜在的に潜んだ、そうした病状を癒すことができます。あなたの信念には確かに、あなたの運命を変える力があるのです。

シグネチャーセル・ヒーリングで用いるハンズオン・ヒーリングを使えば、これまで知られていなかった方法で体のコントロールを取り戻すことができます。このヒーリング手法では、多次元レベルで癒しを行うため、あなたの体はもはやDNAの二重螺旋《らせん》構造にコントロールされなくなります。

意識的に創造し、新しいレベルでコミュニケーションを行うという現実に順応することで、そして最も重要なこととして、スピリット体に語りかけ、存在しうるあらゆる癒しのエネルギーと接触するよう指示することで、新たなスタートを迎えることになります。

染色体

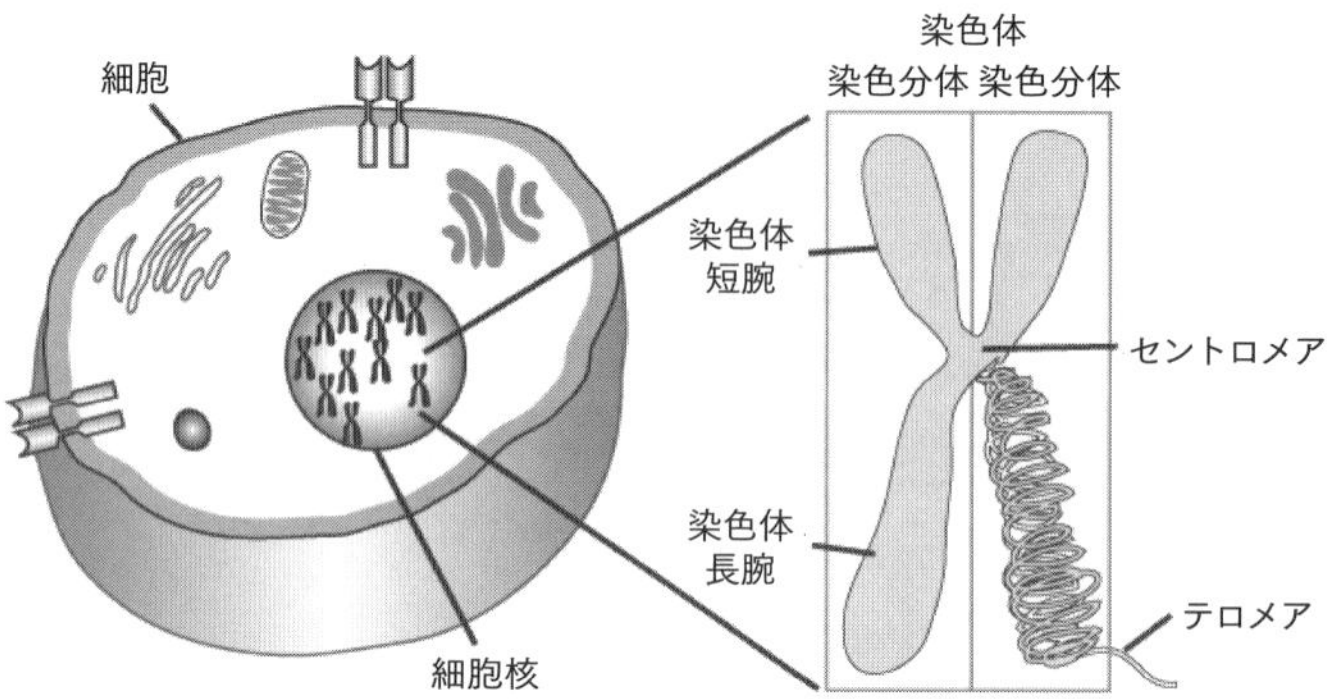

染色体

染色体は単体の大きな高分子のDNAで、細胞内においてDNAの生体物質構造を構成しています。連続する1本の長い鎖状DNA（単体のDNA分子）である染色体には、多数の遺伝子、調節要素、そのほか介在するヌクレオチド配列が詰まっています。

シグネチャーセル・ヒーリングでは、22番染色体として言及される染色体を、「若さと活力の染色体」と呼んでいます。私たちは、癒しのセッションを始めるときに必ず行う冒頭の祈りで、「私は若さと活力の染色体を呼び覚まします」と言い、この染色体だけでなく、同様の役割を担う染色体の活性化を図ります。

テロメアとテロメラーゼ

テロメアは染色体末端にある反復配列頻度の高い構造領域であり、染色体末端を遺伝子の分解から守る役目を担っています。テロメアがないまま細胞が分裂した場合、染色体の末端、そしてそれが持つ必要な情報は失われ、ひいては細胞の死につながります。シグネチャーセル・ヒーリングでは、癒しのエネルギーをテロメアに向ける方法を模索しているところです。

一方、テロメラーゼはテロメアを伸長させる酵素で、新たな活力を提供します。この酵素は、最初はガン細胞の中に発見されました。ガン細胞はテロメラーゼを悪用して、生存し続けるのです。

テロメア

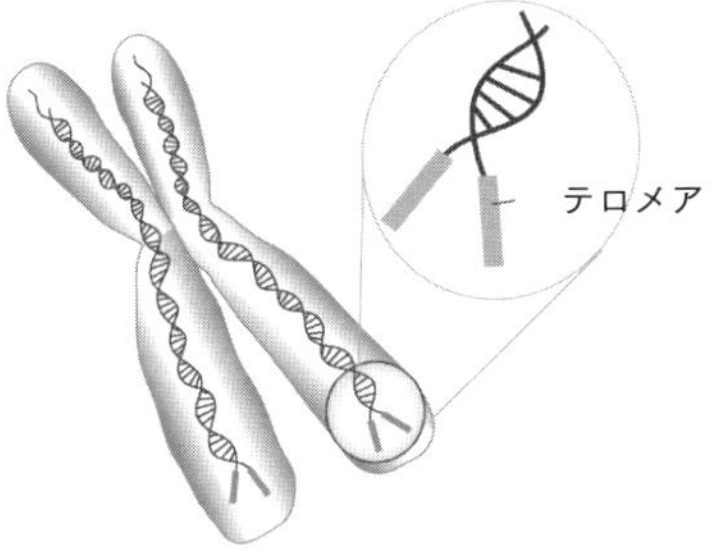

テロメラーゼ

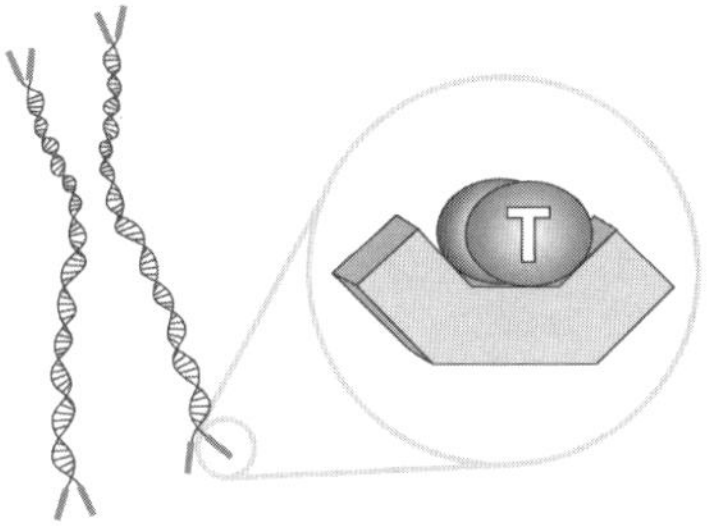

ミトコンドリア

細胞のエネルギー供給の大半を担っていることから、ミトコンドリアはよく細胞の発電所と呼ばれます。すべての細胞の生命力を維持しているのです。細胞のパワー源として、ミトコンドリアはエネルギーを細胞が用いることができる形態へと変換します。

ミトコンドリアは人間の体に光を吹き込む力であるため、体内のすべての細胞にミトコンドリアが存在します。各細胞の外側に存在する受容体は血液、脂肪組織などの中を移動し、それぞれの細胞やミトコンドリアに取り込めるものを探します。

ミトコンドリア

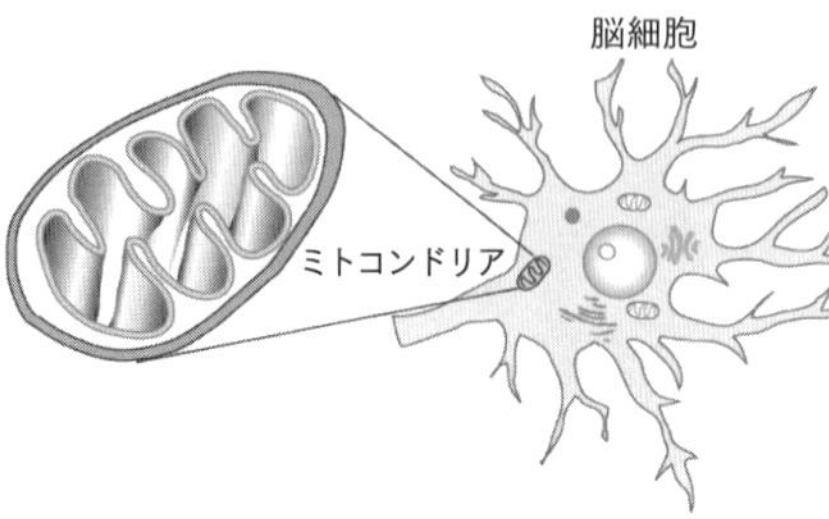

ミトコンドリア(拡大図)

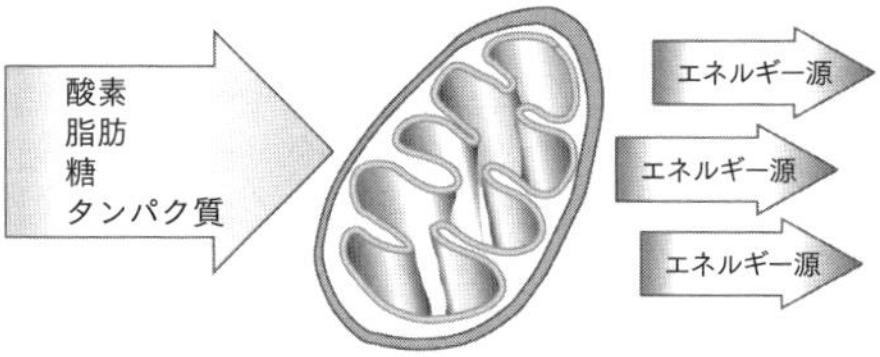

こうした受容体は、それぞれの細胞のために必要な栄養素を集め、細胞に補給します。

しかし、40歳前後を境に、受容体は摩耗し始めます。地球次元の旅において人が活用することの肉体という容れ物は、最終的には摩耗するように作られている、ということを忘れないでください。ヒーリングタッチを通じて金色の光を体に取り込み、癒しを行うたびに、こうした受容体は強化されます。そのため、癒しの旅に全力を注ぎ、定期的に癒しを受けることが大切です。

ADDL

ADDL（アミロイド由来拡散性リガンド）は、記憶を形成するシナプスを攻撃することで知られています。こうしたADDLの攻撃を受けて、入力情報に対するシナプスの処理能力が損なわれる結果、記憶障害が生じます。

現在では、科学者たちはADDLがアルツハイマー症や、その他認知症に関係があると考えています。50代や60代の方ならば、自分の記憶に自信がなくなる気持ちが理解できるでしょう。あなたの記憶は意識状態であり、それゆえに、健康や癒しに関するあなたの思考に左右されやすいことを覚えておいてください。

シグネチャーセル・ヒーリングでは、こうした疾病に直接的に働きかけることを目指しています。

ジャンクDNA

科学における一般的な考えでは、人生の青写真《ブループリント》はDNAの最初の2、3センチ内にある遺伝子に見つかるとされています。専門家によると、DNAの残りの部分（DNAの98パーセント程度）は機能が特定されていないと考えられており、しばしば「ジャンクDNA」と呼ばれています。

しかし、シグネチャーセル・ヒーリングでは、タンパク質を合成しないという事実にもかかわらず、「ジャンクDNA」こそが人となりを形作っているのではという見方を強めています。この事実に思いを馳せるたび、私の心には問いが浮かびます。創造主なる神が、人のDNAの98パーセントをも

「ジャンクDNA」と呼ばれるガラクタにするでしょうか？　そんなはずはない、というのが私の考えです。

シグネチャーセル・ヒーリングでは、ジャンクＤＮＡには癒しにおいて細胞を活性化させる役割があると認識し始めています。これは、細胞レベルでの進化的な成長に対する癒しの旅なのです。

フリーラジカル

化学の世界では、（「フリーラジカル」とも呼ばれる）ラジカルは、分子殻の外側で不対電子を持つ原子、分子、イオンのことを指します。不対電子であることから、他の分子と結合しようとするため、フリーラジカルには不安定だという問題があります。他の分子と結合しようとする結果、健康な分子に損傷を与える可能性があります。多くの食品には、フリーラジカルが健康な組織を傷つけることを防ぐ抗酸化物質が存在します。生体系におけるフリーラジカルは、最初は実在しない、あるいは単に重要でないとして片づけられていました。

現在では、アルツハイマー、関節リウマチ、心臓病、高血圧症、肝細胞疾患、発ガン現象など、説明のつかない症状の分野に入れられています。シグネチャーセル・ヒーリングでは、フリーラジカルの除去に充てた一連の癒しの手法を組み込んでいます。シグネチャーセル・ヒーリングのヒーラーは、こうした側面に特に注意を払って癒しを行います。

幹細胞

幹細胞は多細胞有機体の中に存在する初代細胞、すなわち未分化細胞です。プログラムされていない細胞であるため、体内で多くの異なる種類の細胞に変化する驚異的な可能性を秘めています。細胞分裂を通じて自らを再生する能力を持っており、多種多様な特定のタイプの細胞へと分化できます。体にとってはある種の修復システムであり、無制限に分裂できます。

大人の幹細胞

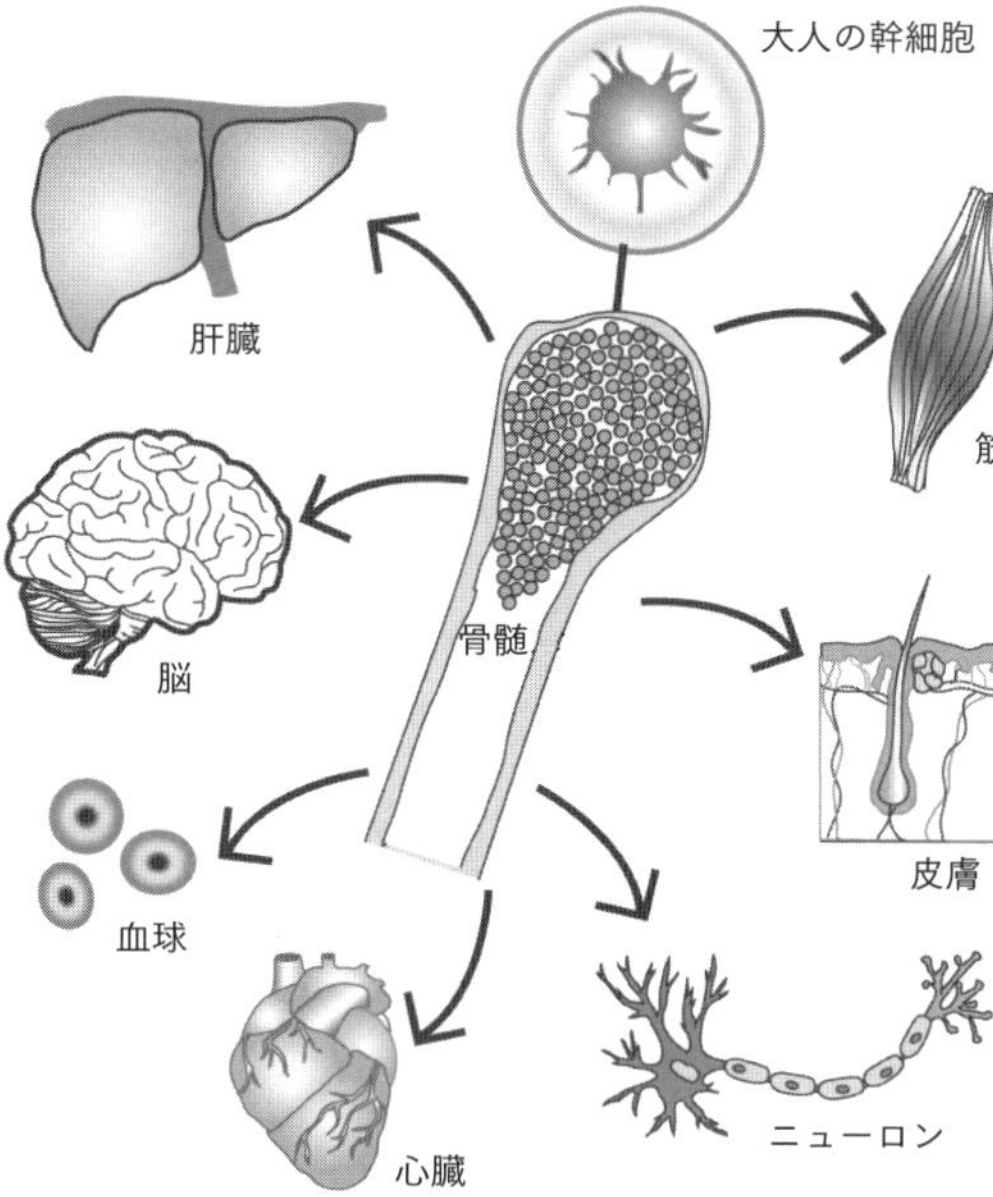

なぜ、「幹（Stem）」細胞と呼ばれるのでしょうか？　幹という言葉は植物の主茎と定義されています。よって、幹細胞とは、そこから特定の細胞が進化し、枝分かれしていく細胞の「本幹」といえるでしょう。

幹細胞が分裂する場合、幹細胞のままでとどまるか、あるいは筋細胞、赤血球、脳細胞など、もっと特殊な機能を持つ別種の細胞に変化する可能性があるのです。

幹細胞は、人体のすべての器官、組織、細胞の基盤です。幹細胞は損なわれた組織を修復、または再生できる可能性があるため、ガン、糖尿病、心血管疾患、血液疾患をはじめとした多くの疾患や損傷を根治できるかもしれません。

比較的最近まで、幹細胞は骨髄にのみ存在するというのが主流の考え方でした。私たちはシグネチャーセル・ヒーリングを通じて得た知識を適用し、積極的に幹細胞を骨髄から取り出すことを実行していました。幹細胞を肩から「収穫し」、それを腎臓や胃など別の領域へと非常に注意深く動かしたものです。また、足首の傷を治す一助として、股関節から幹細胞を収穫しました。

ところが、数年前に科学者たちは脳にも幹細胞が存在することを発見しました。脳そのものではなく、脳の最上部に層状になって大量の脳幹細胞が存在しているのが見つかったのです。つまり、シグネチャーセル・ヒーリングに活用できることが判明しました。

私が2006年に見舞われた重症の脳卒中から回復できたのは、シグネチャーセル・ヒーリングのおかげでしょう。脳卒中で倒れた際、妻のパティ・アシーナがすぐに私のもとに駆けつけ、床に横たわっている私のそばに跪《ひざまず》き、深いプラーナ呼吸を用いてシグネチャーセル・ヒーリングを施したのです。私が病院に運ばれた後、妻は幹細胞を私が脳卒中に見舞われた箇所へと移しました。パティはこの癒しの手法の知識がいかに重要かを理解していました。

その数年後、私の息子のリック・スターリング牧師が、重症の脳卒中で倒れた場合にも同様のことがいえます。この時は、ホノルル消防署の隊員が彼のアパートのドアを蹴破り、玄関のドア脇の寝室で言葉がしどろもどろになっている彼を見つけた瞬間に、私が彼にシグネチャーセル・ヒーリングを開始しました。

これについては、9章の「癒しの体験談物語」で、彼自身の言葉により綴《つづ》られています。

経絡

経絡は相互につながっている光の通路で、それを通じて体のエネルギーが移動します。一部の人たちが考えているように、肉体の中を流れているエネルギーの管ではなく、経絡は光体《ライトボディ》の中にあり、体の前面と後面を流れている光の線です。経絡には、肉体と感情体のコミュニケーションを促す役割があります。

シグネチャーセル・ヒーリングの「はじまりのシークエンス」の最後の段階では、体内の微妙で目に見えない側面に焦点を絞ります。

ヒーラーは氣、すなわち生命エネルギーが流れる12の主要経絡に光を灯します。これら12の主要経絡は体の表面にあります。このほかに追加として、特殊な性質を持つ8つの経絡が母親の子宮の中で形成されます。追加の8つのうち4つの経絡が体の内側に、残り4つが体の外側にあります。追加の8つの経絡は遺伝的な資質をもっているだけでなく、他の12の経絡の成長を促進する、力溢れる経絡

12の経絡

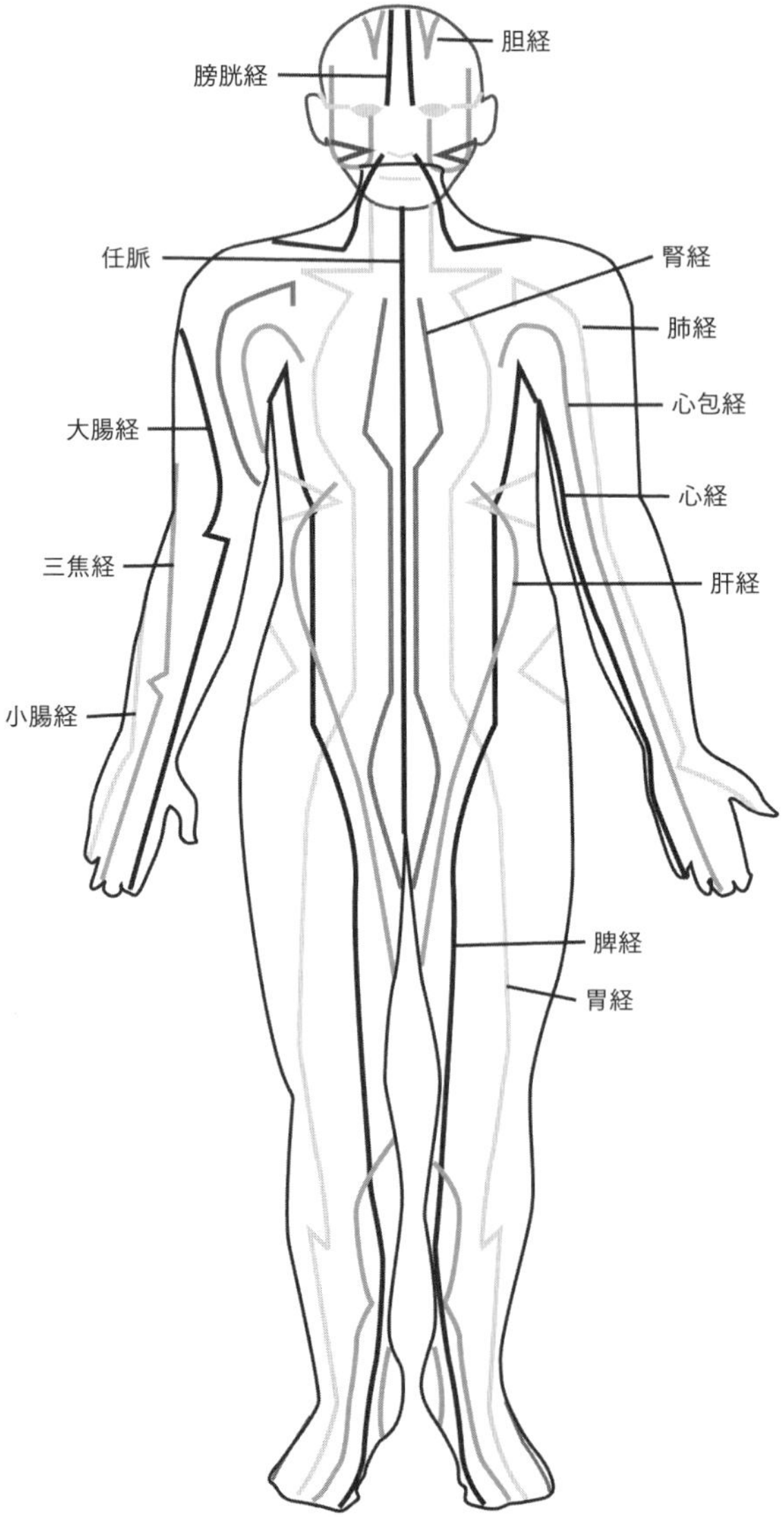

です。

経絡は2つで1組をなし、二元性が反映されています。つまり、陰と陽、両方の経絡があるのです。陰のエネルギーは上昇し、陽のエネルギーは下降します。

それぞれ陰と陽のエネルギーに分かれている、これら12の経絡は、それぞれが体内の特定の器官に関連しています。たとえば腕にある陰の経絡は肺・心臓・心膜に、腕にある陽の経絡は大腸・小腸・三焦に関連しています。三焦経という経絡は器官ではなく、脳の視床下部領域に関連しています。また、足にある陰の経絡は脾臓・腎臓・肝臓に、陽の経絡は胃・膀胱・胆嚢に関連しています。

最初は「光の流れ」として知られていた経絡は、5万年ほど前にエルフたちによってレムリアの人たちに伝えられました。エルフたちは（当時はレムリアに近かった）中国に旅し、シーとタン・ワイ・チュの2人に会いました。シーは王で、タン・ワイ・チュは医師でした。エルフたちは2人が癒しにおける経絡の重要性を深く理解するよう訓練しました。中国人が鍼やその癒しの分野で経絡を用いて作業することに長けているのは、そのためです。

精妙なエネルギー・システム

シグネチャーセル・ヒーリングの枠組みを理解していただくためには、チャクラ（特に新しい3つのチャクラ）を含む精妙なエネルギー・システムについて、また体の光の経路である経絡についても学ばなくてはなりません。

チャクラ

チャクラのエネルギー・システムは、体内の7つの基本的なエネルギー・センターで構成されています。こうした車輪のような渦は、私たちを地球の次元とつなぐためにエネルギーを送受信する中心点と考えられています。

このほか、意識レベル、原型的な要素《エレメント》、生命の発達段階、色、音、体の機能なども相互に関連し合っています。驚かれるかもしれませんが、あなたの体内で回転しているチャクラは少なくとも1万年は存在しています。実際のところ、私たちが転生するたびに持参する体の中で最も古いシステムなのです。人間として何度生まれ変わろうと、私たちのチャクラは常に同じです。

7つのチャクラ

それぞれの原型的な要素や色も含め、7つのチャクラについて簡単にまとめてみます。

7つのチャクラ
（ベースはルート・チャクラ）

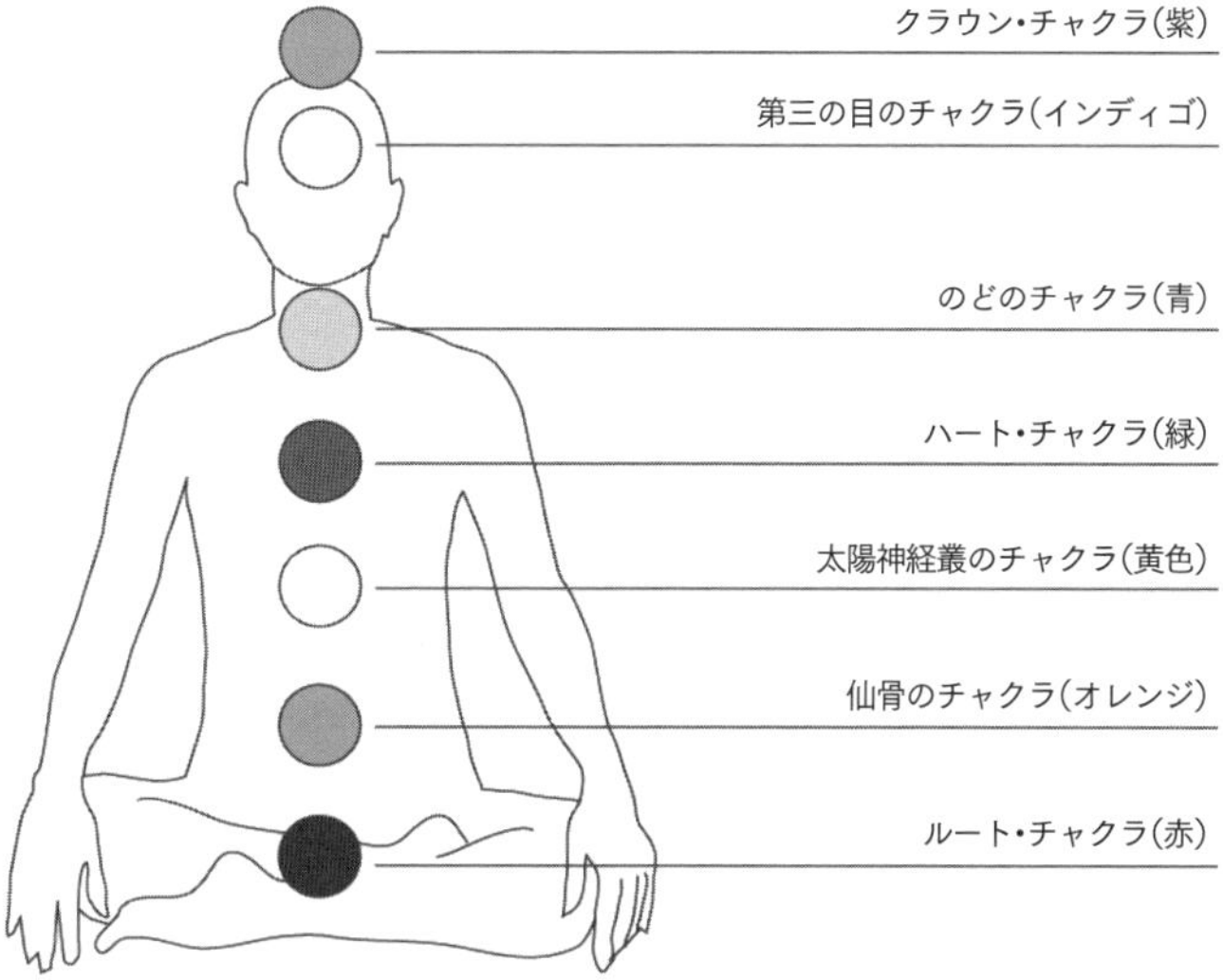

第7チャクラ／クラウン・チャクラ
――色：紫

思考。普遍的なアイデンティティ（個性）。基本原則は自己認識。偉大なる外の世界への、そして時空を超えた全知の場所への私たちのつながり。レムリアの数秘術においては、7は移行を表す。

第6チャクラ／第三の目《サードアイ》のチャクラ
――色：インディゴ（藍色）

光。原型的なアイデンティティ。基本原則は自己内省と覚醒。肉体的、直感的ともに、見るという行為に関連。さあ、「全体像を見ましょう」。レムリアの数秘術においては、6は熟達を表す。

第5チャクラ／のどのチャクラ——色：青

音。創造的なアイデンティティ。基本原則は自己表現。コミュニケーションと創造性に関連。真実を語り、言語を表す音の波動など、波動を通じて象徴的な世界を経験する。レムリアの数秘術においては、5は愛を表す。

第4チャクラ／ハート・チャクラ——色：緑

空気。社会的なアイデンティティ。基本原則は自己受容。愛に関連。私たちが深く愛し、慈愛を感じ、心の安らぎと落ち着きを深く感じることを可能にしてくれる。レムリアの数秘術においては、4は4体にバランスを織り込むことを表す。

第3チャクラ／太陽神経叢のチャクラ——色：黄色

火。個人的なアイデンティティ。基本原則は自己定義。私たち個人の力を支配し、私たちの代謝機能に影響を及ぼす。バランスがとれている場合には、エネルギー、効率の良さ、自発性、高圧的でない力をもたらしてくれる。レムリアの数秘術においては、3は愛の三位一体を表す。

第2チャクラ／仙骨のチャクラ——色：オレンジ

水。感情的なアイデンティティ。基本原則は自己充足。感情表現と性的関心に関連。なめらかさと優雅さ、感情の深さ、性的充足感、変化を受け入れる力をもたらしてくれる。レムリアの数秘術においては、2はバランスを表す。

第1チャクラ／ルート・チャクラ ── 色：赤

大地。肉体的なアイデンティティ。基本原則は自己保存。大地のエレメントは、生存本能とグラウンディングに関連。レムリアの数秘術においては、1は創造力を表す。

意識のグレートシフトのための新しい3つのチャクラ

私たちの3次元の世界が進化し、波動が上がるにつれ、私たちの肉体も同じように変化します。より高次の意識の世界へと移行していくなか、体を覚醒し、現在、私たちは光を取り込む手助けをするための3つの新しいチャクラを手に入れつつあります。これらの新しいチャクラはクラウン・チャクラの上に現れており、本書執筆時点ではまだ完全な調整状態には至っていません。

最終的には、下部の3つのチャクラであるルート・チャクラ、仙骨のチャクラ、太陽神経叢のチャクラは、ハート・チャクラに吸収されることが決まっています。いったん吸収されれば、(レムリアの時代から私たちとともに存在した) 3つの古いチャクラはもはや必要なくなります。これらのチャクラがついにハート・チャクラに吸収された時、あなたは嬉しくて天にも昇る心地でしょう。

つまり、ハート・チャクラが新しいベース・チャクラとなります。のどのチャクラが新しい第2チャクラに、第三の目のチャクラが新しい第3チャクラに、クラウン・チャクラが新しい第4チャクラになるのです。私たちが波動を上げ、経験の次の進化レベルへと進むことができれば、従来の下部の3つのチャクラがなくなり、新しい3つのチャクラが上部に加わって、新しいチャクラ・システムが完成します。

新しい第5チャクラ

新しい第5チャクラは頭頂部の少し上にあり、色はブルー・グリーンです。新しい3つのチャクラの中で最もパワフルです。私たちの旅の基盤であり、真実と心が一緒になって、とてつもないエネルギーを創り出します。

現時点では、まだ愛を象徴する緑のハート・チャクラと、真実を象徴する青ののどのチャクラが存在しています。新しいブルー・グリーンのチャクラには、ハート・チャクラの色であるグリーンが織り込まれるため、最高の真実といえるかもしれません。すなわち、真実でないかぎり、このチャクラを通じて言葉を発することはできないのです。

たとえば、「このチャクラを通じて嘘を言って、試してみよう」と思っても、そうした嘘はあなたの口から出ることはありません。このチャクラは最高の真実しか通してくれないからです。このチャクラが活性化されると、真実に沿って行動していないと居心地が悪くなるでしょう。

新しい第6チャクラ

次の新しい第6チャクラは真珠《パールエッセンス》色をしており、ブルー・グリーンのチャクラの上に位置します。あなたの中に入ってくるすべての光によるガイダンスであり、あなたの真の霊的本質です。

あるがままの自分を見ることができれば、現在あなたの目に見える肉体ではなく、パールエッセンス、すなわち「ライトボディ（光体）」を見ることができます。肉体は幻想です。肉体とは、人生を経験する旅を歩むために、あなたが創造したものであり、あなた自身とあなたの肉体とは違います。

マスター・イエスが再び地上に降り立つと聞いたことがあるでしょう。マスター・イエスはすでに、マスター・ブッダ、レディ・クァン・イン（観音）など、その他のあらゆる偉大なマスターたちとともにこの次元を訪れています。やってくる時にはいつも美しい真珠《パールエッセンス》色の光に包まれています。

新しい第7チャクラ

真珠《パールエッセンス》色のチャクラの上に位置するのが、新しい第7チャクラです。色はゴールドで、90パーセントの脳である全脳《オムニ・ブレイン》に織り込まれています。このチャクラには4体すべてを結ぶ力があります。

これら3つの新しいチャクラが完全に機能する準備ができ、下部の3つのチャクラがハート・チャクラに吸収されると、現在よりも愛と真実に沿った人生を歩みやすくなるでしょう。

新しいチャクラが完全に調整され、すべてが整ったら、これら3つのチャクラは新しいベース・チャクラであるハート・チャクラでつながります。

新しいチャクラ
（ベースはハート・チャクラ）

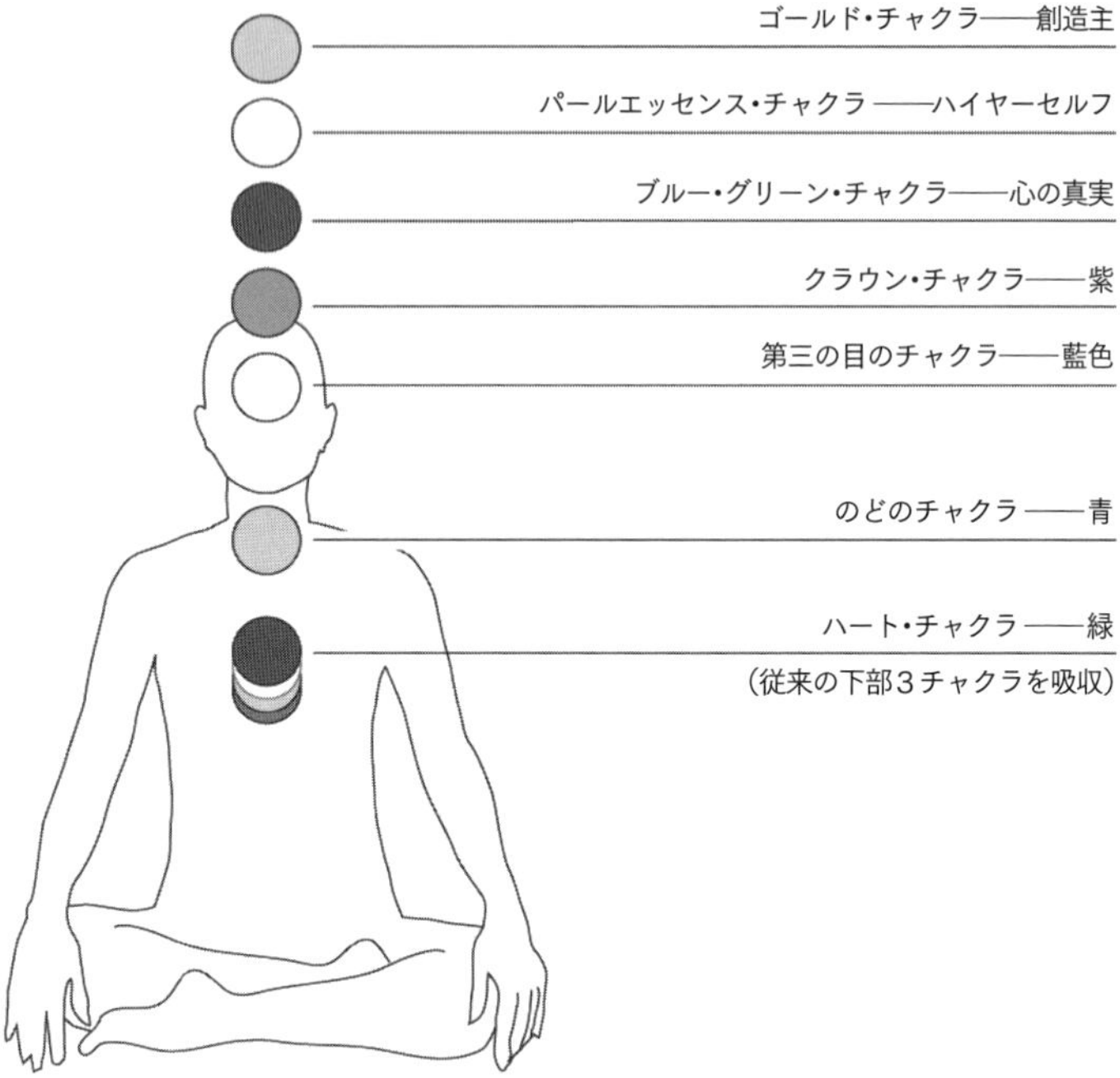

新しい3つのチャクラはあなたの頭上に位置しますが、体の中ではそれより下の位置に存在します。金色のゴールド・チャクラがあなたのハート・チャクラとつながっている様子を想像してみてください。新しい癒しの旅の焦点が愛であるのも当然でしょう。

現在のチャクラ・システムを伴って地球に降り立った時、あなたはそれが何のためにあるのか、またそれぞれのチャクラをどのように扱うべきかを正確に把握していました。しかし、今後現れる3つの新しいチャクラは従来のチャクラとは異なるため、その時が到来した際には、それらをどのように使えばいいのだろうか、と思案しているに違いありません。

簡潔にお答えしましょう。常に愛に従って行動し、今を満喫してください。そうすれば、3つの新しいチャクラは、脳の活用率を現在のわずか平均10パーセントから、20〜25パーセントに引き上げてくれるはずです。

チャクラとアセンションの錬金術《アルケミー》

キラエル 新しいエネルギーがあなたの4体全体に流れ始めると、思考が最もパワフルなツールとなります。これらの新しいチャクラは「自己」を覚醒させ、光を取り込めるよう、あなたの旅を強化してくれます。これは真の、錬金術《アルケミー》の過程なのです。

3つの新しいチャクラを活用するようになると、精神体に入る時、自分の旅を認識していることに気づくに違いありません。以前に比べて頭の回転が速くなったように感じると思いますが、実際には以前よりも物覚えが良くなったということです。あなたの全脳《オムニ・ブレイン》は完全に目覚め、あなたを自らの旅へと駆り立てます。新しい力と理解力を手にします。

そして、感情体に入ると、愛が以前よりはるかにパワーアップしたことに気づくでしょう。誰かを無条件に愛した時、想像だにしなかったような愛を知るのです。

現在では、無条件の愛は通常、親子の間のものとなっています。しかし、新しい3つのチャクラが作動し始めれば、互いの関係がどうあろうとも、相手を無条件に愛するようになるのです。

最後に、肉体は覚醒し、光を取り込みます。新しいチャクラが加われば、あなたはライトボディを手に入れます。すべての人の体重は減りますが、それは痩せなくてはならないからではなく、意識が自然な状態へと移行するからです。身体が軽くなった気がするだけでなく、実際に軽くなります。重いほうが好きならば、あとになって体重を増やすことはできますが、体全体が4次元の光に触れて変化するため、太ろうとはしないでしょう。私たちは例として肉体を挙げましたが、新しいチャクラを手にし、4次元の光を浴びた旅では4体すべてが変化します。4次元ではすべてが覚醒し、光を取り込むのです。

癒しの体験談

愛が答え

私は2年ほど、シグネチャーセル・ヒーリングを受けています。その間たくさんの学びがあり、いろいろな面で助けていただきました。私は厳しい癒しの旅を歩んでいるところですが、このスピリチュアルな旅を経験する中で学んだことは私にとって非常に良いことだったと信じています。スー、リック牧師、そしてカフーをはじめとして、さまざまなヒーラーの方々が私を助け、たくさんのことを教えてくれました。本当に素晴らしい気持ちに満たされており、私はこの気持ちをほかの方々と共有したいと思います。

私が学んだことすべてに加え、あなた方、そして他のすべてのヒーラーの方々から受け取った贈り物のおかげで、私はすでに例の課題（健康上の問題です）を克服したと信じています。

瞑想の仕方、怖れの手放し方を学びました。また、愛こそが人生において最も重要なものだということを学び、日に日に癒されているのを感じています。私が経験したことすべてを言葉で説明することは難しいですが、少しでもお返しがしたく、ほかの方々が、「愛こそが答え」だと理解してくだされば嬉しいと思い、ペンを取りました。

旅客機パイロット
トム・H（米ハワイ州ホノルル）

毎日、創造主なる神に祈りを捧げ、今日は前日よりも多くのことを行うと誓ってください。毎日、世界がより良い場所になることを祈り、そして1つでもいいので世界が明るくなるようなことをすれば、私たちは変化を創造する集合意識を生み出します。

そうすれば、私たちは望んだ世界を手に入れることができるのです。

4章

シグネチャーセル・ヒーラーのための基本概念

プラーナ呼吸を行えば、衰えてしまった各細胞の内なる意識を、最高の価値を持つ光の粒子で補うことができます。幻想の産物である肉体が金色の光、すなわちプラーナで満たされたとき、フルに振動しているDNAの螺旋《らせん》構造の末端は、完璧さを完璧なまでに覚えている記憶に再び吸収されます。このように、重い波動システムに光を取り入れれば取り入れるほど、グレートシフトにおける覚醒の可能性を理解しやすくなります。

『kirael：The Genesis Matrix（キラエル：ジェネシス・マトリックス）』より

4章では、プラーナ呼吸、はじまりの祈り、さまざまなヒーリングタッチ手法など、シグネチャーセル・ヒーリングのセッションで用いるテクニックのいくつかについて、より詳しくお話しします。では、プラーナ呼吸から始めましょう。この生命を維持するエネルギーを吸い込むことは、新しいエネルギーと、あなたがこれから学ぶことの基本情報に慣れるうえで役立ちます。これらすべては、シグネチャーセル・ヒーラーになるために必要な4体の経験の一環です。

プラーナ呼吸

古代レムリアでは、プラーナ呼吸は通常の呼吸でした。プラーナは生命を維持するエネルギーであり、スピリット体・精神体・感情体・肉体の4体を一括して維持しています。霊視すると、プラーナ呼吸は創造主の生命力で満たされた金色の光の粒子として見えます。

レムリア時代には、プラーナはクラウン・チャクラを通じて自然に取り込むことができ、4体システムへ無理なく送り込むことができました。しかし、時が経つにつれ、私たちは肺と口を使った呼吸法を覚え、その結果、この貴重なエネルギーを自分の体に取り込んで配分する能力が衰えてしまいました。

シグネチャーセルでは、プラーナ呼吸、すなわち金色の光の粒子を光源から取り入れる手法が、4体システムの再活性化を促すための重要な要素となっています。ヒーラーの観点からは、プラーナ呼吸は癒しのセッションを準備するための最初のステップとなります。

この神秘的なプラーナ呼吸を肉体へ導き入れる時、あることが起きます。プラーナ呼吸をするたびに、あなたの体は酸素で満ち溢れ、70兆ほどあるすべての細胞はこのパワフルな光のエネルギーで活性化され、補充されます。

特にプラーナ呼吸を定期的に練習すれば、細胞意識は浄化され、生命力は強化されます。また、意識的な意図をもてば、視覚化《ビジュアライズ》して、このプラーナのエネルギーを体の特定の場所に向かわせることができるのです。

純粋なプラーナ呼吸を行い、金色の粒子を自分の中に入れるという意図を意識的に志向することで、あなたの肉体は新しいレベルへ引き上げられます。

脳卒中で倒れ、生命の危機に瀕した最初の数時間、私は自分の体に何が起きているのか、わかりませんでした。しかし、呼吸をするように導かれた私は、何のためらいもなく、自動的にプラーナ呼吸を開始しました。それが、私の人生における最大の癒しの旅の第一歩だったのです。

プラーナ呼吸を定期的に練習していれば、ストレスの多い状況や生命が脅かされるような状況に直面したとき、自動的にプラーナ呼吸が始まります。他人の事故に遭遇したにせよ、自分が怪我をしたにせよ、悪夢にうなされて目覚めたにせよ、どんな場合でも同様に開始します。次に何をすべきか考える必要もありません。単に深いプラーナ呼吸が始まるのです。

このように、プラーナ呼吸を行えば行うほど、あなたの人生は改善されます。シグネチャーセルのヒーラーの経験によると、プラーナ呼吸はストレス、頭痛、疲労などのほか、さまざまな肉体的な症状や感情的な心配事を和らげてくれるようです。

深いプラーナ呼吸を行うと、自分が空気以外の何かを取り入れていることに気づくでしょう。実際のところ、肺が空気を吸い込むのと同時に、クラウン・チャクラから金色の光の粒子を吸い込んでいるのです。これが、普通の呼吸とプラーナ呼吸の違いです。深いプラーナ呼吸をすると、プラーナは愛を象徴する感情体によって絶え間なく浄化されます。松果体は金色の光の粒子に敏感で、それによって活性化されると、プラーナの通り道に沿って4体全体にエネルギーが導かれます。

ヒーラーの方々は、プラーナ呼吸の練習が、あなたの生命にとってだけでなく、癒しの練習を進めるうえで非常に重要だということに気づくでしょう。プラーナ呼吸をしなくても、祈りや瞑想をしなくても、ヒーラーの旅を歩むこともできると思う人もいるかもしれません。

しかし、ここではっきり言わせてください。

プラーナ呼吸と祈りと瞑想は、シグネチャーセル・ヒーリングの練習にとって必須の要素です。毎日プラーナ呼吸を50回行うこと、そして一日を祈りと瞑想で始め、祈りと瞑想で終えることをお勧めします。これがマスター・ヒーラーになるための道なのです。

プラーナ呼吸のエクササイズ2

足を床につけ、背筋を伸ばし、楽な姿勢で腰掛けてください。手を膝の上に置いてリラックスしてください。

頭頂から息を吸い込むところをイメージし、深呼吸してください。ゆっくりと息を吐き出して、もし緊張していたら、その緊張感を解放してください。

次はさらに深く息を吸い込みましょう。横隔膜が最初に深呼吸したときよりもゆっくりと拡大し、収縮していくのを感じてください。

同時に、創造主の本質から美しい金色の光の粒子が、あなたのクラウン・チャクラを通じて体内に入ってくるところを視覚化《ビジュアライズ》しましょう。息を吸い込む際に、この光が松果体を通り胸腺を、心臓を、肺を満たし、そしてハート・チャクラ全体に広がっていく様子をイメージしてください。

光があなたの肉体全体に満ち溢れていく様子を視覚化《ビジュアライズ》しましょう。体の中で新たな安らぎと至福の静けさが広がっていく、新たな感覚を体験してください。

この光のビジョンをイメージしながら、呼吸を数秒間止めたあと、その息をハート・チャクラから今度は上へと導き、クラウン・チャクラを通じて外に吐き出すと同時に、足の裏から母なる大地へと解放してください。

自分のエネルギー・フィールドが活性化され、覚醒され、光が入ってくるのを、そして体中のすべての細胞に再び酸素がみなぎるのを感じてください。この過程を何度か繰り返せば、いっそうグランディング（母なる大地とつながること）でき、心が落ち着いていくのを感じることでしょう。

意図的な祈り――瞑想状態

シグネチャーセル・ヒーリングのように、癒しに霊性との直接的なつながりが必要な場合、ヒーラーは、瞑想状態で癒しのセッションを行いたいと思うことでしょう。セッション中は癒しのエネルギーやガイダンスが重要な役割を果たしますが、瞑想状態でいると心が落ち着いているため、そうしたエネルギーやガイダンスを受け取りやすくなります。光に満ちた瞑想状態に入るには、受容力を研ぎ澄ますための道であるプラーナ呼吸が有効であり、祈りはそのための手段なのです。

祈りといっても、あの美しい「主の祈り」などのように、暗記して無意識のうちにつぶやく「真言式」の祈りではありません。私が言わんとしているのは、一語一語意識して口に出す祈りのことです。「祈りと瞑想の手法」と言ってもいいかもしれません。

もう一度強調しますが、シグネチャーセルに携わるヒーラーにとって、祈りと瞑想は表裏一体です。両方を定期的に練習してください。そうすれば、あなたはこの旅を歩むための新しい方法を見つけることができるでしょう。

祈りの練習とはこういうものだと自分独自の考えがあるとしたら、ここでそれを捨て去る必要があるかもしれません。一部の宗教では、聖職者しか創造主に直接話しかけてはいけないと教えているため、大きな声で祈ることに対し違和感を覚える人も少なくないでしょう。あるいは、何らかの宗教に属している人がいるところで、その人の宗教と相容れない祈りを捧げれば、その人の気分を害すると考えるかもしれません。しかし、はじまりの祈りを割愛すれば、癒しの力は半減してしまうのです。

完全な祈りはこの世にひとつしかないという考え方を捨て去れば、言葉は心からよどみなく流れ出るはずです。癒したいという心からの願いと意図は愛の波動となり、言葉に意志が生じます。あなたは祈ることで、自らのエネルギーを一条の光として自由に放つことができます。この光は、地上の隅から隅まで駆け巡り、癒しに関する答えを見つけてくれるに違いありません。これで、あなたの祈りに対する答えと癒しの受け手の癒しの道がひとつにつながります。

あなたが祈りの言葉を声高に捧げるとき、そばにいる人たちに聞こえる言葉は同じです。しかし、ガイダンス界の見えない光の力、癒しの受け手、そしてあなた自身の脳のシステムは、必ずしもあなたが発した言語そのものに反応しているわけではありません。それよりも言葉に込められた感情、すなわち愛に反応するのです。あなたが情熱を込めて祈れば、周囲の人たちもその情熱を感じます。ですから、自分の真実と心の中の愛の空間を通じて、自分自身の祈りを創り上げることが必要です。

あなたの体の細胞も、あなたの祈りに込められた癒しの意図と情熱を感じます。たとえ、癒しの受け手が意識不明の重体であろうとも、昏睡状態にあろうとも、その人の体内にある70兆もの細胞はすべて意識があり、活発に動いており、癒しのプロセスに参加しようと待ち構えています。あなたは実際のところ、癒しの受け手の4体すべてに、癒しに参加する機会を提供することになります。4体は集合体だからです。癒しの受け手が気づいていようがいまいが、その人の4体のうち少なくとも1体は、必ず癒しのエネルギーに反応します。

あなたの声の波動には癒しの力があることを忘れないでください。祈りを「祝福」と呼びたいのならば、それでも構いません。しかし、最もシンプルなのは、祈りとは「〝愛を込めて癒します〟と約束すること」です。それは、あなたとあなたが癒す相手、そしてスピリチュアル・ガイダンスとの三位一体のつながりです。

シグネチャーセル・ヒーリングにおけるはじまりの祈り

祈りは4つの主要要素で構成されています。癒しを意図してはじまりの祈りを練習したい場合は、6章にあるシグネチャーセル・ヒーリングの「はじまりのシークエンス」を説明した箇所をお読みください。

1. ガイダンスへの招待

創造主である神、ヒーラーのハイヤーセルフ、癒しの受け手のハイヤーセルフのエネルギーを、それぞれ癒しへの参加に招待します。ガイド、天使をはじめとしたさまざまな光の存在など、スピリチュアル界の他の光の存在を呼ぶこともあります。

2．癒しのセッションのために意図を明確化

セッションの前に癒しの受け手と初めて打ち合わせをするとき、まず集合的な癒しの意図を明確化する必要があります。次に、はじまりの祈りでこの意図を声に出して述べてください。すると、この意図はあなたの4体に織り込まれ、スピリチュアル・ガイダンスにつながった結果、愛に満ちた癒しの環境が整います。無意識のうちに、あなたの口から祈りの言葉がほとばしるでしょう。

3．「若さと活力の染色体を呼び覚まします」

はじまりの祈りで、癒しの受け手の若さと活力の染色体を呼び覚ます、という意図を宣言すると、その人の体内にある70兆もの細胞と数百万ものDNAの螺旋《らせん》構造があなたの宣言に耳を傾けます。若さと活力の染色体は、各DNAの螺旋《らせん》構造の中に存在する光の粒子だからです。そのため、あなたが祈りの中で、「若さと活力の染色体を呼び覚まします」と言えば、その言葉は癒しの受け手の体内にあるすべての細胞に語りかけ、それぞれのDNAとある種のコミュニケーションを始めます。癒しの意図は細胞の中に浸透し、染色体は非常に素早く反応するため、「何をすればいいのでしょうか？」と答えるのです。こうした癒しの意図を明言する重要性は、強調してもしすぎることはありません。

4.「すべてにとって最善の結果がもたらされますように」

祈りは、疑いと怖れの空間を解放し、癒しのプロセスからそれらを取り除きます。「私は若さと活力の染色体を呼び覚まし、すべてにとって最善の結果がもたらされるように、この癒しを捧げます」という言葉で信頼関係が築かれるのです。

最後にまとめてみましょう。あなたにとって、癒しのセッションを意図の祈りで始めることは居心地の悪いことかもしれません。あるいは、論理的に考えると納得がいかないかもしれません。しかし、もたらされる癒しの可能性をほんの少しでも理解できれば、癒しの過程が始まる一助となるのです。シグネチャーセル・ヒーリングにおける数種のシークエンス（手順）を行うにつれ、あなたの祈りはそれぞれの細胞に愛を灯すことでしょう。祈るだけでも（声に出して言葉を発するだけでも）、体内の細胞意識の覚醒を促すというかたちで影響を及ぼします。愛は癒しの光を必要とする領域を見つけ出してくれます。これは、本当です。必ず効果があるのです！

癒しのタッチ

シグネチャーセル・ヒーリングを最も簡潔に説明すると、軽く手をあてる方法です。人が手をあてることで、癒しのエネルギーは癒しの受け手へ流れ込みます。軽く手をあてる（タッチする）、または手で軽くトントンと叩く（タップする）ことで、エネルギーが癒しの受け手の体中を波紋のように広がり、各細胞の中へ深く浸透していきます。癒しの受け手の細胞がはじまりの祈りで癒しの意図を感じていれば、ヒーラーの愛に溢れた軽いタッチやタップが促す癒しのエネルギーを確かに受け入れるでしょう。ヒーラーが、創造主から流れ出る金色の粒子が通る「経路《チャネル》」という重要な役割を果たすのは明らかです。

シグネチャーセル・ヒーリングにおける癒しのタッチ

シグネチャーセル・ヒーリングにおける癒しのタッチは、手全体、手のひら、指先を用います。

1．手全体を使う場合

手全体によるタッチは、手のひらから広範囲にわたるエネルギーの流れを取り込むと同時に、局部に焦点を絞ったエネルギーはヒーラーの指先から癒しの受け手の体内に流れ込みます。この手法は、たとえば頭蓋骨や脳葉の癒しに用います。

2．手のひらを使う場合

手のひらから幅広い一条の光線が生じ、エネルギーが注入されます。懐中電灯から出る光をイメージすれば、理解しやすいかもしれません。

シグネチャーセル・ヒーリングでは左手よりも右手が重要な役割を果たします。実際「はじまりのシークエンス」で最初に行うのは、右手の手のひらを癒しの受け手の頭頂に置くことです。これにより、松果体の上あたりにあるクラウン・チャクラに置いた手のひらを通じて、金色の光の粒子が体全体に流れていきます。

【シグネチャーセル・ヒーリングの「はじまりのシークエンス」の例】

シグネチャーセル・ヒーリングの「はじまりのシークエンス」で最初の祈りを捧げたあと、癒しの受け手に施す最初のタッチは、ちょうどクラウン・チャクラの後ろあたりです。

まず、あなたの右手のひらを相手のクラウン・チャクラに置きます。最初のプラーナ呼吸で（吸気で）、ヒーリング・エネルギーの金色の粒子を自分のクラウン・チャクラへ取り込みます。

次に息を吐き出す際、金色の粒子を自分の松果体、胸腺を通して、ハート・チャクラへと導きます。もう一度深く息を吸い込んだあと、次の呼気で、金色の粒子を自分の右肩から右手のひらへと誘導します。

3回めのプラーナ呼吸で、まず吸い込んだ金色の粒子を癒しの受け手の体に注入します。金色の光の粒子があなたの手のひらから相手のクラウン・チャクラへと一条の光線となって流れ込み、真実の要素に火を灯します。

4回めのプラーナ呼吸では、信頼の光がエネルギーの流れを松果体へと導きます。

5回めのプラーナ呼吸では、情熱の光がシグネチャーセルとすべての癒しの過程に火を灯します。

3．指先を使う場合

指先は、エネルギーの流れを集中的に体に取り入れるために用います。レーザー光線を思い浮かべると、理解しやすいかもしれません。特定の場所へと集中的にエネルギーを送り込むため、指先を体の上に置き、静止させる場合もあります。具体的には、「はじまりのシークエンス」でT細胞を活性化する際や、エネルギーを精妙なエネルギー体の経絡に流し込むとき、このタッチを用います。

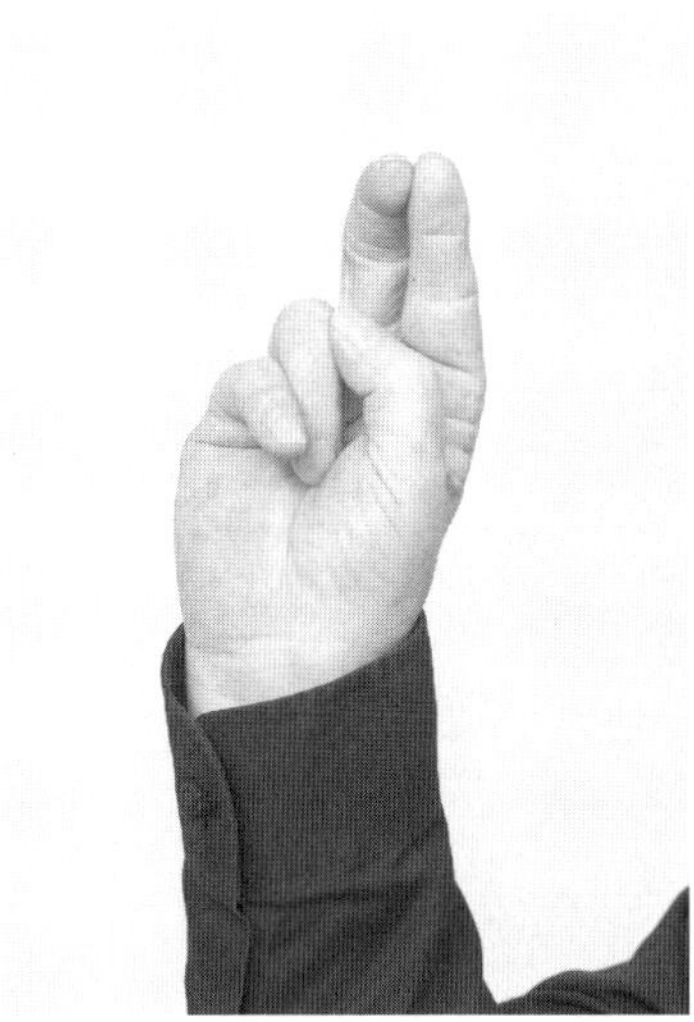

トリニティ・フィンガー・フォーメーション

シグネチャーセル・ヒーリングでは、トリニティ・フィンガー・フォーメーションがよく使われます。このフォーメーション（型）では、人差し指と中指をくっつけ、両指が癒しの受け手の身体に触れた際に1タッチとなるように、中指を少し引っ込め、両指の指先が揃うようにします（写真参照）。「トリニティ・フィンガー・フォーメーション」という名前の由来は、両指が癒しの受け手の体に触れたとき、三位一体のエネルギーが創出されることです。人差し指と中指はそれぞれ真実と信頼を象徴し、癒しの受け手の体は三位一体のエネルギーにおける情熱を象徴するポイントとなります（訳注：英語のTrinity（トリニティ）には「三位一体」の意味がある）。

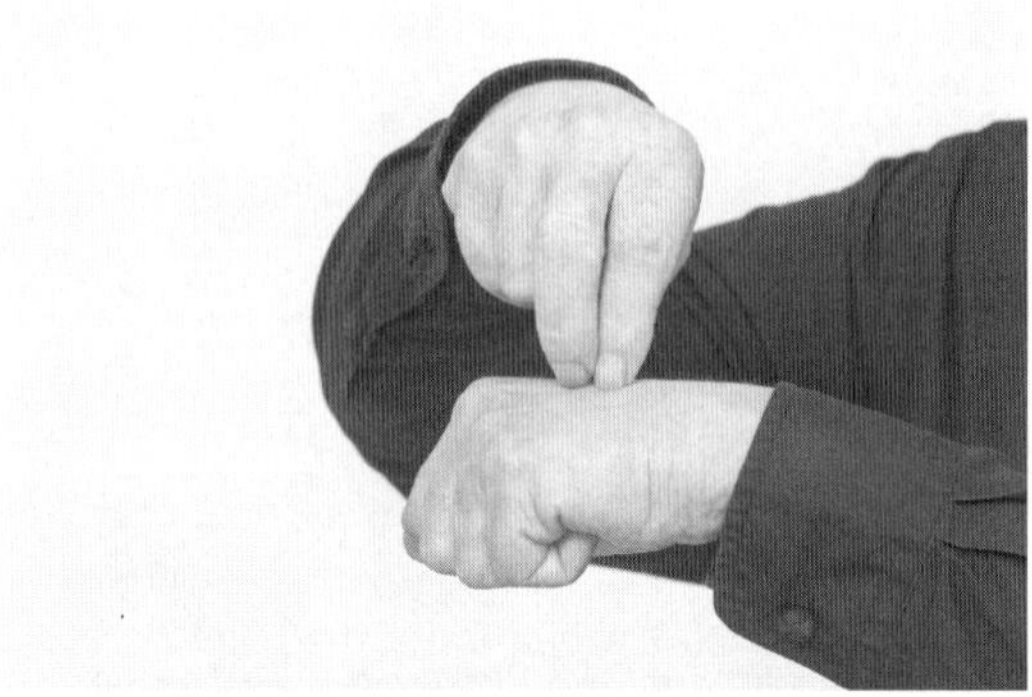

トリニティ・フィンガー・フォーメーション

このエネルギーが目に見えるとしたら、池に小石を投げ込んだときに生じる、中心から外側に向かう波紋のように見えるに違いありません。同時に、このエネルギーの波動は癒しの受け手の細胞意識へと入っていきます。トリニティ・フィンガー・フォーメーションは、シグネチャーセル・ヒーリングで体を軽くタップするテクニックとしても用いられます。

癒しの体験談

母の癒し

80歳を超えるまで、病気らしい病気をしたことのなかった母がある日私を呼んで、「お医者さんから左の骨盤に悪性腫瘍が見つかったと告知された」と言いました。その少し前に、母は父と44年も過ごした家から引っ越さなければならなくなり、感情的なストレスと大混乱に苛まされ、それを「切り抜けた」ばかりでした。高齢者居住地区にある小さな家に引っ越し、やっと落ち着いたところだったのが、今度はガンがみつかったというのです。

「多分これが私の旅の終わりなのね」と言う母の目があまりにも澄んでいたため、私はびっくりしました。「そうかもしれないわね。でも、お母さん、私もその旅を一緒に歩むからね。お母さんがどのような治療法を選ぶにせよ、それと一緒にシグネチャーセル・ヒーリングも受けたかったら、私やるわよ」。このようにして、私たちの癒しの旅が始まりました。

母の担当医である若い腫瘍学の先生は、最初の診察時に、腋窩《えきか》（脇の下）と背中のリンパ節に非ホジキンリンパ腫が見つかったことを説明してくれました。先生は、抗ガン剤治療の代わりに、それほどきつくない分子標的治療薬であるリツキシマブ（訳注：日本での商名は「リツキサン」）の静脈投与を勧めてくれました。また、非常に率直に、「年齢を考えると、治療を行わずに残された日々を家族と楽しく過ごすのもいいかもしれない」とも言ってくれました。先生の言葉は、母のための応援エールに他ならなかったのです。母は先生に対し、リツキシマブの治療を受ける意志があること、またそれと並行して娘にシグネチャーセル・ヒーリングを施してもらうことを告げました。先生はシグネチャーセル・ヒーリングについて何も知りませんでしたが、「役に立つと思うならば行ってください」と言ってくれました。

母と私は、ともに美しい癒しの旅を歩み始めました。私が週に2、3度、母の家を訪れ、母にシグネチャーセル・ヒーリングを施しただけではありません。母は、『ホノルル光の教会』でカフー・フレッド・スターリングが行う癒しの礼拝にも参加しました。母のガンを癒すために私たちが歩んだ旅では、涙混じりの瞬間もたくさんありました。私の人生における大切な思い出の一部です。

私が母に行ったヒーリング・セッションは常に「はじまりのシークエンス」で始まり、「完了のシークエンス」で終わりました。加えて、トリニティ・タッピング（巻末の用語解説を参照）、腫瘍の中の細胞との対話、幹細胞の植え付け、リンパ腺への追加タッピング、経絡のストラミング、フリーラジカルの除去など、シグネチャーセル・ヒーリングの上級テクニックによる癒しも行いました。

シグネチャーセル・ヒーリングと西洋医学による治療を1年半ほど受けたあとに、母はPETスキャン（訳注：ポジトロン断層法——ガンを検査する方法の1つ）を撮ってもらいました。その結果、なんとガン腫瘍は消滅しており、リンパ節にもガンは見当たりませんでした。母は、西洋医学による治療もシグネチャーセル・ヒーリングも含め、癒しの旅を終えたのです。

彼女は定期的にプラーナ呼吸、祈り、瞑想を行うようになり、自動書記も始めました。母と一緒に同じ腫瘍学の先生を訪ねた際に、「あなた方が何をしていたのかは知りませんが、とにかく続けてください。ガンは消滅しました」と言うのを聞いて、私は満足感でいっぱいでした。母と私は互いへの愛を改めて感じ、そして2人で歩んだ癒しの旅を思い出しながら、顔を見合わせてニッコリしました。その後、2人で食事に出かけ、祝賀会を開いたのです。

今でも、母は私からシグネチャーセル・ヒーリングを受けるのが大好きです。母の娘として、またシグネチャーセル・ヒーラーとして、私は愛する人との癒しの旅がもたらす多くの贈り物を深く理解できるようになりました。

シグネチャーセル・ヒーラー
カリーナ・N（米ハワイ州カイルア）

癒しの旅を歩んでいる人たちをどう扱えばいいのでしょうか?

まず、年齢や病気の深刻さにかかわらず、すべての人には平等に癒される権利があるということを念頭に置いてください。

すべての癒しの受け手が、あなたの愛を感じられるよう取り計らってください。

すべての人を地球上で最も重要な人として、あなたの光で包んでください。

5章 ヒーラーと癒しの受け手のための癒しの空間

あなたが癒している相手の肉体は、その人の本質的自己の一部だと明確に認識してください。また、ヒーラーとしてのあなたの肉体は、あなたの本質的自己の一部だと明確に認識してください。ですから、癒しの結果がどうであれ、あなたは肉体に対して責任を負う必要はなく、癒しの力をもたらす光によって、自分で自らの旅を選ぶことができます。そうして選んだ癒しは、すでに完了しているのです。

『Kirael：The Ten Principles of Consciously Creating（キラエル：意識的な創造の10の原理）』より

シグネチャーセル・ヒーリングでは、癒しの源、すなわち創造主なる神の力のレベルで癒しを行います。

シグネチャーセル・ヒーラーであるあなたが、自分は単なる肉体以上の存在だと完全に認識したとき、あなたは光を通す完全なるチャネルとなります。あなたはその光を通じて、重要かつ必要なことを行います。つまり、シグネチャーセル・ヒーリングのテクニックを研ぎ澄ますために訓練を繰り返すことで、あなた自身ではなく、創造主なる神が、あなたの人生と癒しを司っているのだと理解できるようになります。

ほかの人が、自ら癒しの旅を歩めるのだと理解できるよう、お手伝いすると同時に、ヒーラーであるあなた自身も癒しの旅を歩まなければなりません。

ところで、ヒーラーが決してしてはならないことがあります。それは、「自分がすべての答えを知っている」と思うことです。

世界の偉大なる賢人たちは、こう言うに違いありません。

「すべての問いに対して答えを知っているならば、受肉し、人間のふりをする必要はない」と。

ですから、あなたが人間であり、癒しの手法を学ぶために勤《いそ》しんでいるとしたら、次のことを覚えておきましょう。

自分の意識のプロセスをさらに一段高いレベルへと向上させるチャンスは、常にあるのです。

人の脳には、常に学ぼうとするプログラムが生来備わっていることを覚えておいてください。何を学んでいるかは関係ありません。何であれ、学んでさえすればいいのです。

今この瞬間は「何もしないこと」を学んでいることもありうるわけで、あなたの脳はそれについてとやかく言いません。それさえも学びの状態だからです。

同様に、あなたが何かを学ぶことを決めたとすれば、それが何であれ、あなたの脳は新たな知識を得ようと、フル稼働で機能し始めます。それだけのことです。

思考だけでも、あなたは日々の瞬間瞬間で、新しい事柄を学んでいることを意識してください。これは、私がよく言及する「癒しにおける100ポイントの光」に関連しています。

あなたが誰かを癒している際、頭が別のことを考え始めたとしましょう。夕食に何を食べようか、次に癒しを行うクライアントさんは……などと考えてしまうと、今あなたが施術しているクライアントさんの癒しが100パーセントに満たないのは確かでしょう。

そのように、頭が別のことを考え始めた場合、すぐに深いプラーナ呼吸を行って、「今」の瞬間に戻ってください。100ポイントの光すべてを用いて癒しを行えば、最善を尽くして確実に癒しに臨むことができます。

ある意味、癒しの受け手は「脳のプログラムの書き換え」を求めていて、その新しいエネルギーを作動させるのは、ヒーラーであるあなたの責任だといえるでしょう。

「自分の前にいる人を果たして自分は癒せるのだろうか」と、疑いの気持ちが頭をもたげたとすれば、その気持ちを克服する必要があります。

奇跡は毎日起きています。ですから、あなたとあなたの癒しの受け手が、奇跡を起こしましょう！

クライアントを癒す

シグネチャーセル・ヒーリングを求めてやってくる人たちの中には、他のあらゆることを試した後に、最後の頼みの綱として来る人もいます。

日々の暮らしにおける癒しだけでなく、何らかの治療が必要な場合に、西洋医学に対する補完代替医療として役立つことが、シグネチャーセル・ヒーリングの目標です。

科学界と医学界は治療法を向上させるために日々最善を尽くしていますが、健康面で問題のある人たちの多くは、治るためには標準的な医療ケア以上のものが必要なことに気づいています。

私たちは長い歴史の中で一周して、スタート地点に戻ったようです。シャーマンのもつ古代の叡智や東洋の伝統的な療法が現代の西洋医学と併用された場合、より統合的な癒しの旅が可能になることでしょう。シグネチャーセル・ヒーリングは癒しの道を新しいレベルへと引き上げ、4体すべてで癒しを行います。

あなた自身に癒しが必要ならば、癒しとは「自分自身への愛の贈り物」だということを認識してください。肉体が生きるために食べ物と水を必要とするように、70兆もの細胞すべてが再生し、癒されるために光と愛を必要としていることを知る必要があります。

シグネチャーセル・ヒーリングを受けること、それも定期的に受けることは、現在のように地球がシフトしている時期において、人生の旅を歩むにあたり究極の贈り物といえるでしょう。定期的にシグネチャーセル・ヒーラーにも、同じことが当てはまります。定期的にシグネチャーセル・ヒーリングを受けることで、ヒーラーとしての癒しの能力も高まります。

癒しの空間

癒しの受け手、すなわち癒しを受けるクライアントが、初回のカウンセリング時から癒しの全局面において、落ち着いた気持ちを持ち続け、プライバシーが守られていると感じられるような癒しの環境を創り上げることは重要です。

初回カウンセリング

新規クライアント向けの初回カウンセリングを行った時点から、その方との癒しの旅が始まります。まずは、じっくりと時間をかけてクライアントの懸念事項を話し合うとともに、シグネチャーセル・ヒーリングの根本原理や癒しの旅について説明しましょう。クライアントに行う最初のシグネチャーセル・ヒーリングですから、肉体・感情体・精神体・スピリット体に関する懸念事項を詳しく知ることが大切です。

相手の質問にわかりやすく答え、癒しのセッションが始まる前に感じているかもしれない不安な気持ちをすべて取り除いてあげてください。

癒しにおける100ポイントの光

100ポイントの光があたっているスクリーンの前に、自分が立っている姿を想像してください。それらの光はあなたの愛、あなたの意図、そして目前の課題に対するあなたの集中力によって輝き、活性化されています。

誰かを癒すときは、この「100ポイントの光」すべてを完全に灯った状態にすることが、ヒーラーとしてのあなたの目標です。つまり、「今」にフルに集中し、癒しに必要なことすべてを、愛を込めて行わなければなりません。

まず、心を込めて祈りを捧げることで癒しを始めてください。プラーナ呼吸を行い、癒しのセッションの全局面において、自分の内なるガイダンスと内なる知恵に耳を傾けましょう。自分は愛を込めて行っている、と考える必要すらないかもしれません。知っていることすべてを行えば、あなたは心が導く「癒しの空間」へと移動するからです。

あなたの100ポイントの光すべてが完全に灯っていれば、あなたが癒しの受け手の体に手を置いた瞬間、あなたからエネルギーが自然に流れ出し、癒しが始まります。その瞬間に、癒しの受け手の体内に存在する70兆もの細胞すべてが、愛のエネルギーを感じるのです。

細胞はこう言うに違いありません。

「ああ、なんて素晴らしいんだろう！」

相手に心からの愛を注ぐ前に、癒しを始めるべきではありません。あなたのタッチが愛に満ちた意図を持たず、あなたの100ポイントの光すべてが灯っていないのならば、ヒーリング・エネルギーは目的地に到達する前に消滅してしまうでしょう。

確かにヒーラーが集中していなくても癒しを行うことはできますし、エネルギーは受け手の体内に流れ込みますが、癒しに必要な愛がフルパワーで相手に届くことはありません。癒しのタッチで、エネルギーが癒しの受け手の体に流れ込みますが、癒しの深さはヒーラーの愛によって決まります。

ですから、100ポイントの光すべてが完全に灯っている状態を維持してください。あなたの意図に対してあなたの集中力が続くことで、あなたの愛が、道を示す水先案内人となってくれるでしょう。


ヒーラーとしてのあなたの旅は、癒しの受け手が新しい形態の癒しの可能性に慣れることができるよう、心地よく、安全な空間を創り出すことです。

こうした癒しの空間を創り上げることこそ、ヒーラーの旅です。まずは、あなたの100ポイントの光すべてを灯すことから始めてください。その瞬間、癒しが始まります。

守秘義務

あなたと癒しの受け手であるクライアントとの間に、信頼感を築き上げることは非常に重要です。カルテシートへの記入事項も含め、ヒーラーであるあなたとクライアントの間で話された内容はすべて、決して外に漏れることがあってはなりません。

癒しの意図を創造する

クライアントと癒しの旅について話し合い、癒しに関する意図を明確化することは重要です。たとえば、「どういうかたちでお手伝いできますか?」「この癒しでは何に焦点を絞りたいですか?」といった質問を投げかけて、クライアントが明確な意図を創造することを助ける必要があるかもしれません。

クライアントの癒しの結果が、望むかたちになるように視覚化《ビジュアライズ》し、簡潔な言葉で明確に口にすることができるように導くことを目指してください。

「再び歩けるように、右膝の痛みを取り除きたいです」「甲状腺機能不全に癒しのエネルギーを集中したいです」などという答えが返ってくるかもしれません。

記録管理

癒しの事業で起業するにせよ、単に家族や友人を癒すだけにせよ、癒しの各セッションを記録するシステムを作っておくことは、のちのち役立ちます。

たとえば、癒しの受け手が癒しを求めている理由について、次のようにメモを取るだけでもいいのです。

1. 最初に気づいたことのまとめ
2. 癒しのセッションで用いたテクニック
3. セッション終了後の印象や感想
4. 瞑想、日記記入、プラーナ呼吸など、癒しの終了後にするべきフォローとしてアドバイスしたこと

癒しの環境をつくる

癒しのセッションを行うために、清潔で整頓された、そして安全で静かな環境をつくることも大切です。

癒しのための雰囲気を醸し出すため、ロウソクを灯し、セッション中には静かでリラックスできる音楽を流すのもよいかもしれません。

また、快適な温度を保つことも重要です。クライアントが癒しのセッション中に眠ってしまったとすれば、それはあなたが安全な癒しの空間をつくり上げた証拠といえるでしょう。

癒しに必要な設備・備品

癒しの空間に必要な設備・備品を、いくつか挙げましょう。

- クライアントのための施術ベッドや座り心地のよい椅子
- ヒーラーが腰掛けるためのスツールや椅子
- 枕カバー付き枕
- 枕の上に敷くペーパータオル
- 施術ベッドに敷くシーツか軽い毛布
- (必要に応じて）クライアントに掛けるシーツか軽い毛布
- (必要に応じて）クライアントがベッドに登りやすいように置く小さな踏み台
- 癒しの終了後にクライアントが飲むためのお水
- 液体ハンドソープ
- キャンドルとマッチ
- リラックスできる音楽を流すための音楽プレーヤー

- カウンセリングで記録をとるための紙とペン
- 背中の調子が悪い人のために、膝の下に置く補助枕または枕

癒しの空間の設置

癒しのセッションにおいて、とても重要な設備は施術用ベッドです。施術用ベッドに簡単に登れないクライアントのためには、座り心地の良い椅子で代用することも可能です。

施術用ベッドを用いる場合、癒しを行いやすい高さにセットしましょう。癒しの最中にかがむ必要がない高さにし、またベッドの周りをあなたが自由に動き回れるような位置に置いてください。

施術用ベッドにはシーツか軽い毛布を掛け、足側にはもう1枚のシーツ、もしくは軽い毛布を準備してください。枕カバーの上には新しいペーパータオルを置き、枕元にはお水を用意しましょう。

癒しのセッションにおけるクライアントへの接し方

初回カウンセリングで癒しに関する懸念事項について話し合ったあと、クライアントが施術用ベッドに上がるお手伝いをする必要があるかもしれません。小さな踏み台を用意しておくといいかもしれません。クライアントが楽な姿勢でベッドの上に仰向けになり、枕に頭を乗せるのを手伝ってあげてください。

セッション中、肩の上部、首の後ろ側、背骨の上部にアプローチするためのスペースが必要かもし

れません。

また、クライアントに、膝の下に補助枕か枕を置いてほしいか尋ねてみましょう。

体に掛ける軽いシーツか毛布を準備してください。

最後に、クライアントが施術用ベッドの上で落ち着いてくつろいでいるか、チェックしてください。

【癒しのセッションの流れ】

1. クライアントが楽な姿勢で椅子に腰掛ける、または施術用ベッドに横になったら、リラックスできるようにしばらく一人にしてあげてください。
あなたが手を洗うために施術室を出る前、音楽をかけるのもいいでしょう。

2. 施術室に戻ったら、シグネチャーセル・ヒーリングの「はじまりのシークエンス」で癒しを始め、一連の基本テクニックを用いて癒しを続け、「完了のシークエンス」まで行います。
これらのシークエンス（手順）は次の章で詳しく説明します。

3. 癒しの一環でクライアントの背中に手を当てる必要が出た場合、あなたの手を仰向けになったクライアントの背中の下に入れ、それと同時にベッドを下に押してください。そのように意識を集中すれば、癒しの最中にクライアントに不要な動きをしてもらわずに進めることができます。

4. 癒しが終わったら、クライアントの手に軽く触れましょう。そして、静かな声で、「リラックスして、癒しの効果をフルに感じてください。少し席を外しますが、戻るまでそのまま静かにしていてください」と指示してから、しばらく部屋を離れましょう。戻ったら、必要に応じて、クライアントがベッドから降りるのを手伝ってください。

5. 部屋を離れている間に、終えたばかりの癒しを思い起こしてください。部屋に戻ったら、施術用ベッド（または椅子）の脇に立って、クライアントの肩に手を置きましょう。立ち上がれるか聞いてください。膝の下に枕を置いていた場合は、まずそれを取り除いてから、クライアントが身を起こすのを手伝いましょう。

6. クライアントがベッドの端に腰掛け、座った姿勢のままでいる間、少し待ちましょう。エネルギーの調整を手助けするために、コップ1杯のお水を渡してください。

7. 癒しを受けている間にどのように感じたか、聞いてみましょう。

ただし、施術中にあなたが感じたことをクライアントに告げる際は、十分注意してください。あなたが資格を持った医師でないかぎり、診断をくだしてはいけません。ヒーラーとしての役目のひとつである、「アクティブ・リスニング（積極的傾聴：相手がもっと話したいと感じるような姿勢で、ところどころ言葉を挟みながら、相手の言うことに耳を傾ける技法のひとつ）」の重要性を忘れないでください。

8. 必要ならば踏み台を用いて、クライアントが施術用ベッドから降りるのを手伝ってください。

9. 浄化と癒しのエネルギーがスムーズに流れるために、癒しの終了後は水分を十分とり、プラーナ呼吸を行うよう、クライアントに指示しましょう。

10. クライアントに、次の癒しのセッションを受けたいか打診してください。
愛に満ちた癒しをフルに体験するためには、一週間おきに3回連続で癒しを受けることが望ましいという結果が出ています。覚えていらっしゃると思いますが、3は愛である三位一体を表す数字なのです。

癒しのセッション中にあなたが言うこと、行うことは、すべて癒しに影響を及ぼします。100ポイントの光すべてが完全に灯った状態で癒しを行えば、あなたの癒しの能力は確実に新しいレベルへと上昇します。

友よ、あなたは真のヒーラーとして最先端にいるのです。

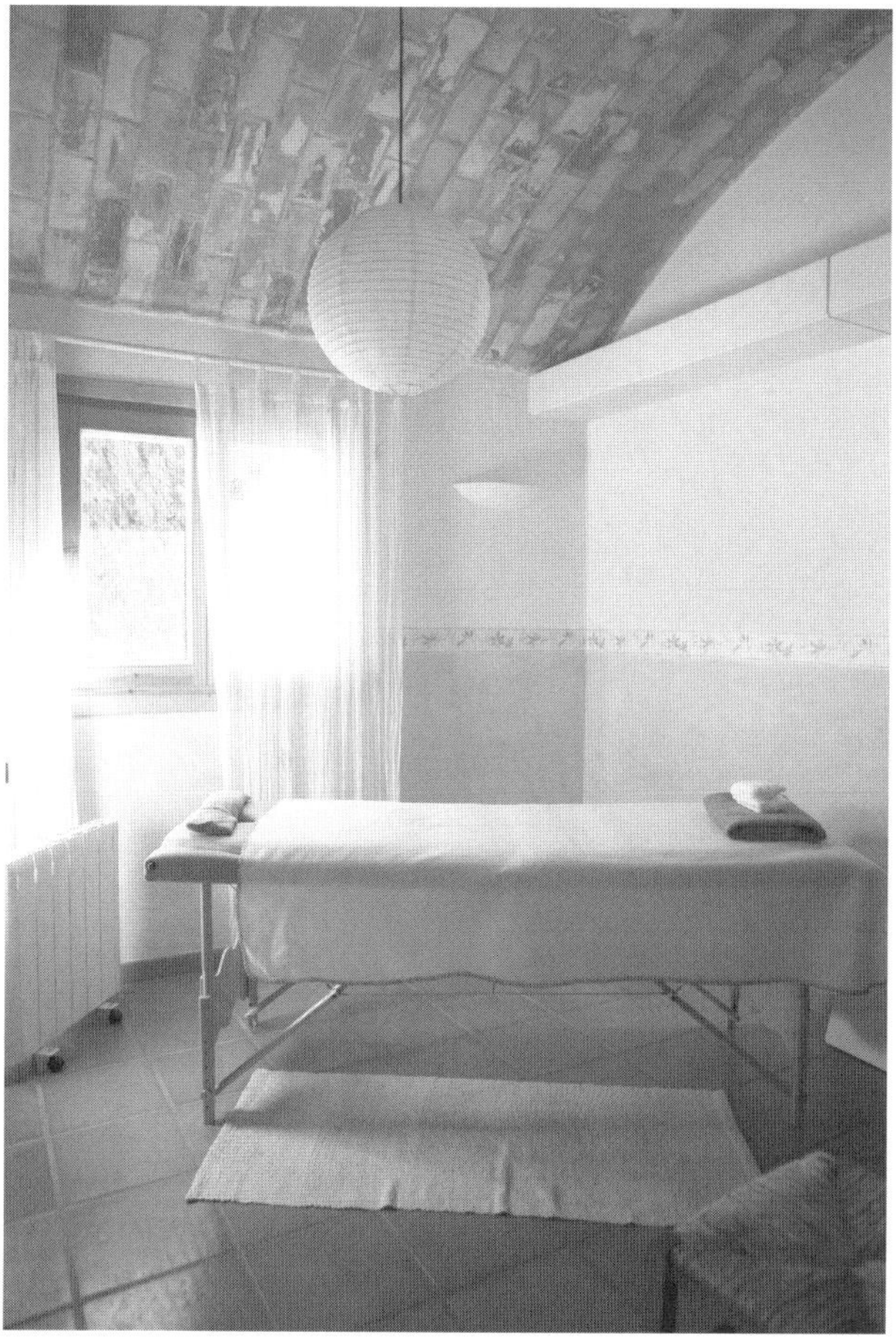

シグネチャーセル・ヒーラーの自己発見の旅

シグネチャーセル・ヒーリングは、私の人生における重要な要素です。クライアントが癒しのプロセスを経験できるよう助けると同時に、自分も癒しの旅を歩む中で、自分自身と人生について非常に多くのことを学びました。

シグネチャーセル・ヒーリングは、自己発見の旅であり、私たちが慣れ親しんだ信条や行動に起因する何層にも及ぶ怖れを取り除けば、私たちの真の本質、すなわち創造主の光に到達するのです。

私は無条件の愛の本当の意味がわかるようになり、他の人たちに対する決め付け《ジャッジメント》を徐々に手放し、彼らの真の本質を知るようになりました。シグネチャーセル・ヒーリングのセッションを行いやすくするために、愛の光と「一体化」し、愛の光を「感じる」ことは必須でした。

シグネチャーセル・ヒーリングのセッションでは、癒しの受け手と私がともに愛の本質を感じられる安全な空間を創り上げることに努めます。そうすれば、癒しの受け手の方たちは、セッション中に生じうるさまざまな感情に直面しても安全だと感じられるからです。

その結果、それぞれの人生において「難局」をもたらしたとされる感情、思考パターン、行動を直視し、掘り下げて考える勇気が養われます。

癒しのおかげで、今まで以上に内なる愛を感じるようになり、物事に対する信頼度が強まるでしょう。自分の望むかたちで変化を起こすために、さまざまな措置を講じることで、人生に再び情熱が宿るに違いありません。

クライアントは、最初は肉体面の問題を癒すためにやってきます。数回その癒しを受けると、4体（肉体・感情体・精神体・スピリット体）すべてのバランスをとることの重要性を悟ります。

そして、癒しのプロセスをめぐり、別の選択肢もあることに気づきます。祈り、瞑想、運動に加え、よりヘルシーな食生活を心がけるなど、以前に比べて意識的に選択するようになります。

私が3年間にわたり癒しを施してきたクライアントからは、「4体のバランスを調整し、スピリチュアル・ガイダンスを受けるために、3週間に一度の頻度で癒しを受けに来るのが楽しい」という感想をいただきました。こうした定期的な癒しの結果、彼女の肉体面の兆候は和らぎ、薬の服用量を大幅に減らすことができました。

シグネチャーセル・ヒーラーになってからの8年間で、私は多くのクライアントが自らのチャイルド・セルフに働きかけるのを目の当たりにしました。彼らは、困難で、ときには痛みが伴う幼少期の体験と向き合い、他の側面に気づいた結果、著しい変貌を遂げたのです。彼らの細胞意識と青写真《ブループリント》は覚醒し、怖れは消滅しました。それまで以上に内なる愛を感じ、怖れを癒すことができるようになったのです。

クライアントの中には、非常に多くの怖れを抱えており、また長い間怒りの気持ちに苛まされていたことをはっきり認めた人もいました。こうした自己発見により、癒しが始まります。クライアントたちは、新たな気づきにより、それまでとは異なる選択をするようになりました。意識的に愛と平和の道を選んだのです。

私も含め、シグネチャーセル・ヒーリングを行う、または受ける人の多くがよく感じるのは、心の静けさ、愛、そして癒しの旅の新たな局面に足を踏み出そうという勇気です。自分の人生を以前とは異なる目を通して見るようになり、選択肢が広がったのを感じます。人生が改善し、健康問題も回復に向かうのだという新たな希望が湧き上がり、活力がみなぎり、以前よりも自分に責任が持てるようになります。

愛は必ず勝利します！　必ずや変化は生じるのです！

『ホノルル光の教会』のスタッフ／シグネチャーセル・ヒーラー
スザナ・B（米ハワイ州ホノルル）

自分の呼吸に集中すれば、各呼吸の間に存在する空間（呼吸していない0・25秒にも満たない間）を認識できるようになります。

変貌の世界が私たちを待ち受けています。奇跡が起きるのは、そのような空間です。

6章

シグネチャーセル・ヒーリングの基礎シークエンス

レムリアのエネルギー・ヒーラーの秘伝は、あなた方が「環境」と呼ぶエネルギーが、従順だということを知っていることです。環境は動かすことができ、訓練することができ、修正することができ、そして癒すこともできます。立入禁止の領域など何ひとつありません。

『Kirael：Lemurian Legacy for The Great Shift（キラエル：グレートシフトへ向けてのレムリアの遺産）』より

ここまでで、シグネチャーセル・ヒーリングの思想体系の基盤や背景を学びました。今度は、パワフルなヒーリング手法で用いるシークエンス（手順）やテクニックの実践法について話していきましょう。

6章では、「はじまりのシークエンス」「完了のシークエンス」「遠隔ヒーリングのためのシークエンス」について、要点を説明します。

シグネチャーセル・ヒーリングの「はじまりのシークエンス」は、ヒーラーが創造主からプラーナ・エネルギーを取り込み、それを癒しの受け手の4体システムへと導くパワフルな手法です。

この「はじまりのシークエンス」の次には、シグネチャーセル・ヒーリングの上級者向け講座で勉強することになる、他のテクニックを用います。「はじまりのシークエンス」に熟達すれば、このシークエンス1つを用いるだけでも、癒しが始まることに気づくでしょう。それほどパワフルなのです。

医学的な緊急事態が生じた際、シグネチャーセル・ヒーリングがいかに役立つかは、1章でざっとお話ししましたね。

モスクワでシグネチャーセル・ヒーリングのレベル1とレベル2のヒーラー養成コースを修了したばかりの男性の例です。自宅のあるシベリアに戻る飛行機の中で、緊急事態が発生。6日間のヒーリング・コースで、彼は部屋の端っこの最後列で一言も発せず、静かに座っていました。あまりにも静かだったため、このコースが彼にとってどれほど役に立つのか、そのときは確信がもてませんでしたが、とにかく彼は2つのコースを問題なく修了しました。

シベリア行きの飛行機へと話を戻しましょう。「お客さんの中にお医者さんはいらっしゃいませんか」というアナウンスが流れました。しかし、どこからも返事はありません。

しばらくすると今度は、「医療従事者の方はいらっしゃいませんか」というアナウンス。やはり、返事はありません。

ここで、私のコースを受けたばかりの男性は立ち上がり、機内の前方へと歩き始めました。その床には、男性が横たわっています。顔色は真っ青。シグネチャーセル・ヒーリングを学んだばかりの男性は、何のためらいもなく、病人の頭頂部に片手を置き、深いプラーナ呼吸を行うと、一連のシグネチャーセル・ヒーリングのタッピングを施しました。すべては「はじまりのシークエンス」の一部です。

すると、みるみるうちに倒れていた人の顔色は良くなり、起き上がって、「水が欲しい」と言ったのです。

このように、医学的な緊急事態が生じるのと同じくらいの速さで、魔法でも見るかのごとく、癒しの旅は始まります。

この章では「はじまりのシークエンス」から始め、次に「完了のシークエンス」、そして最後に「遠隔ヒーリング」を説明していきます。

ヒーリングの基礎を学べば、シグネチャーセル・ヒーラーとしてのあなたの旅が始まります。私どものシグネチャーセル・ヒーリングのコースに参加すれば、シークエンスの実地演習を行い、追加の癒しのテクニックを学ぶこともできるでしょう（シグネチャーセル・ヒーリングのコースに関する情報については、巻末の追記をご参照ください）。

プラーナ呼吸の基本パターン

クライアントを癒す際に用いるプラーナ呼吸には、いくつかの手法がありますが、シグネチャーセル・ヒーリングではたいていの場合、自分が媒体となり金色の粒子を体内に取り込んでから、それを癒しの受け手に送り込む手法を使います。

プラーナを吸い込む際には、金色の粒子があなたのクラウン・チャクラから体内に流れ込み、脳の松果体に光を灯し、胸腺を通ってハート・チャクラへと降りていく様子を視覚化《ビジュアライズ》してください。

息を吐き出すときには、金色の粒子をあなたの胸腺から肩に導き、次はそこから腕を下がって指先へと誘導し、手から癒しの受け手へと流し込んでください。

プラーナ呼吸を行う際は、ゆっくりと深く、かつ優しいリズムで行いましょう。息を吸うときは鼻から、吐き出すときは口から行ってください。

シグネチャーセル・ヒーリングの「はじまりのシークエンス」

ステップ1．はじまりの祈り

「はじまりのシークエンス」を始めるにあたり、セッション開始前にすでに癒しの受け手と話し合ったように、「癒す」という意図を明言する祈りを捧げてください。

その際、癒しの受け手があなたの言葉を明確に聞き取れるようにしましょう。愛と光に溢れた見えざる存在に呼びかけてください。祈りの中で、若さと活力の染色体を呼び覚ます意図を明言し、癒しの受け手にとって最善の結果がもたらされるような癒しを心がけてください。

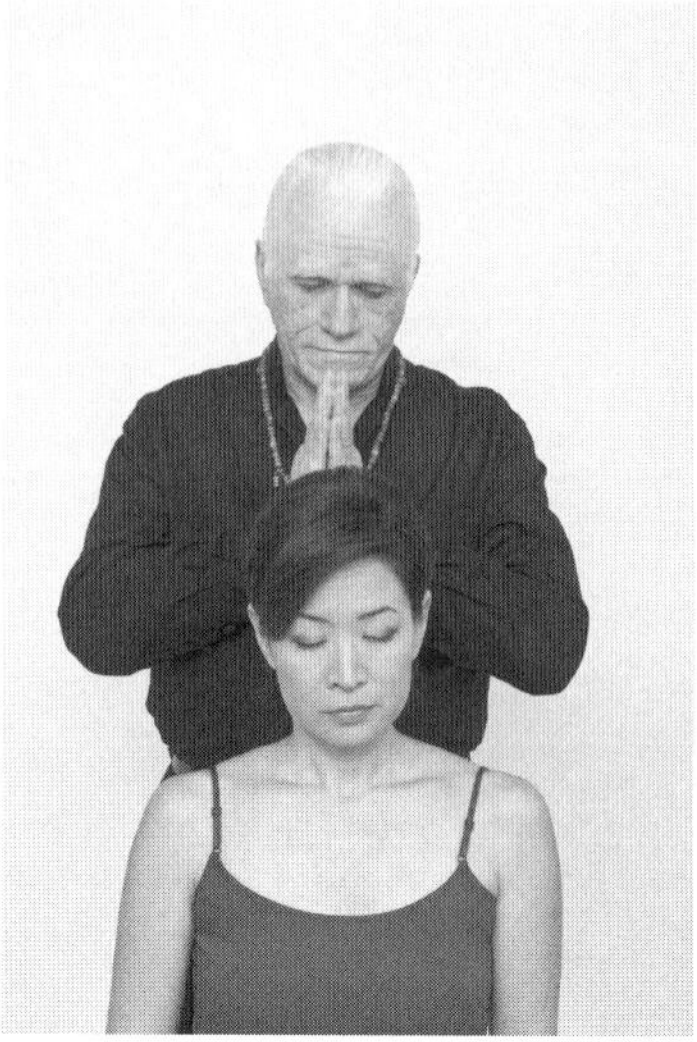

ステップ1
はじまりの祈り

ステップ2．松果体の中のシグネチャーセルを活性化

癒しの受け手の左側に立ち、クラウン・チャクラの少し後ろあたりにあなたの右手のひらの真ん中が触れるように、そっと置いてください。この部分は、松果体の真上にあたります。

手のひらを松果体のちょうど上に置き、プラーナ呼吸の5つの基本のうち（次ページの囲み参照）、ひとつめを始めてください。

金色の粒子があなたの右手のひらを通して、癒しの受け手の松果体の中にあるシグネチャーセルに流れ込むように導いてください。癒しの受け手の松果体が刺激され、体中の細胞意識が覚醒されていく様子を視覚化《ビジュアライズ》してください。

2度めの呼吸で、金色の粒子が松果体の経路を通って胸腺からハート・チャクラへ流れ込んだ後、体中に浸透していく様子を視覚化《ビジュアライズ》しましょう。

松果体の経路を通り、胸腺からハート・チャクラに流れ込んだあと、体中へ浸透していくという基本のプラーナ呼吸を、あと3回繰り返しましょう。

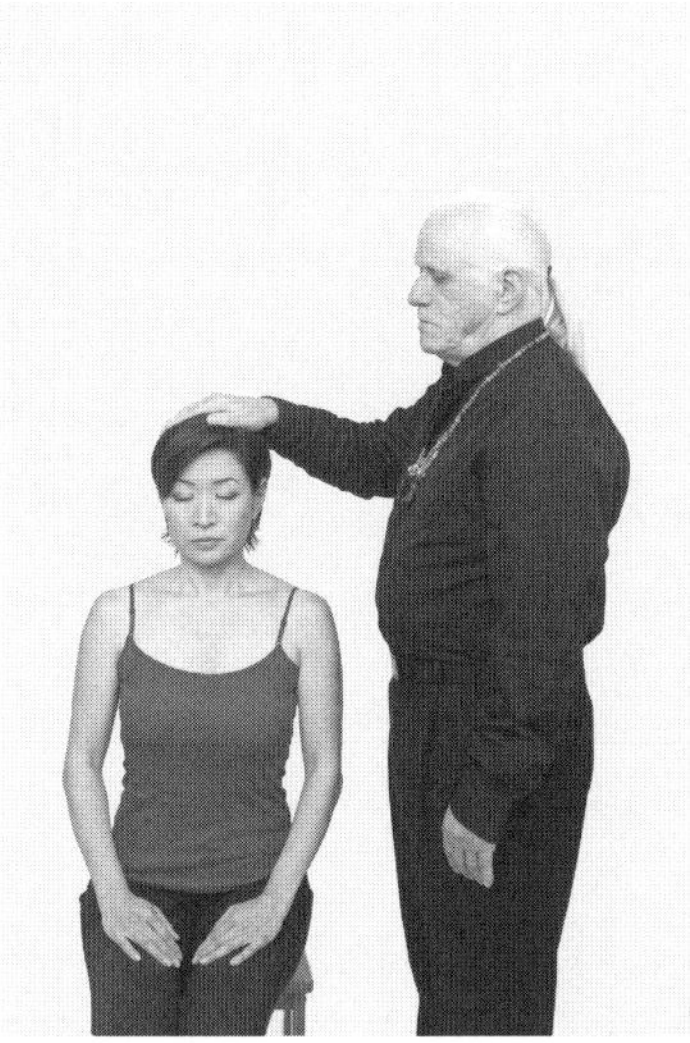

ステップ2
松果体の中のシグネチャーセルを活性化

松果体の中にあるシグネチャーセルの機能が、人生計画の青写真《ブループリント》に関係していることを覚えておいてください。

また、シグネチャーセルは癒しの受け手の細胞すべてだけでなく、ハイヤーセルフともコミュニケーションをとることができます。これは、癒すという意図を、4体すべてに意識的に導く最初のステップとなります。

プラーナ呼吸の5つの基本

「はじまりのシークエンス」のそれぞれのステップでは、5つのプラーナ呼吸を用いて各ステップを完了します。プラーナ呼吸の5つの基本は、「意識的な創造の10の原理」がもつ波動エネルギーを、松果体に織り込みます。

1回めの呼吸が「真実」、2回めの呼吸が「信頼」、3回めの呼吸が「情熱」、4回めの呼吸が「明確さ」、5回めの呼吸が「愛のコミュニケーション」を象徴します。

それぞれの呼吸が象徴するエネルギーの重要性を、意識的に考える必要はありません。無意識にそうなるはずです。

これにより、ヒーラーであるあなたと癒しの受け手にとって、癒しはより集中的な愛に溢れた旅となるのです。

ステップ3．胸腺のT細胞を活性化

癒しの受け手に触れたまま、背後に回ってください。両手の親指を除くほかの4本の指が癒しの受け手の額に向かうようにして、両手をクラウン・チャクラの上に置いてください（ステップ3−1）。

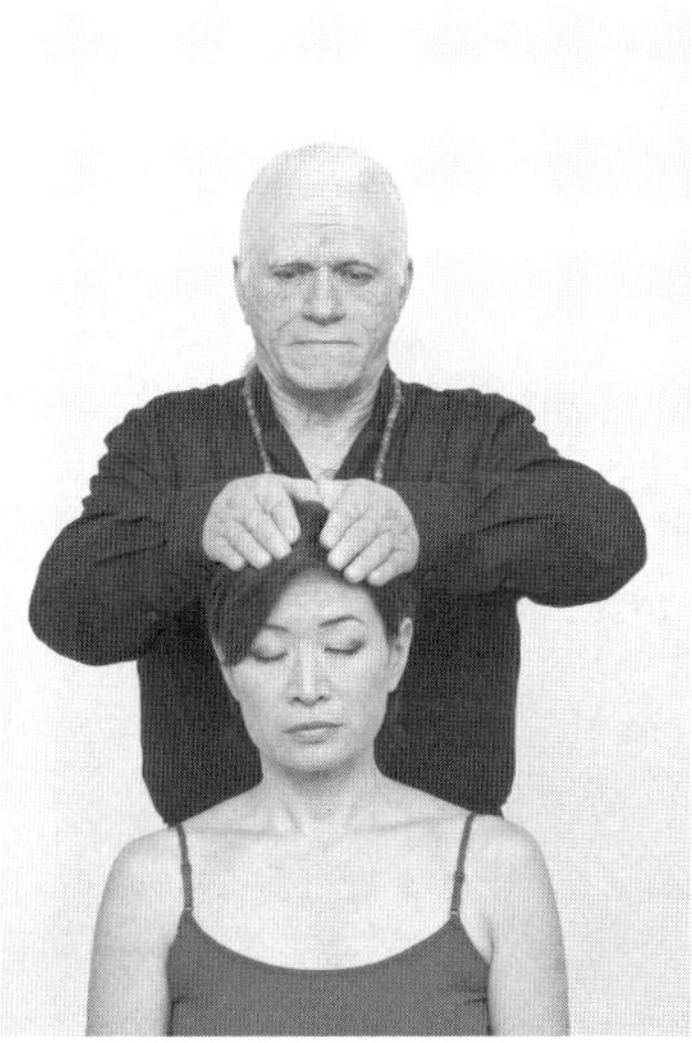
ステップ3-1
T細胞を活性化――手はクラウン・チャクラの上に置く

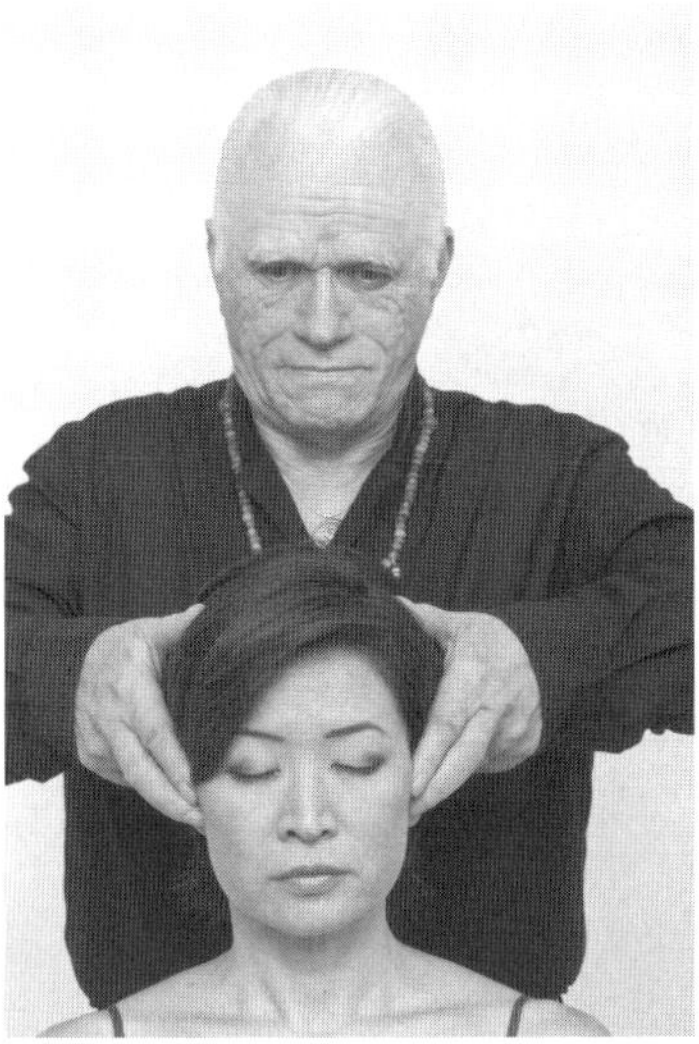
ステップ3-2
T細胞を活性化――手は頭

次に、指を頭の側面に沿って下に動かします。人差し指と中指を指針にして、頸動脈の脈拍を感じられる場所に達するまで、手を頭と首の側面に沿って下に動かしてください（ステップ3−2）。

指をそっと頸動脈の上に置き、非常に軽く抑えてください。

脈拍を感じることができれば、そこが正しい場所です。ヒーラーであるあなたが、癒しの受け手の胸腺に触れた瞬間です（ステップ3−3）。

基本のプラーナ呼吸法の最初の呼吸で、金色の粒子を癒しの受け手の中へと送り込み、

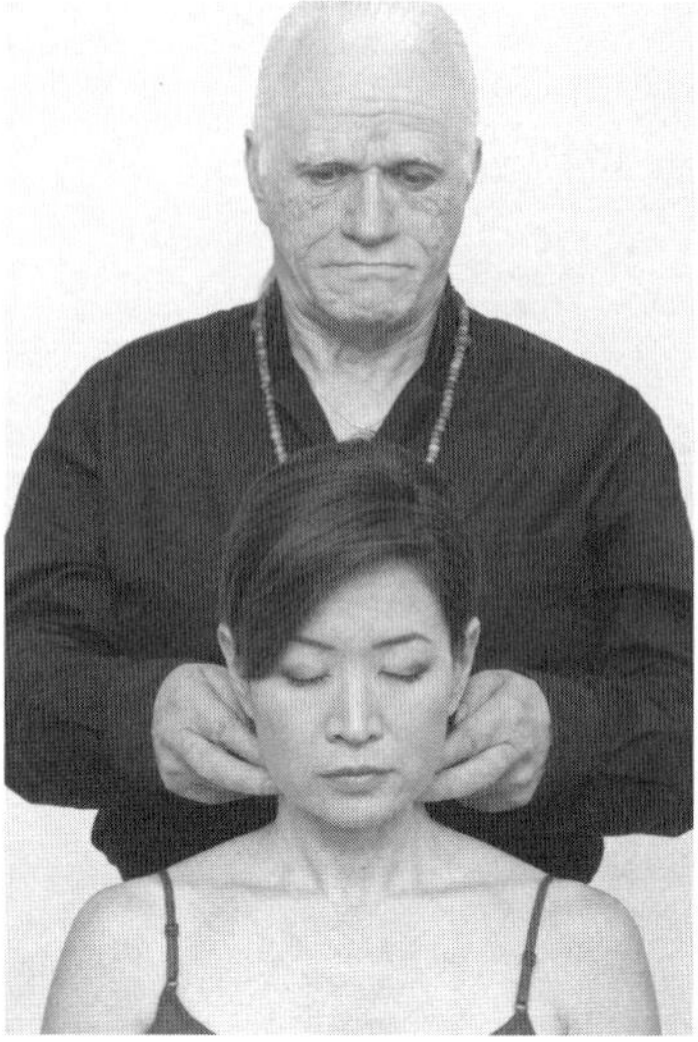

ステップ3-3
T細胞を活性化——指を頸動脈へ

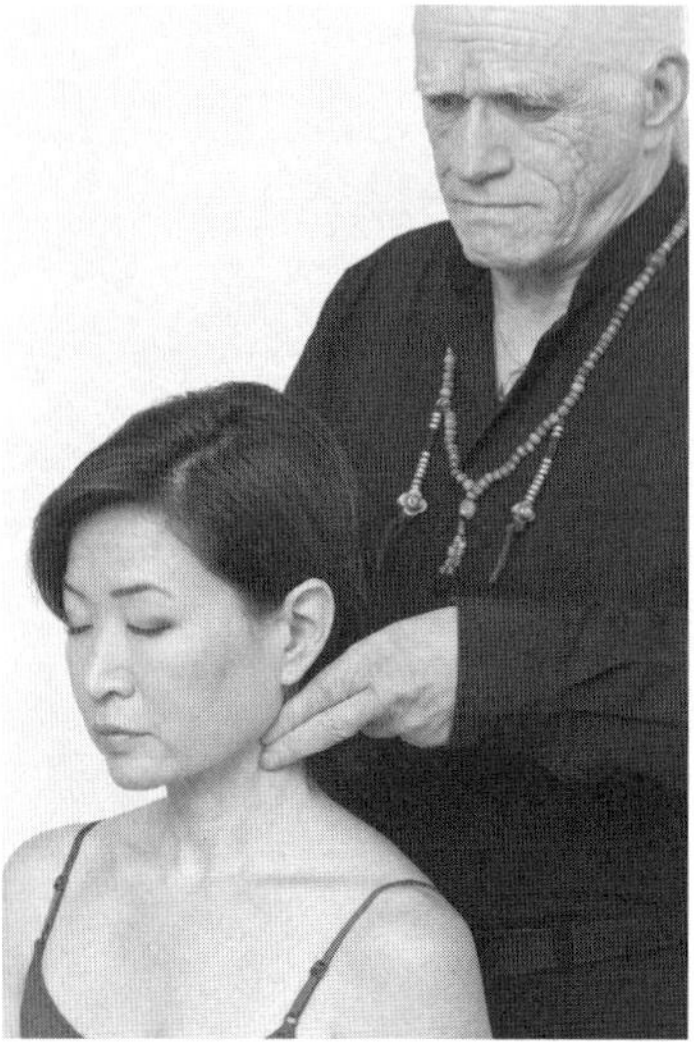

ステップ3-4
T細胞を活性化——指を頸動脈へ

胸腺の中のT細胞を活性化させてください。その際、頸動脈を、光の粒子を胸腺に送り込むための経路として用います。

頸動脈に沿ってさらにプラーナ呼吸を4回行い、プラーナ呼吸の5つの基本を完了させます。

胸腺は、免疫システムの機能、肺、心臓、アレルギーの癒しにおいて重要な役割がありますが、幼少時の記憶や今生での夢、願望のエネルギーも詰まっています。

胸腺とT細胞の細胞意識が目覚め、癒しが行われている間に、あなたと癒しの受け手は、幼少時の経験や夢について何らかのビジョンや感情を知覚するかもしれません。癒しが完了したあとのカウンセリングで、あなたが感じたことをクライアントに話したいと思うこともあるでしょう。

ステップ4．骨髄のB細胞を活性化

手を首に沿って下に移動させ、両手のひらの中心を肩にそっと乗せます。両親指で、癒しの受け手の背骨を挟むようにして、親指の間は約2・5センチ離します。人差し指と中指は鎖骨に置いてください。これを行う間、両方の手のひらを癒しの受け手の肩の上で休ませても構いません。

ひとつめのプラーナ呼吸で、金色の粒子を、親指から上は頭蓋骨へと、下は背骨を通って足の指先へと送り、新たな経路を作ってください。鎖骨の上に

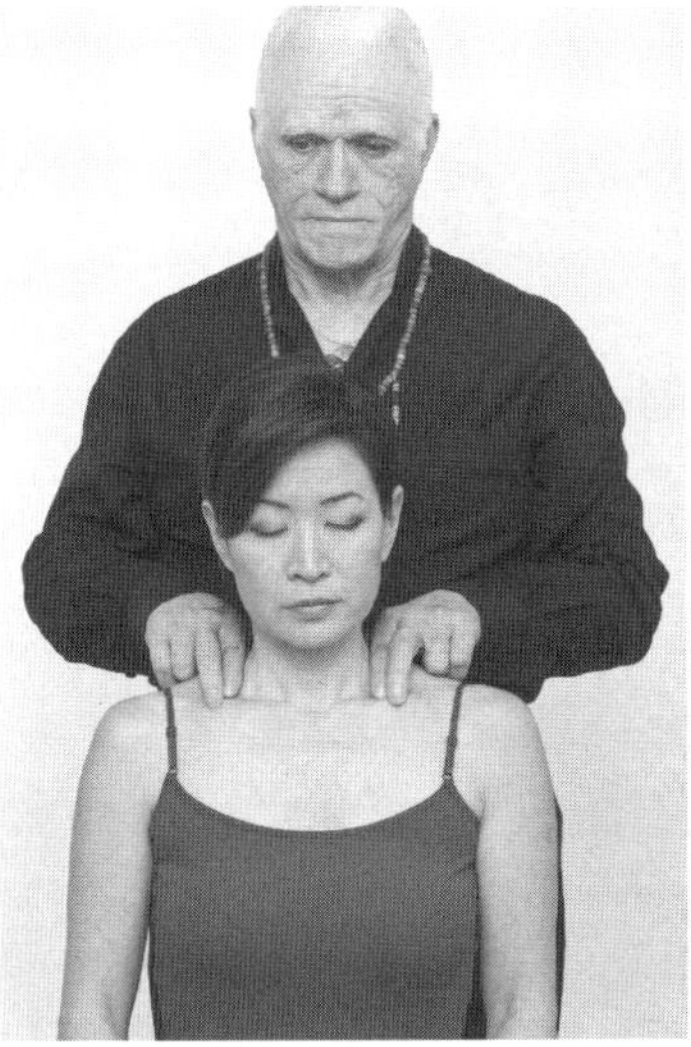

ステップ4-1
B細胞を活性化

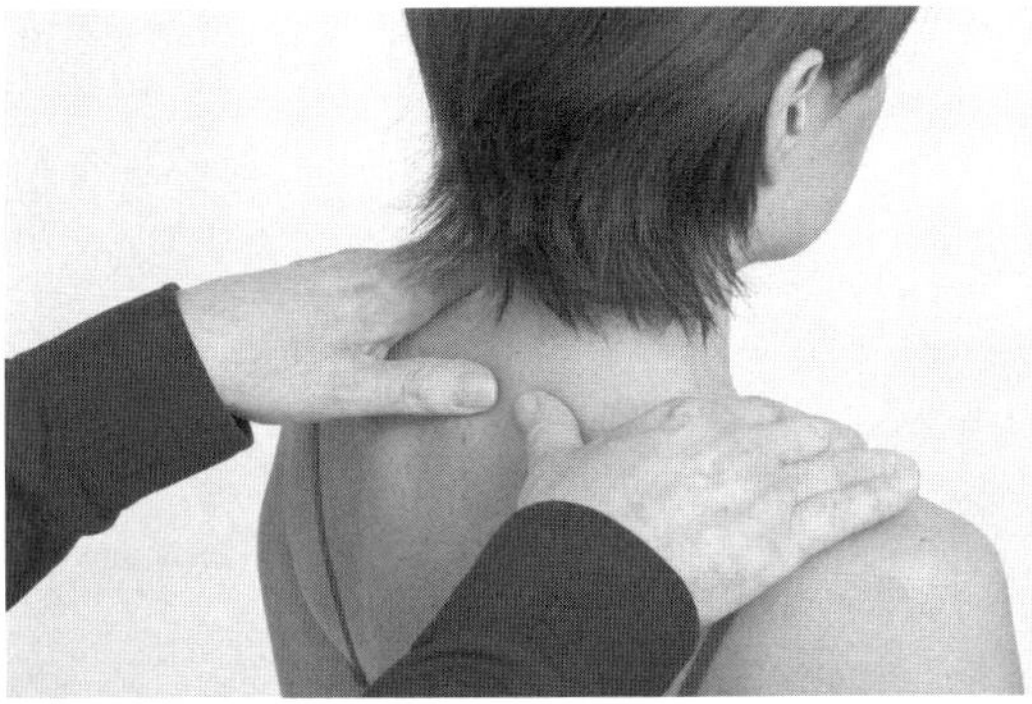

ステップ4-2　背面から見た図

置いた人差し指と中指からは別の経路を通じて、エネルギーを胸郭、そして残りの骨格全体へと導いてください。

両方の動きが同時に進行しており、骨格全体に光が灯される様子を視覚化《ビジュアライズ》してください。これにより、骨髄にあるB細胞と細胞意識が活性化されます。

さらにプラーナ呼吸を4回行い、1回めと同じように金色の粒子を骨髄の経路に流し込むことで、プラーナ呼吸の5つの基本パターンを完了させましょう。

ステップ5．上半身のリンパ系を活性化

癒しの受け手の肩から手を離し、左側に移動します。

ホールド・ポイントを作る

まず、ホールド・ポイント（静止した状態で手・指を置く固定点）を決め、左手の人差し指と中指で、胸骨の底部の中央に「トリニティ・フィンガー・フォーメーション」を組みます。このフォーメーションでは、人差し指と中指をくっつけ、また両指が癒しの受け手の体に触れた際にひとつのタッチとなるように、中指を少し引っ込めて両指の指先が揃うようにします。（ステップ5－1の写真参照）。

なお、両指の下に骨がこないようにホールド・ポイントを選んでください。女性の場合、ホールド・ポイントはブラジャーの下側のラインのちょうど下となります。ホールド・ポイントを決めると

き、胸に触れないように気をつけてください。
女性は、男性に比べて胸郭が短い可能性があることを念頭に置いておきましょう。

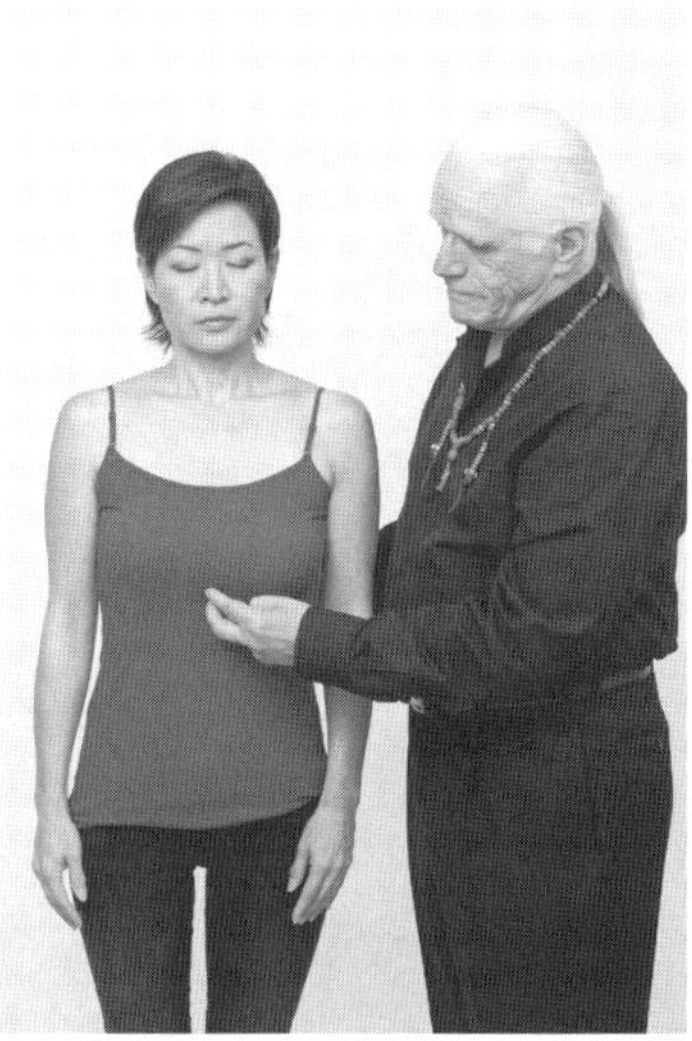

ステップ5-1
ホールド・ポイントを作る

ノータッチ・ゾーン（触れてはいけない場所）

「ノータッチ・ゾーン」とは、癒しの受け手の体のうち、触れるのを避ける必要がある場所です。上半身では男女ともに胸部、下半身では男女ともに大腿上部内側と骨盤領域の間が、ノータッチ・ゾーンです。このような非常に敏感な箇所に触れられれば、癒しの受け手が気まずく感じることは、常識でおわかりだと思います。

ノータッチ・ゾーンの治療については、ノータッチ・ゾーン以外の場所から癒しのエネルギーを送って、行うことが可能です。たとえば、乳房に腫瘍のある人を治療する場合には、初回カウンセリングでさまざまな説明をした際、ノータッチ・ゾーンの外からどのようにしてエネルギーを送るかなど、腫瘍の治療の仕方を説明しましょう。癒しの受け手が気まずく感じるならば、癒しは実現しません。そのため、癒しの受け手が常に快適に感じられるよう心がけることが大切です。

リンパ系を活性化するために経路をタッピング

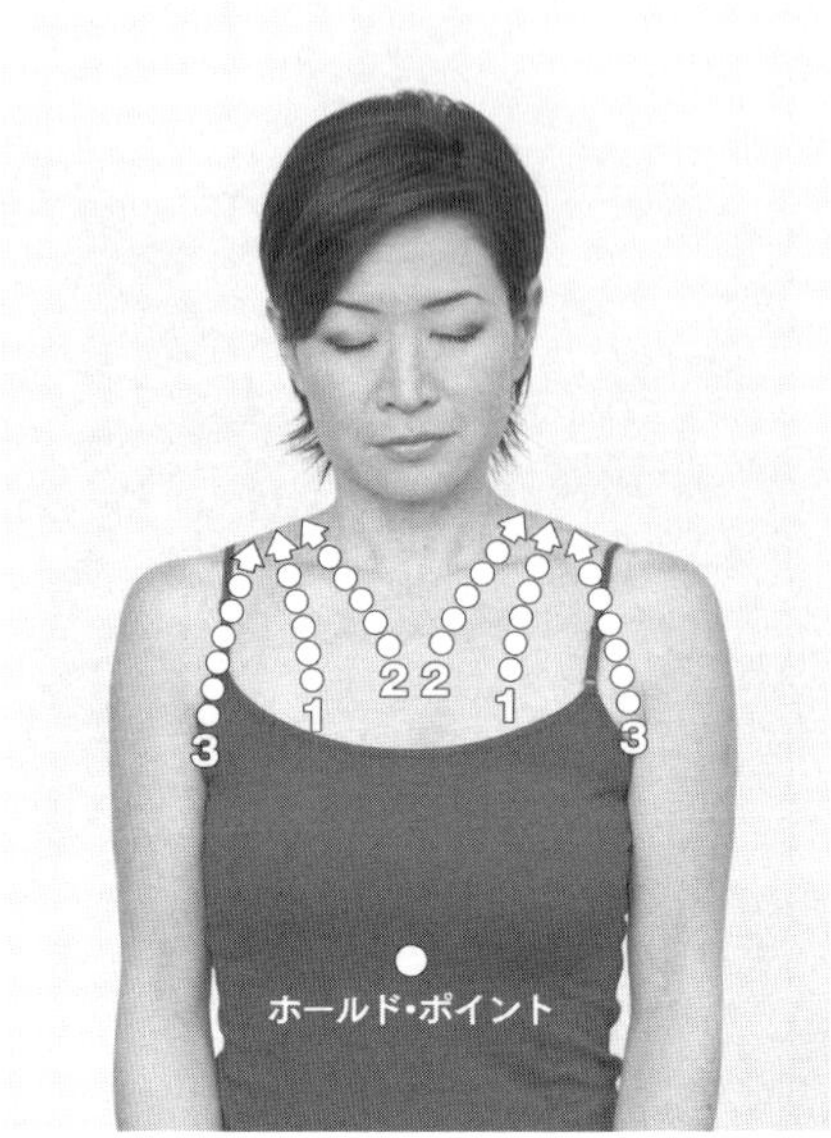

ステップ5-2
リンパ系を活性化するタッピング
1. 1つめの経路 ――胸の上から肩へ
2. 2つめの経路 ――胸腺から肩へ
3. 3つめの経路 ――腋の下から肩へ

体の両側にそれぞれある3種の経路に沿ってタッピングを行えば、リンパ系が活性化され、より活発に動き始めます。

まず、左側から始めましょう。左手でホールド・ポイントを作り、右手でタッピングしてみてください。

3種の経路すべてにタッピングを行ったら、今度は右側に回り、右手でホールド・ポイントを作り、左手でタッピングしてみましょう。

〈1つめの経路――胸の上から肩へ〉

まず左側から始めます。タッピングする経路は胸上部（ノータッチ・ゾーンのすぐ上）の左半分の中央から始まり、鎖骨を越え、肩で終わります。この経路に沿ったタッピングで、胸上部の中央にあるリンパ節が活性化されます。

前述したように、左手をホールド・ポイントに置き、右手の中指と人差し指でトリニティ・フィンガー・フォーメーションを作り、経路の始点に置きます。

ここでは特に、基本のプラーナ呼吸法が、重要な役割を果たします。

まず、ゆっくりと金色の粒子を吸い込みます。

次に、ゆっくりと息を吐き出しながら、経路に沿って6回軽くタッピングしていきます。6つめのタッピングで肩の上に達したら、そこを軽く押してしばらくそのままの状態で待ちます。

同じ経路に沿って、この6回のタッピングをあと2度行ってください。胸の上から肩に向けた6回のタッピングを、左右の経路で3セットずつ行います。

プラーナ呼吸とタッピングを行うプロセスでは、あなたのヒーリングタッチのパワーがあなたの指先から伝達《チャネル》されます。

あなたの指が癒しの受け手を軽くタッピングすると、受け手の細胞意識はあなたのタッチから波紋のように広がる振動を感じ取り、自分が癒されていることを認識するのです。

〈2つめの経路――胸腺から肩へ〉

タッピングは胸腺（胸腔上部にあり、ちょうど心臓の上に位置する）から始め、鎖骨を越え、左側の首の付け根に沿って肩で終わります。このタッピングでは、頸部のリンパ節が活性化されます。

この経路に沿って、プラーナ呼吸とタッピングを全部で3回ずつ行います。

〈3つめの経路――わきの下から肩へ〉

わきの付け根から、鎖骨を越え、肩のてっぺんまでタッピングを行います。このタッピングにより、わき周辺のリンパ節が活性化されます。

プラーナ呼吸を行いながら、全部で3回タッピングを行います。

癒しの受け手との接触を切らないために、肩に軽く置いた手が相手から離れないようにして、ホールド・ポイントを作っていた左手を離し、右側へ移動してください。

今度は右手でホールド・ポイントを作り、左手でタッピングするように、左側で行ったことを繰返し、右側の頸部のリンパ系も活性化しましょう。

リンパのスプリット

「リンパのスプリット」とは、シグネチャーセル・ヒーリングで用いる言葉で、リンパ系の流れとドレナージュのパターンを指します。

このパターンを説明するため、写真に、左側の首の付け根から胸を横切って、ちょうど右胸の下へと斜めに走る線に加え、流れの方向を示す矢印も入れました。

上半身のリンパはこのような方向に流れるため、胸の右側上部のリンパ節をタッピングすれば、頭部や頸部の癒しに役立ちます。

一方、胸部の左側にあるリンパ節をタッピングすれば、体の他の場所すべての癒しに役立ちます。これを知っていると、癒しのセッションにおいて、どの場所でタッピングを行うのが最も効果的か、見極めることができます。たとえば、胸の右上部のリンパ節のタッピングを増やせば、偏頭痛を和らげることができるなどです。

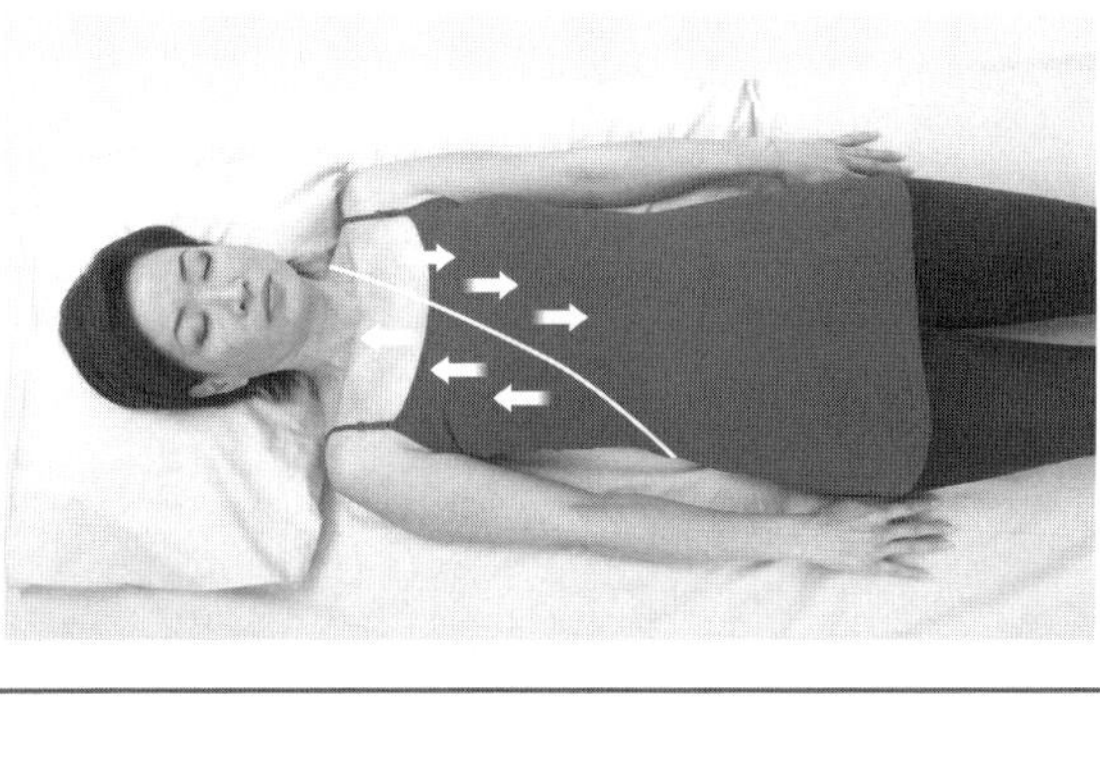

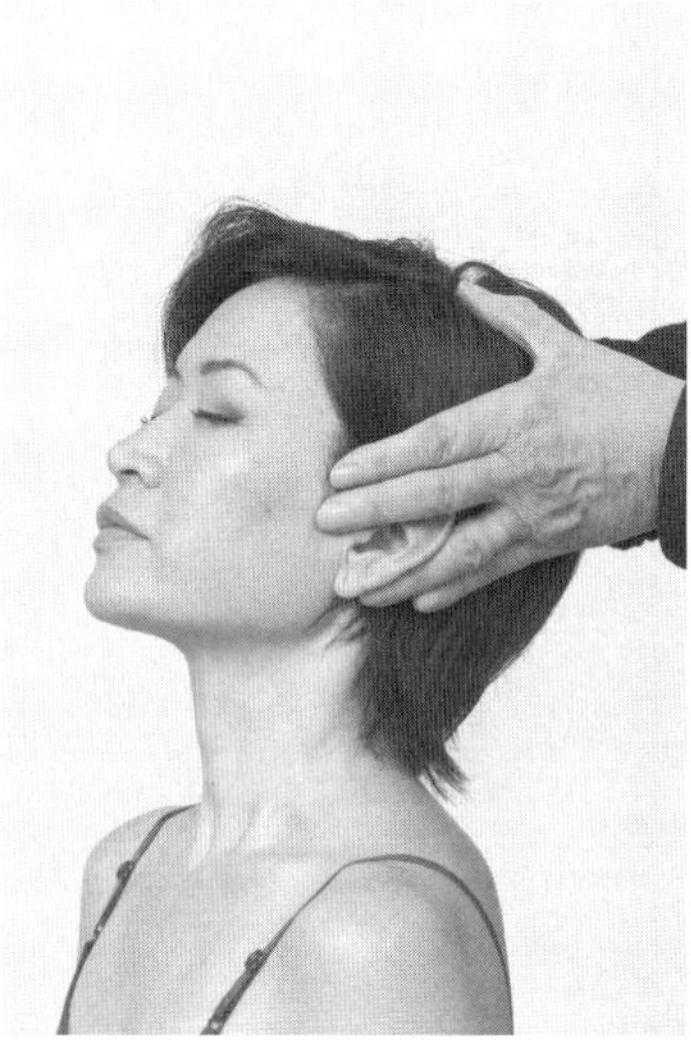
ステップ6
脳のバランスを調整する

ステップ6．中脳のバランスを整える

リンパ系を活性化したら、癒しの受け手の後ろ側に回り、脳の右半球と左半球が調和するよう整えます。

まず、癒しの受け手の頭部の両側に手を置きます。その際、薬指と小指は耳の後ろ側に、人差し指と中指は耳の上部を覆うように置いてください。親指は頭頂です。

基本の5つのプラーナ呼吸法のうち、1回めの吸気で、癒しのエネルギーをあなたの左手のひらに流し、左脳のエネルギーを右脳へと送り込んでください。そうすることで、あなたは癒しの受け手の左脳のエネルギーを右脳へ送り込むことができます。

次に、2回めの基本のプラーナ呼吸法で、癒しのエネルギーをあなたの右手のひらを通して右脳から左脳へと流した後、中央に戻してください。一呼吸の間に、両方行います。

3回めの基本のプラーナ呼吸では、同時に両手のひらを用いてバランスを整えたばかりの脳のエネルギーをハート・チャクラへと送り、センターコア（芯）のグルーオン（クオークを結びつける力を媒介する粒子）も含め、体中すべての原子に光を灯します。

4回めのプラーナ呼吸では、エネルギーを太陽神経叢のチャクラ（みぞおち周辺）に送り、エレクトロン（素粒子）とセンターコアがつながるところに光を灯し、細胞の感情体を活性化します。

5回め、つまり最後の基本のプラーナ呼吸法で、エネルギーをルート・チャクラ（第1チャクラ）へと送り、エネルギーを足（膝から下）へと流します。

ステップ7．12種の経絡を覚醒

体の12種の経絡を通じて、体全体にエネルギーを流します。

癒しの受け手の後ろに立ってください。まず、両手の親指をそれぞれ耳と首の付け根の間に、小指をそれぞれ肩の端に置いた後、他の指は均等の間隔で広げます。その際、手のひらが肩につかないように気をつけてください。手のひらではなく、指先からエネルギーを送るためです。

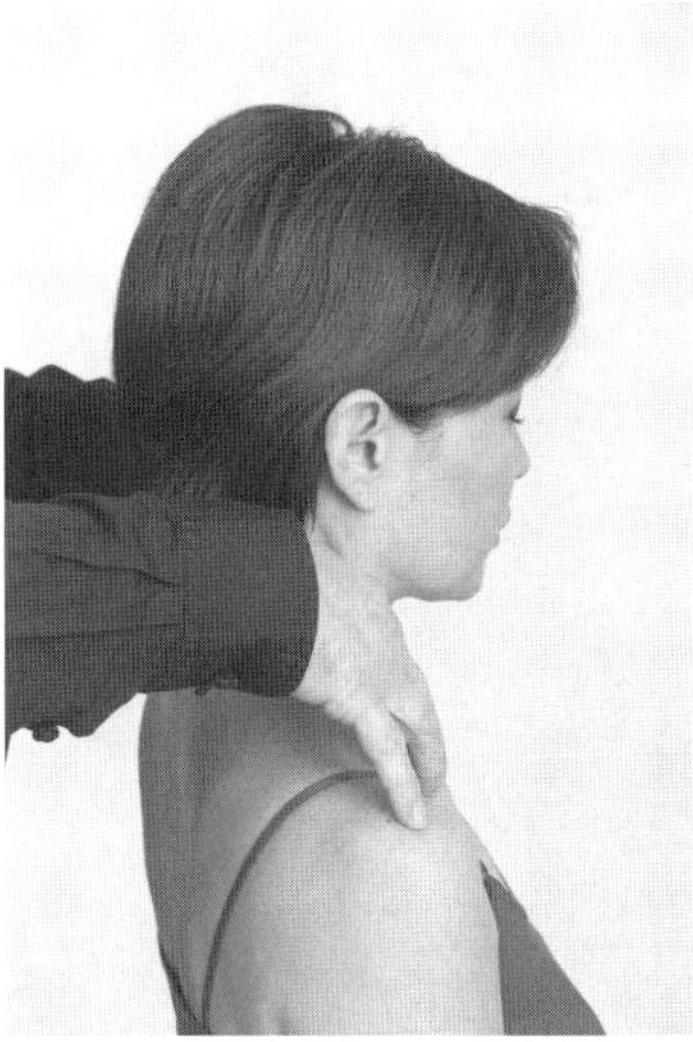

ステップ7-1
12の経絡を覚醒――側面図

最初の基本のプラーナ呼吸法により、親指から送り込まれたエネルギーは、前頭部、後頭部を満たした後、体中を移動します。

次の4回におよぶ基本のプラーナ呼吸では、親指を除く指から、金色の粒子を経絡に注入します。エネルギーが経絡を通じて流れ

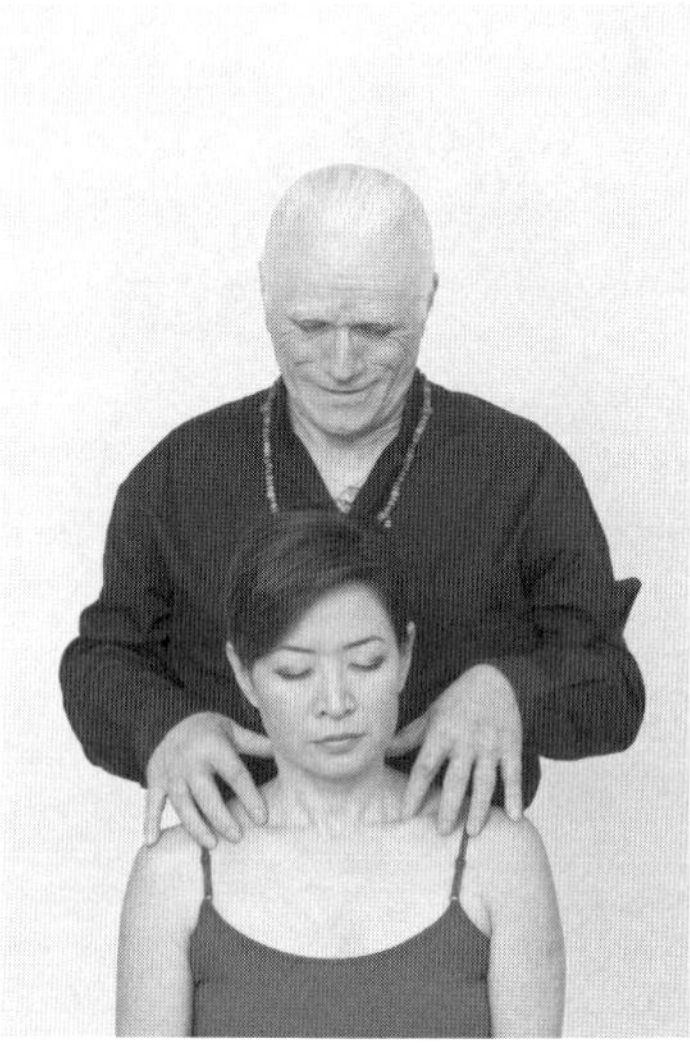

ステップ7-2
12の経絡を覚醒――正面図

ていく様子を視覚化《ビジュアライズ》し、その際エネルギーが「急変《ブリップ》」する、または通常でない感覚があった場合、それがどのあたりで生じたか留意しておいてください。エネルギーの急変は、懸念される場所を示している可能性があり、癒しのセッションを終える前に対処する必要があります。

癒しに関する特定の懸念事項

「はじまりのシークエンス」完了後の次の段階では、特定の癒しに焦点を絞ります。その際、体内でバランスが崩れている場所を探すスキャン（巻末の用語解説「ボディスキャン」の項を参照）、トリニティ・ポイントの作成、第三の目によるレーザー光線照射（「サード・アイ・レーザービーム・インフュージョン」）、幹細胞の活性化と移動、経絡の調整、フリーラジカルの除去、イヤー・アンブレラ・テクニックなど、いくつかのシグネチャーセル・ヒーリングの手法を使うことができます。

シグネチャーセル・ヒーリングのコースでは、これに加え、他のテクニックも学びます。

シグネチャーセル・ヒーリングのコースをとっていなかったとしても、この章で取り上げる「はじまりのシークエンス」と「完了のシークエンス」は癒しに役立つと思います。

癒しは確かに起きます。あなたは創造主の愛によって導かれるのです。

いったん「はじまりのシークエンス」と「完了のシークエンス」の癒しのパワーを経験すれば、シグネチャーセル・ヒーリングのコースに出て、もっと上級の癒しのテクニックを学びたいと思うかもしれません。

シグネチャーセル・ヒーリングの「完了のシークエンス」

シグネチャーセル・ヒーリングでは、最後に「完了のシークエンス」を行い、癒しのセッションを終了します。

ここでは、局所脳《ローカル・ブレイン》と全脳《オムニ・ブレイン》を1つに織り込み、癒しの意識を一体化させることを目指します。

ステップ1．局所脳《ローカル・ブレイン》の左半球と右半球を1つに織り込む

両手の薬指をそれぞれ癒しの受け手のちょうど耳の上に、親指は頭頂に、手のひらは後頭部に置きます（ステップ1写真）。人差し指から小指はむりなく均等に広げます。

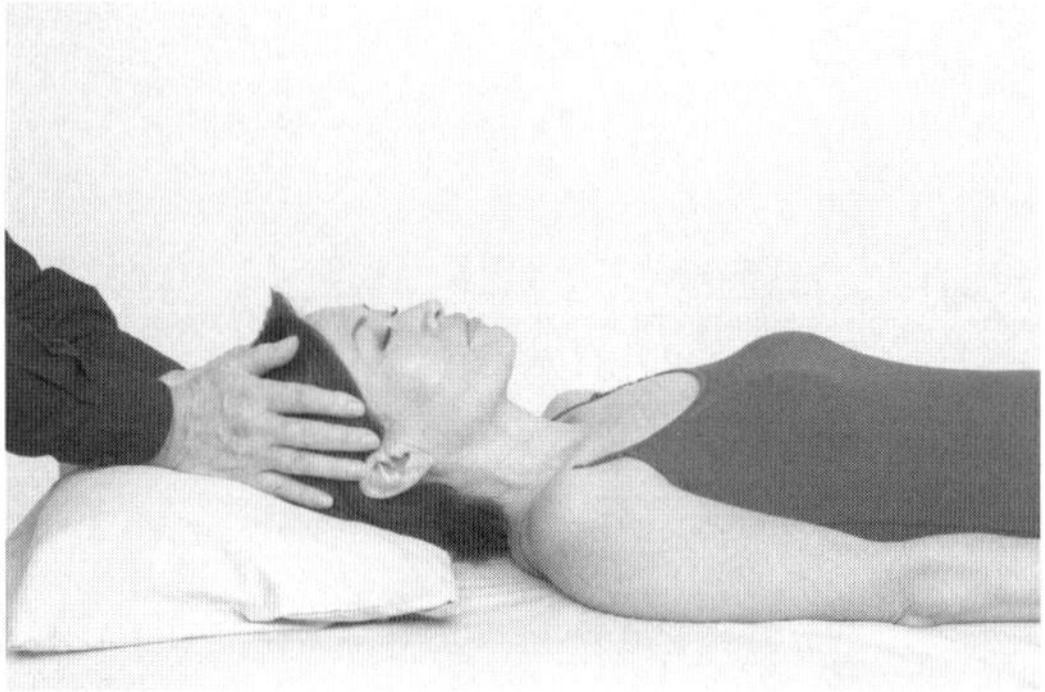

ステップ1
局所脳《ローカル・ブレイン》の左半球と右半球を1つに織り込む

まず5つの基本のプラーナ呼吸のうち、1回めを行い、その呼吸で金色の粒子をあなたの指先から癒しの受け手に送り込み、局所脳《ローカル・ブレイン》の左半球と右半球のエネルギーを1つに織り込んでください。

基本のプラーナ呼吸を4回続けて、1回めと同じことを行ってください。

5つの基本のプラーナ呼吸をすることで、エネルギーの調和がとれ、1つに織り込まれたのを感じてください。

ステップ2．全脳《オムニ・ブレイン》の意識を局所脳《ローカル・ブレイン》に織り込む

手の位置は、基本的にステップ1と同じです。

今度は、広げていた人差し指から小指までをくっつけて、癒しの受け手の耳を覆ってください。両手のひらは受け手の頭に軽く触れた状態です。

まず、基本のプラーナ呼吸の1つめを行い、その呼吸で、癒しの受け手の全《オムニ・》脳《ブレイン》の意識（すわなちハイヤーセルフのエネルギー）が、局所脳《ローカル・ブレイン》に織り込まれ一体化するために、エネルギーが両手のひらを流れるように導きます。このとき、癒しの受け手のハイヤーセルフのエネルギーと局所脳《ローカル・ブレイン》のエネルギーが、やわらかに1つに織り込まれ、つながる様子を視覚化《ビジュアライズ》しましょう。

基本のプラーナ呼吸を2から4回めまで続けることで、エネルギーのバランスがとれ、織り込まれた様子を感じてください。

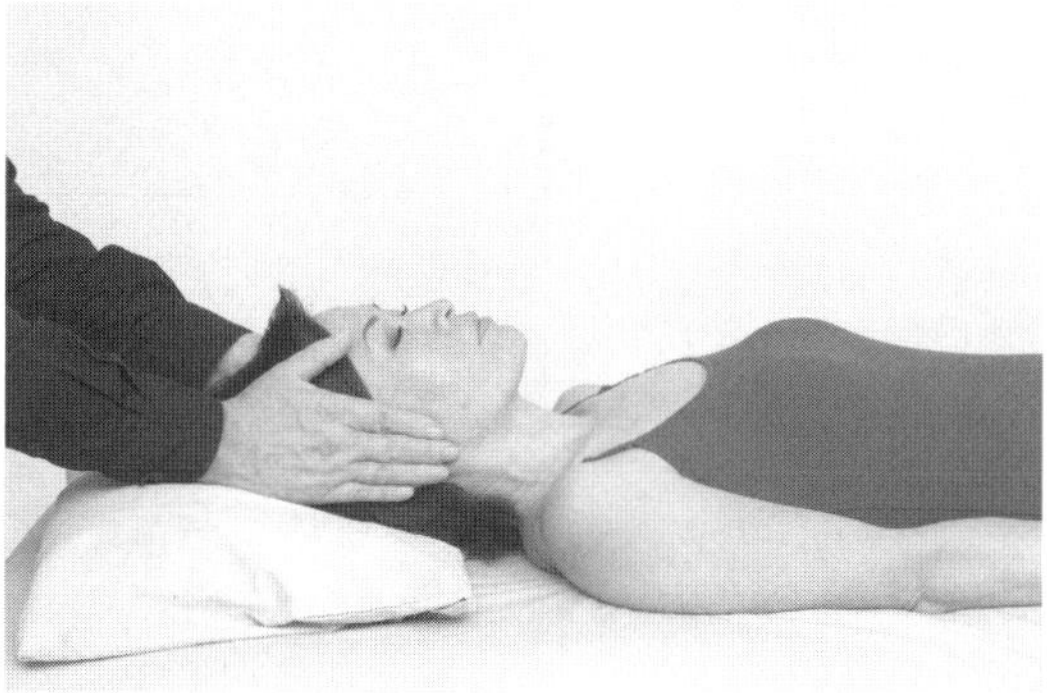

ステップ2
全《オムニ・》脳《ブレイン》の意識を局所脳《ローカル・ブレイン》に織り込む

ステップ3．愛に溢れた一体感を体全体に流し込む

癒しの受け手の後頭部を両手のひらで支え、赤ちゃんをゆりかごであやすように優しく揺らしてください（ステップ3写真）。

まず、基本のプラーナ呼吸の1回めを行い、その呼吸であなたの両手の指先と両手のひらを通じて、

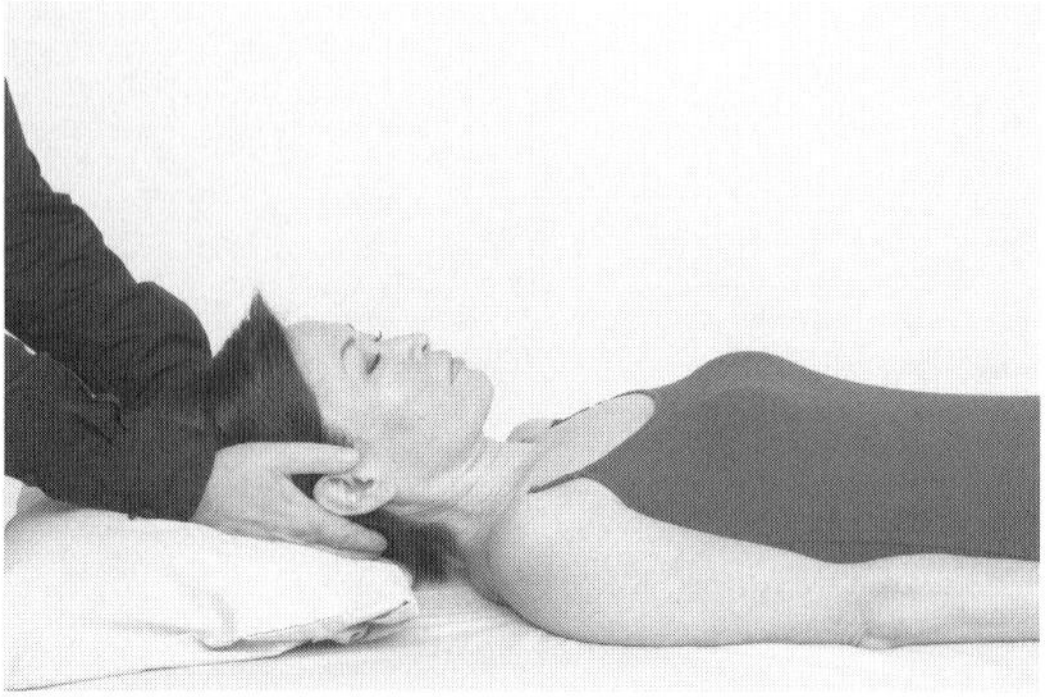

ステップ3
愛に溢れた一体感を体全体に流し込む

癒しの受け手の局所脳《ローカル・ブレイン》と全脳《オムニ・ブレイン》の意識を織り込み一体化させたエネルギーを、受け手の体内へと導いたあと、脊髄に沿って流し込みます。

最も純粋な愛の形である、愛と光のエネルギーが、癒しの受け手の体中の細胞へと広がり、細胞意識の奥深くまで浸透するよう心がけてください。これによって、癒しの受け手はこの上なく心地よい経験ができることでしょう。

癒しの受け手のエネルギーがリラックスし、調和がとれたのを感じたら、そっと手を離してください。

ステップ4．完了の祈り

完了の祈りでは、行われた癒しと、参加してくれた愛と光の見えざる力に対する感謝の気持ちを表し、祈りを捧げます。

この祈りでは、癒しの受け手の「癒されたい」という意図とともに、若さと活力の染色体を呼び覚

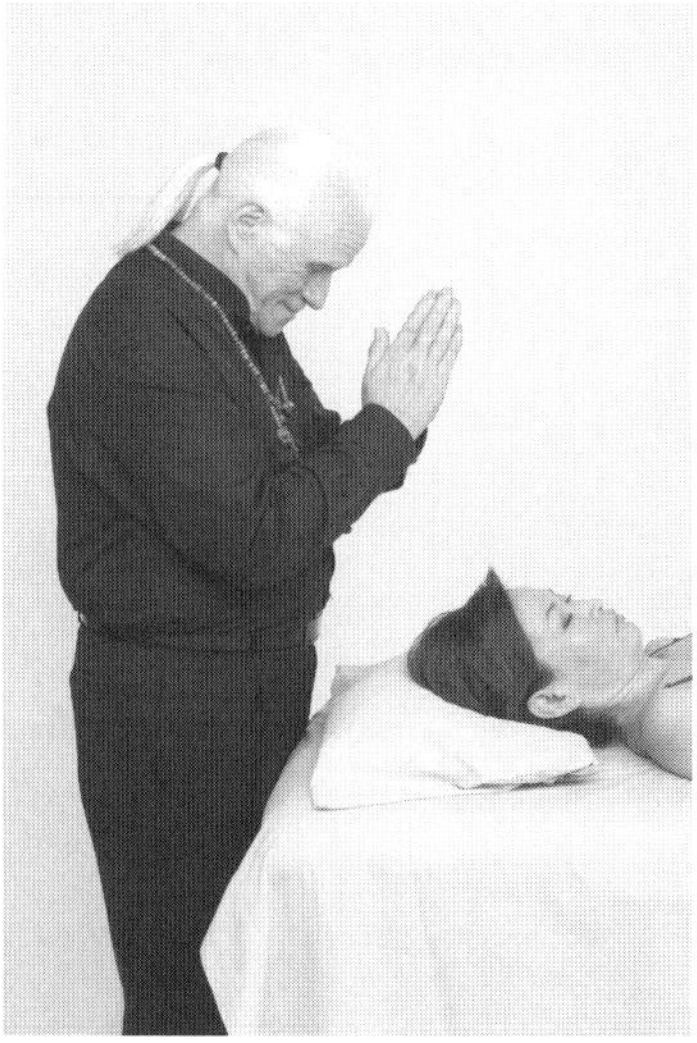

ステップ4
完了の祈り

ます意図を再び宣言し、セッション終了後も癒しの受け手の4体に癒しのエネルギーが流れ続けることを願います。

遠隔ヒーリングのテクニック

あなたから離れた場所にいる人に、癒しのエネルギーを送ってほしいと頼まれた場合、この遠隔ヒーリングのテクニックを利用してみましょう。

遠隔ヒーリングを行う

遠隔ヒーリングを行うに先立って、癒しの受け手と話し合わなければならないことがいくつかあります。それには、セッションの時間、癒しの受け手の住所（できる限り具体的に）、癒しに関する要望などが含まれます。

癒しの受け手には、セッション進行中はベッドで横になっている、または楽な姿勢で腰掛けてもらうように、事前に指示しておきましょう。

最も重要なことは、癒しの受け手が、セッションの行われる20数分の間に、癒しのエネルギーを進んで受け入れることです。そうするように、癒しの受け手にお願いしましょう。

遠隔ヒーリングを始めるにあたり、楽な姿勢で腰掛けましょう。

5つの基本のプラーナ呼吸を行い、創造主なる神の金色の光の粒子があなたのクラウン・チャクラから入り、ハート・チャクラに流れ込むのを感じてください。

次に、あなたのハート・チャクラから癒しの受け手のハート・チャクラへと、紫色の光線を送ってください。癒しの受け手とつながると、自分のエネルギーがシフトするのを感じるため、それでつながったことがわかるはずです。

心の中で、離れた場所にいる癒しの受け手に対し、シグネチャーセル・ヒーリングの「はじまりのシークエンス」を行っている様子を視覚化《ビジュアライズ》してください。癒しの意図に関する冒頭の祈りから始めましょう。必ず必要なわけではありませんが、癒しの受け手が実際に施術用ベッドに横たわっているつもりで手をあてていくと役立つかもしれません。

自分のエネルギーが、実際に肉体的な癒しに参加しているのを感じるかもしれません。あるいは、自分の光が癒しの受け手の肉体へと入り、癒しを創造しているのを感じるかもしれません。または、癒しの受け手が手放す強い感情を感じたり、癒しの受け手のためのメッセージを受け取ったりするかもしれません。

そうしたら、「完了のシークエンス」で癒しを完了してください。その後、プラーナ呼吸を行って、自分の意識を自分の肉体へと戻しましょう。

遠隔ヒーリングが終わってしばらくしてから、癒しの間に受け取った印象やメッセージを相手に伝えることは重要です。癒しの受け手も、自分が感じたことをあなたに伝えたいと思うかもしれません。こうした意思の伝達は、次の遠隔ヒーリングを行う際に役立つでしょう。

まとめ

この章を学んだことで、あなたは真のシグネチャーセル・ヒーラーになる一歩を踏み出したといえるでしょう。「はじまりのシークエンス」と「完了のシークエンス」を行うだけでも、ヒーラーであるあなただけでなく、癒しの受け手にも非常にパワフルな経験をもたらしてくれます。

もちろん、シグネチャーセル・ヒーリング・コースへの参加は望ましいと思います。数種の上級のシークエンスを学べるだけでなく、経験を積んだインストラクターの指導の下で、テクニックを練習する機会が得られるからです。

本書では、肉体面・感情面・精神面・スピリット面のエネルギーについて十分説明されていますが、実際にコースに参加すれば、シグネチャーセル・ヒーリングに関する学びを、一層完璧な状態に近づけることができるのではないでしょうか。

とはいえ、この本を読むことで、あなたは自分のためだけでなく、他の人のためにも癒しの旅を始めるのに必要なツールを得たことになるのです。

癒しの体験談

一度のみの癒しでもたらされた成功

私は2005年からシグネチャーセル・ヒーリングを施しており、さまざまなクライアントと、素晴らしい経験を共有してきました。

中でも特に素晴らしかったのが、抗ガン剤治療を受けていた女性のガン患者の方との経験です。

一連の抗ガン剤治療が終了した後、彼女は私のところにやってきて、私が彼女の癒しの旅を手伝えるかどうか尋ねました。「抗ガン剤の残留物を浄化してほしい」という彼女の依頼を受け、私たちは癒しの旅を始めました。

癒しのセッションを行った初日、帰宅した彼女のご主人は家中に紛れもなく抗ガン剤の臭いがしているのに気づいたそうです。つまり、癒しが始まっていたのです。一度の癒しのセッションで、彼女の肉体は蓄積されていた抗ガン剤を解放し、浄化作用を始めました。

これは、ヒーラーである私にとって本当に素晴らしい経験でした。

シグネチャーセル・ヒーラー
テア（オランダ）

大いなるすべてにおいて、真の奇跡は、常に無神論者が異議を唱えるものと背中合わせの位置にあります。誰もが奇跡を望むことができます。

しかし、本人が奇跡を認識して初めて、奇跡はその人の旅の一部となるのです。

すべては完璧です。

7章　最初の対応策と実践的な使い方

何が真実かを知っているのはあなたの心です。それが旅です。他の誰かがこう言っているからといって決定をくだすのは、ライトワーカーの旅ではありません。大切なのは、あなたの内なるガイダンスとあなたのハイヤーセルフのガイダンスに従うことです。ライトワーカーとは、祈り、瞑想し、愛を信じる人々です。愛こそが私たちの存在への唯一の答えだと確信しているのです。

『Kirael：Guide to the Unseen Self
（キラエル：見えざる自己への案内）』より

この惑星地球で暮らす私たちの多くは、ある特定の状況で私たちがなす行為は、本当に大切だと認識するようになってきました。

ときには目の前の状況に取り組む気になれず、何の措置も講じずに他の人が手伝ってくれるのを待つこともあります。しかし、最高の光によって導かれることを信じて、自ら何らかの措置を講じれば、私たちの行為は状況に創造主の光を引き込むことになるのです。

この章では、誰かが即座に医療的ケアを必要とするときにとるべき、最初の対応策について説明します。

誰かがひどい偏頭痛に襲われ、助けを求めた際、そこにあなたしかいないとしましょう。ひょっとしたら、あなたにとって非常に大切な人が、心臓発作や脳卒中などの初期徴候を示しているのかもしれません。

1章で述べたように、脳卒中で倒れたとき、私が覚えているのは、目の前に天井が迫ってきたことだけです。私は叫びもせず、のたうち回りもしませんでした。床にドシンと倒れたこと、それしか覚えていません。

妻のパティ・アシーナが覚えている当時の状況と、私の記憶はかなり異なっています。妻によると、悪夢が目の前で広がったそうです。自宅の書斎で何かがドサッと倒れたような音がしたため、私の名前を呼んだのですが、答えがなかったので、大慌てで書斎に駆け付け、倒れている私に何か反応がないか試したそうです。しかし、私は何も反応しませんでした。

次の瞬間、パティは自分でも驚いたことに、私の横に跪《ひざまず》き、私の頭に手を置いて、プラーナ呼吸を始め、私の松果体に光を灯し始めたのだそうです。それから、911番（アメリカの緊急連絡番号）に電話し、救急車を頼み、電話を切ったのです。

その後もパティは救急隊員が到着するまで、プラーナ呼吸を続けながら、フォトン・エネルギーを私の体に注ぎ続けました。プラーナ呼吸は彼女が別の空間へとシフトするのを助け、彼女の意識が行動を導いてくれたため、すべてはうまくいくとわかっていたそうです。彼女は「この瞬間に対処することを、生まれてからずっと準備していたかのようだったわ」と言っていました。私が今ここに腰掛け、この本を書いているのは、彼女の速やかな処置のおかげなのです。

あなたも、素早い処置を要求されるような緊急事態に遭遇するかもしれません。たとえば、あなたが友人と森にハイキングに出かけたとしましょう。そのうちの一人が滑って転び、骨折するか、腕か足に深い傷を負ったとします。救急医療隊員が到着するのを待つ間、あなたは何をしますか？

また、世間には、手頃な料金で十分な医療ケアを受けられない人がたくさんいます（編注：アメリカでは受給資格者のみが公的な保険制度を受けられるため、対象外の人は、会社の団体保険や、個人で民間の医療保険へ加入する。そのため、保険プランにより負担額が異なる）。誰かがそうした状況にあることに気づいたとき、あなたはどうしますか？

私が言いたいのは、「どんな状況にあっても、ヒーラーとして何らかの助けができるよう覚悟しておいてください」ということです。

この章では、日常生活におけるシグネチャーセル・ヒーリングのあらゆる活用法について考えてみようと思います。

日々の暮らしにおいて、自分の家族や友人が体調を崩す、重病に倒れる、あるいは怪我をした際に、素早くできる実用的なシグネチャーセル・ヒーリングの活用法です。単に、彼らが自らの癒しの旅を歩む際、一緒にいてあげるだけでもいいのです。

どのような状況にあろうとも、手伝える方法が必ずわかると信じてください。シグネチャーセル・ヒーリングの愛に満ちた癒しの力が枯渇することは決してなく、あなたの答えは常に内からやってくるのです。

緊急時の最初の対処法

誰かが事故に遭う、倒れる、脳卒中を起こす、あるいは他の深刻な医療事故が生じた場面に遭遇した場合、あなたは救急車の到着を待つ間に何をしますか？

緊急番号に電話した後、あるいはかかりつけの医師に連絡した後、あなたはシグネチャーセル・ヒーリングの基礎シークエンスの知識を活用して、癒しのプロセスを始めることができます。

その間、あなたが冷静な状態でいることは必要不可欠です。なぜなら、あなたの状態は、自動的に癒しの受け手に伝わるからです。

状況がどんなに深刻に見えようとも、または医師があなたに何と言おうとも、自分の意識がポジティブで愛に溢れた空間にあることを信じてください。

次のことを覚えておきましょう。

その時点では結果はまだ不透明ですが、あなたが今から果たす役割が、そしてあなたの存在そのものが、これから展開していく肉体の現実を劇的に変えることができるかもしれないのです。

最初のステップ

次の点は、非常に重要なポイントです。

それは、どんな状況であろうと、この単純な措置をとりさえすれば、癒しの旅は確実に始まるということです。

まずプラーナ呼吸を開始し、金色の粒子を相手のスピリット体・精神体・感情体・肉体に送り込んでください。一見、単純な行為ですが、これによりヒーラーと癒しの受け手がつながるのです。

癒しにつながるこの愛の意識の中では、あなたには決め付け《ジャッジメント》も思考も感情もありません。あなたは常にヒーラーとしての自分と、癒しの受け手の両方にとって、完璧な結果をもたらすように導かれます。

愛の気持ちに導かれるままでいてください。愛は道を知っているからです。

プラーナ呼吸と松果体の活性化

緊急事態に直面した場合、可能ならば、相手を動かさないようにしましょう。何よりも先に、右手を相手の頭頂に置き、プラーナ呼吸を始めてください。あなたの手を通じて、金色の粒子を相手の松果体と胸腺に送り込み、救急隊員が駆けつけるまで、金色の粒子を注入し続けてください。

隊員が到着した後も、あなたがプラーナ呼吸を行うごとに、金色の粒子が相手の体内を流れ続ける様子を視覚化《ビジュアライズ》しましょう。

それしかできないと感じるかもしれませんが、癒しの過程におけるパワフルな第一歩だということを覚えておいてください。

何かの理由で相手の肉体に触れることができない場合は、あなたの手が相手の頭頂に置かれている様子を視覚化《ビジュアライズ》します。

5つの基本のプラーナ呼吸を行いながら、あなた自身があなたの手のひらから、相手のクラウン・チャクラを通じて金色の粒子を送り込み、松果体と胸腺を活性化させる様子を視覚化《ビジュアライズ》してください。

エネルギーを流し続けましょう。「愛を込めて、癒そう」というあなたの意図の力を見くびってはいけません。

自己ケアと自己ヒーリング

シグネチャーセル・ヒーラーがそばにいないときの瞬間的な自己ケア

どんなときでも、シグネチャーセル・ヒーラーから癒しを受けるのが最善です。しかし、あなたがストレスに満ちた状況に遭遇した場合、あるいは自ら即座に癒しを施す必要がある場合、常にヒーラーがそばにいるとは限りません。

そういう場合、シグネチャーセル・ヒーラーから癒しを受けるまでに、応急措置として使えるシグネチャーセル・ヒーリングのテクニックがいくつかあります。

ストレス緩和

即座に効くストレス緩和として、プラーナ呼吸によって松果体と胸腺を活性化する方法があります。このテクニックを行う場合、同時に胸腺にあるT細胞も活性化されるため、免疫系が強化されるという恩恵もあります。

5つの基本のプラーナ呼吸のうち、1回めを吸い込む際に、金色の粒子があなたの松果体に光を灯すのを感じてください。金色の粒子が松果体を活性化させるにつれ、頭がかすかにジンジンするのを感じるかもしれません。粒子の鮮やかな輝きを見つめ、あなたの呼吸が胸腺へと下りていくのを感じてください。

次の呼吸で、金色の粒子が胸腺の奥深くに入り込み、それとともに心の静けさがもたらされるのを感じましょう。心臓の鼓動に耳を澄ませてください。あなたの中で愛が広がっていくのを感じるはずです。

こうした愛の気持ちの広がりとともに、あなたが聞きたかった問いに対する答えが見つかるかもしれません。あなたの中から沸き上がろうとしている、優しさに満ちた真実のメッセージとガイダンスに耳を澄ませましょう。

呼吸を続けてください。

あなたの体内の細胞すべてが、金色に染まって振動し始めるのが見えるはずです。すべての細胞が、その完璧さと真実の調和に目覚めるのを感じてください。

5回めのプラーナ呼吸で、完全にすべてが活性化され、機敏さが戻るため、その日新たに取り組んでいこうという気持ちになれるでしょう。

4体にバランスを取り戻す

リンパ系を活性化させれば、4体にバランスを取り戻す一助となります。

片方の手の人差指と中指で、胸骨の基部にホールド・ポイントを作ってください。6章の「はじまりのシークエンス」で説明したように（224ページのリンパ系を活性化するタッピング）、もう一方の手の2本の指で、胸の上部のタッピングを行ってください。
このテクニックには、あなた自身のリンパ系を浄化し、免疫系を強化するデトックス効果もあることに気づくでしょう。

エネルギーのセンタリング

特に混乱状態にあるなら、脳のバランスを取り戻すことで、エネルギーのセンタリングを図る（自己の中心にエネルギーの焦点を合わせる）助けとなるでしょう。そのために、まずプラーナ呼吸を5回行います。

まず、両手を自分の頭の側面にあてます。

次に、最初のプラーナ呼吸で、金色の粒子があなたの左半球のエネルギーを覚醒させ、そのエネルギーを右半球に織り込む様子を視覚化《ビジュアライズ》します。

次の呼吸で、まず右半球に織り込んだエネルギーを左半球に戻した後、脳の中央に送ります。

3回めの呼吸で、このバランスのとれたエネルギーの融合体を、胸腺へと送ります。

4回めの呼吸で、それをさらに太陽神経叢のチャクラ（みぞおち）の周辺へと送ります。

最後の呼吸で、このエネルギーを胴の下部（第1チャクラ）へと送ります。この結果、ちょうど台風の目のように、落ち着いた空間ができあがるのです。

特定の健康問題

シグネチャーセル・ヒーリングは、補完的なヒーリング手法です。

たとえば、ガン、糖尿病、躁うつ病などと診断された場合、完全な癒しの旅には標準的な医療ケアが必要です。

また、完全な癒しの旅には、シグネチャーセル・ヒーリングが提供する4体すべての癒しも要求されます。つまり、片方をもう一方で置き換えるのではなく、両方を用いて癒しの効果を最善に引き出すことが肝要です。

それが、「5歩か50歩の旅」の全行程を歩むということです。

自ら行う癒しと、シグネチャーセル・ヒーラーによる癒し

シグネチャーセル・ヒーリングのテクニックには自分自身に行えるものもありますが、講座に出て訓練を積んだヒーラーから癒しを受けることが常に最善策です。なぜだと思われますか?

まずシグネチャーセル・ヒーリングを自分に施す場合、あなたは癒しの効果の一部しか得られません。肉体面での心配事に感情が関わっている状況下で、自分自身で4体の癒しに対処しなければなら

ないことから、癒しが不十分になるためです。

バランスのとれた光の中で癒しを施すためには、ヒーラーは癒す相手の4体の外にいる必要があるのですが、自分自身の4体の中にいるあなたにはそれが不可能なのです。

一方、4体システムのヒーリングの訓練を積んだヒーラーに癒しを行ってもらう場合、あなたは癒しをフルに経験できます。ヒーラーはあなたの4体システムと切り離されているため、あなたが心配していることや感情に影響されず、癒しに専念できるからです。

自我《エゴ》が邪魔をして、自分では聞こえないこともあるでしょうが、あなたを癒してくれるヒーラーは、そうしたことを客観的に聞き取って、理解できるのです。

そのような理由で、シグネチャーセル・ヒーラーと癒しの旅を歩む場合、癒しの可能性は新しいレベルへとステップアップできます。

定期的な癒し

シグネチャーセル・ヒーリングのプラクティショナー（コースに出て資格を持つヒーラー）から定期的に癒しを受ければ、あなたの4体システムのバランスを維持するうえで、最も大きな恩恵を享受できます。

週に一度、あるいはあなたに合った頻度で受けるのが望ましいでしょう。定期的に癒しを受けることは、健康を維持するための予防措置の役割を果たします。

こうして、あなたはシグネチャーセル・ヒーリングのプラクティショナーとともにあなたの健康上の問題を是正し、現在進行形で癒しの旅を共に歩むことができるのです。

予防措置としての毎日の自己ケア

健康と調和を維持するための予防的な自己ケアとして、次に挙げることを毎日行うようにしてください。

定期的なシグネチャーセル・ヒーリングと並行して行うことで、特に大きな恩恵を得ることができるでしょう。

祈り

祈りはシグネチャーセル・ヒーリングにおける最初のステップであり、自己治癒《セルフ・ヒーリング》を行ううえでの基本的なツールです。

私が言わんとしているのは、宗教的行為としての祈りではありません。祈りは見えざる光の力、あなたのスピリット体、そしてハイヤーセルフとコミュニケーションを始めるきっかけとなるものです。

朝夕の祈り、食前の祈り、あるいは必要なときいつでも、あらゆる祈りはあなたが集中し、怖れを愛に変える手助けをしてくれます。

祈りは、あなたの癒しの旅を意識的に創り上げる空間をもたらしてくれるのです。

瞑想

多くの人がマスターガイド・キラエルと私に、健康面の心配事や病気をどのようにして治せばいいのかについて尋ねます。

そのような場合、通常は「まずお聞きしたいのは、瞑想についてです。どうしていますか？」とお聞きするようにしています。

一日に最低でも1回、理想的には2回、瞑想を行うことは、癒しの旅を歩むうえで重要なことです。瞑想は、病いを癒すうえで、その原因にアクセスするためのポータル（入り口）なのです。あなたの4体システムにバランスを取り戻し、それを維持する助けとなります。

瞑想は、一日の始めと終わりに、落ち着いた空間に自らをおいて、静かに数回プラーナ呼吸を行うといった単純な行為から始まります。

一日50回のプラーナ呼吸

定期的なプラーナ呼吸は、あなたの体内の70兆もの細胞に光を灯し、エネルギーを与え、その創造主なる神の根源を思い起こさせてくれます。あなたの4体システムのバランスを維持するために、少なくとも一日50回のプラーナ呼吸を習慣にすることをお勧めします。

一日50回のプラーナ呼吸を行うには、10回のプラーナ呼吸を5セット行うのがいいでしょう。

各10回のプラーナ呼吸では、「意識的な創造の10の原理」のそれぞれに、意識を集中します。つまり、最初のプラーナ呼吸では「真実」を、次のプラーナ呼吸で「信頼」、3回めで「情熱」、4回めで「明確さ」、5回めで「コミュニケーション」、6回めで「完了」、7回めで「祈り」、8回めで「瞑想」、9回めで「睡眠プログラム」、そして10回めでは「マスターマインド」に、意識を集中するのです。

一日を始めるにあたり、プラーナ呼吸を10回、そして一日の終わりに緊張をほぐすためにプラーナ呼吸を10回、行ってみたらどうでしょうか？　残り3セットは、たとえば、瞑想時や、ストレスを取り除いたりバランスを取り戻したいときに行うのがいいでしょう。

この方法だと、あなたは毎日、「意識的な創造の10の原理」とレムリアの数秘術を、プラーナ呼吸の練習に融合させることができます。

また、癒しに使うのもいいでしょう。プラーナ呼吸を行い、金色の粒子をあなたの肉体において癒しが必要な箇所へと送ってください。あなたの癒しは、あなたが毎日行うプラーナ呼吸の恩恵を受けるに違いありません。

家族や友人のケアに

たとえば、あなたの家族や友人の中に、ガン患者さんや脳卒中からのリハビリ過程にある人がいる場合、医師から受ける治療と並行して、癒しの旅のお手伝いとしてシグネチャーセル・ヒーリングを使うことができます。

シグネチャーセル・ヒーリングは、癒しの過程を活性化し、加速させ、痛みの抑制や管理に非常に効果的です。ヘルスケア制度がパンク状態にあり、病院に空きベッドがなく、病院がケアを提供できない場合、シグネチャーセル・ヒーリングは医療の旅を延長する支援システムとしても用いることができます。

家族の一員が、何らかの疾患があると診断された場合、シグネチャーセル・ヒーリングは癒しという意味で、いわば医療界のパートナーといえるかもしれません。

まず、癒しの受け手に、体への心配事について、担当医師からきちんとした診断を受け、治療や服用薬に関する医師の助言に従うようにアドバイスしてください。

度合いがどうであれ、病気は4体システムのバランスが崩れたときに生じます。シグネチャーセル・ヒーリングを受けることで、癒しの受け手の体内で、バランスと癒しが必要な部分が活性化されることになります。

シグネチャーセル・ヒーリングの「はじまりのシークエンス」と「完了のシークエンス」は、特定の病気に対し、シグネチャーセル・ヒーリングの他のテクニックと併用できます。

ここでは、シグネチャーセル・ヒーリングのコースで教えている癒しのテクニックの中で、あなたやご家族の病気に役立つ可能性のあるものをリストアップしました。ぜひ活用してください。

たとえコースに出たことがなく、こうしたテクニックの使い方を知らなかったとしても、訓練を積んだシグネチャーセル・ヒーラーが癒しの際に用いる他の手順を把握しておくことは重要です。

頭痛と偏頭痛

●トリニティ・ポイントを作る

良性腫瘍／悪性腫瘍

●腫瘍の周辺にトリニティ・ポイントを作る

●リンパ系を活性化する

脳卒中やその他の脳血管障害

●松果体にあるシグネチャーセルを活性化する

●中脳のバランスを図る

●幹細胞を活性化し、他の場所に移す

精神障害／記憶障害／アルツハイマー症

●中脳のバランスを図る
●前頭葉のバランスを図る
●幹細胞を活性化し、他の場所に移す

躁うつ病

●中脳のバランスを図る

糖尿病

●リンパ系を活性化する
●イヤー・アンブレラ・テクニック
●膵臓の周辺にトリニティ・ポイントを作る
●胸腺のT細胞を活性化する

免疫障害／皮膚疾患／アレルギー

- ●イヤー・アンブレラ・テクニック
- ●リンパ系を活性化する
- ●ハート・チャクラの周囲にトリニティ・ポイントを作る
- ●胸腺の周囲にトリニティ・ポイントを作る

甲状腺のバランス障害

- ●イヤー・アンブレラ・テクニック
- ●胸腺の周囲にトリニティ・ポイントを作る

更年期障害

- ●ハート・チャクラの周囲にトリニティ・ポイントを作る
- ●リンパ系を活性化する
- ●中脳のバランスを図る
- ●イヤー・アンブレラ・テクニック

心臓疾患

●ハート・チャクラの周囲にトリニティ・ポイントを作る
●リンパ系を活性化する
●胸腺のT細胞を活性化する
●幹細胞を活性化し、別の場所に移す

ちょっとした切り傷／すり傷／やけど

●トリニティ・ポイントを作る

関節痛

●骨髄のB細胞を活性化する
●幹細胞を活性化し、別の場所に移す
●関節の周囲にトリニティ・ポイントを作る

筋ジストロフィー

●中脳のバランスを図る
●頭にトリニティ・ポイントを作る

●幹細胞を活性化し、筋肉に移す

自閉症

●イヤー・アンブレラ・テクニック
●前頭葉のバランスを図る
●ハート・チャクラの周囲にトリニティ・ポイントを作る

肥満

●胸腺の周囲にトリニティ・ポイントを作る
●リンパ系を活性化する

癒しの体験談

本当に必要なときに

出勤の準備をしていた、ある朝のこと。どこかでかすかな叫び声があがり、続いてドシンという音がしました。私は家の外に走り出て、屋根に不安定な状態で立て掛けてあったハシゴに向かいました。

そこでは、改装請負業を営む私の主人ダニーとその友人である同業の若者が、2階建てに増築するための準備作業を行っていたからです。

案の定、ダニーは地面に倒れていました。跪いた私の横でダニーは微動だにせず、屋根の上からは若者の「大丈夫ですか？　大丈夫ですか？」と叫ぶ声が聞こえるのみでした。

ダニーが屋根から降りるためにハシゴを2段ほど降りたところで、ハシゴがぐらつき、横に倒れたようです。落ちる際、ダニーは墜落のショックを少しでも和らげようと死に物狂いで、張り出し屋根や配線を掴んだようですが、丸ノコの角で頭を打ち、体はコンクリートに叩きつけられていました。

ダニーは起き上がろうとしません。まったく動きません。何か言っているのですが、私の目に映るのは額の深い傷と彼のうつろな目だけでした。

その瞬間、私のどこからか叡智が湧き上がりました。無意識に彼の頭頂に手を置いたかと思うと、プラーナ呼吸で取り込んだ金色の粒子を手からダニーの頭へ送り込んでいました。それ以外に、何かしようという気持ちは起きませんでした。

ちょうど母がガンと診断されたことを私に告げたときと同じように、シグネチャーセル・ヒーリングが私に道を示してくれました。これこそが私の知っているヒーリング手法なのです。

まもなく彼の目に少し生気が戻り始めたので、どうにかして彼を立たせ、椅子に座らせました。

もう一度手を彼の頭に乗せ、金色の粒子を注ぎ込み、天使やガイドを呼び、光を注入し続けてくれるようにお願いしました。「はじまりのシークエンス」のテクニックのように、彼の肩から経絡沿いに光を流し始めました。ダニーの額の傷だけでなく、手足の裂傷すべての周囲をタッピングしてトリニティ・ポイントを作りました。彼の体の奥深くまで入り込み、頭と左肩の細胞に光を灯しました。彼がコンクリートに体を打ち付けたとき、左肩から落ちたからです。

私たちの周りを、愛に溢れた光が取り囲むのを感じた瞬間、ダニーが治ることを確信しました。実際のところ、1時間もしないうちにダニーは再び屋根の上にいました。私も一緒に登り、感謝の祈りを捧げるとともに、ダニーと彼の同僚が冷静に仕事を再開できるよう、混乱したエネルギーを沈めるための祈りを捧げました。

その日、ダニーに別の仕事を依頼していたお客さんから、「なぜ、あんなに早く回復したんですか?」と聞かれたようです。

それに対して夫は、「『秘密の武器』ですよ。シグネチャーセル・ヒーラーをやっている妻のおかげなんです」と答えたそうです。

シグネチャーセル・ヒーラー
カリーナ・N(米ハワイ州カイルア)

人生があなたに何を手渡そうと、それは常に旅です。繰り返します。決してあきらめないでください。そうすれば、欲しいだけのお金が手に入ります。願うだけ健康でいられます。そして、夢のような関係を築き上げることもできます。

とにかく旅を歩み続け、決してあきらめないでください。

8章

カフーとキラエルによるQ&A

通常、人は意識して癒しの過程を妨げようとはしません。だからこそ、あなたが自分の生涯に織り込んだ経験を得るためならば、魂は最善を尽くすのだと認識し、4体システムに働きかける方法をできるだけ多く覚えておくことが大切なのです。

『Kirael: The Great Shift〈Revised Edition〉（キラエル：グレートシフト）』より

この章では、4体にバランスをもたらす、何層にもわたる癒しの旅について深く理解できるように、シグネチャーセル・ヒーリングに関する質問にキラエルと私がお答えしたいと思います。

私は長い間、シグネチャーセル・ヒーリングに携わっています。利用する方々が簡単に活用できるように常に努めてきましたが、実際には決して簡単ではありません。この手法については、無限に模索できます。使う人に応じて、簡単にもできれば、複雑にもできます。

ここでいえることは、実際に手をあてて行う癒しは比較的簡単かもしれない一方、自己治癒《セルフ・ヒーリング》を通じて自分の人生の意味を見つけるために一層の努力をすることは、より困難かもしれないということです。

今日は昨日よりも学んだことがあったと認識し、より深い意識の世界へと自らを誘う準備をすることが重要です。それについて、簡単だと感じる方もいれば、難しいと感じる方もいるでしょう。

いずれにせよ、私たちが生きている世界は3次元であり、確かなことが一つあります。最初は簡単そうに思えたことが最終的にははるかに複雑だった、ということもあるでしょう。その一方で、最初に難しいと感じたことが、経験していくにつれて容易になっていくということもあります。

友人や家族にとどまらず、まったく知らない人の癒しのお手伝いができることは、自分の癒しの力を感じるというよりも、むしろ心温まる経験でしょう。毎日新しい経験をするたびに、すべてがどんどん良くなっていきます。

ですから、この章に書いてあることを何度も読み返し、覚えてください。質問がヒーラーからにせよ、癒しの受け手からにせよ、この章に記された質問と答えをしっかりと頭に入れてください。ここで共有した叡智が、あなたの心の奥深くに眠っている光に火を灯し、今生に限らず今後の転生においても、あなたの癒しの力を呼び覚ますことが私の心からの願いです。

まず、私の人生にとって非常に重要な存在について少しお話させてください。この章で、「キラエル」として知られている光の存在が質問に答える箇所を読みながら、彼のエネルギーに触れていただければ幸いです。

キラエルは人間の理解を超える時空からやってきました。彼の叡智が時間を超越し、想像すらできないものだということは確かです。

キラエルはライブ・セッションで質問を受けると、どの質問に対しても何のためらいもなく即座に答えます。彼が開示した情報は、7つの異なる理解レベルで書かれているといわれています。つまり、キラエルの言葉を読むたびに、いっそう深い意味を理解できるというわけです。

カフーへのQ＆A

◉シグネチャーセルについて

Q：シグネチャーセルとあなたがよく言及する青写真《ブループリント》の関係は、どのようなものですか？

カフー：シグネチャーセルはあなたの青写真《ブループリント》の基盤です。あなたの意図、すなわちあなたが今生で達成しようと計画していることへの鍵を握っています。あなたを識別する「シグネチャー（署名）」と呼ばれるのはそのためです。

興味深いことに、シグネチャーセルは脳の中で創造主をまっすぐに見上げている部分である松果体の中にあります。私が教えられたことから判断すると、ちょうど眼球のような形をしているそうです。現時点ではここで語ることのすべてが科学的に立証されているわけではありませんが、いつの日か必ず立証できると信じています。

Q：シグネチャーセルはどのようにして創造されるのですか？

カフー：いわゆる精子と卵子の「結婚」が生じた瞬間に、あなたは生を受けます。あなたは誕生前に、今生であなたのご両親となるべき2人が、あなたが生まれてこられるようにしかるべき時にしかるべき場所で出会うよう、一生懸命に計画を練ってきたことと思います。晴れてあなたの計画が成功し、やがては人間となる最初の細胞とみなされるものが形成されます。ここで遺伝子や生物学について詳しく語るつもりはありませんが、この細胞が内なる細胞となります。これが「松果体」と呼ばれるものの一部です。松果体、松果腺、松果体細胞などさまざまな呼び方がありますが、松果体は実際には脳の一部です。

さて、次に、あなたが創造主の光の中から人間になる過程で通る、いくつかの段階についてお話しましょう。

最初の段階では、生命は粒子化され、その後、銀河の領域や天使の領域からのガイダンスに導かれて、あなたの魂の旅が始まります。

その次が、いわゆる「経験」と呼ばれる段階です。具体的にいうと、自分がスピリット体・精神体・感情体・肉体で構成された完全なる4体である現実を体験するのだと認識する段階です。

さらに話を先に進めると、生命が開始する時点、いわゆる「光が卵と融合する」時点に到達します。この光の存在が、シグネチャーセルになるのです。

このようにシグネチャーセルが現実になれば、あなた自身も現実になる、つまり、人として具現化することを理解しなければなりません。これがあなたの人生です。シグネチャーセルから他の細胞すべてが創られ、現実となり、胎児が形成されます。こうして、新しい生命が始まるのです。

◉松果体について

Q：シグネチャーセル・ヒーリングにおける松果体の役割は何ですか？

カフー：通常、松果体にあるスピリット体は、あなたの癒しのエネルギーが活性化される、あるいは活用されるまでは休眠状態となっています。もちろんプラーナ呼吸を行うだけでも、眠っている松果体のエネルギーを活性化、または再活性化させることはできます。しかし、プラーナ呼吸や瞑想に加え、シグネチャーセル・ヒーリングに限らず何らかのスピリチュアル的な行為を行ってエネルギーを活性化させれば、松果体の中で新しいことが生じます。つまり、松果体はそれまでとは異なるメッセージを送り出し、受け取るようになるのです。

松果体が上を向いて創造主の光を見つめているという違いはあるものの、松果体はちょうど実際の目のようだということを覚えておいてください。つまり、画像やイメージや光を取り込みます。

あなたが導き入れた光は眼球でろ過された後、松果体の中にあるシグネチャーセルへと一直線に向かい、そこから「90パーセントの脳」へとさまざまなメッセージを送ります。その間に、そうした光のメッセージは内分泌系の「統括管理者」ともいうべき下垂体へと送られ、そこからすべての血液細胞を通じてしかるべき場所へと送り込まれます。こうして光は体内を流れ続け、甲状腺、胸腺、副腎、そして生殖器官に達します。この時点で、松果体からいわゆる第1チャクラに至るまで、すべてが調和されるのです。

すでにチャクラやライトボディについて学んだことがある方ならば、光のエネルギーを体の隅々へと導くとはどういうことかご理解いただけるでしょう。

◉若さと活力の染色体について

Q：なぜ、「はじまりのシークエンス」と「完了のシークエンス」で、「若さと活力の染色体を呼び覚ましますと」と言うことが重要なのですか？

カフー：私たちの体は細胞のネットワークであり、シグネチャーセル・ヒーリングは細胞と細胞意識に働きかける癒しだという点を理解する必要があります。そうした細胞すべては内側に中核となる光を持っており、その中核の光それぞれにＤＮＡの鎖が含まれています。

個人セッションでマスター・キラエルと話したことがある方ならば、あなたのDNAの鎖がすでに2本から4本へシフトし始めているとの説明を受けたことがあるかもしれません。

細胞の中には染色体があります。さらに、そのような染色体の中には、DNAの鎖の実際のコード（遺伝情報）が入っています。DNAは自らを複製し、リボ核酸の転写を通じてメッセージを送り出します。各DNAの鎖のキャップである「テロメア」は、いわゆる成長点（新しく細胞を作る分裂組織がある点）です。テロメアは細胞を若返らせ、さらに進化させ続けます。

DNAの鎖の末端にあるテロメアは、DNA鎖に対するキャップの役割を果たす「テロメラーゼ」という酵素を分泌します。DNA鎖が自己複製を行うたびに、DNAの末端のキャップは摩耗します。これが老化につながるのです。

シグネチャーセル・ヒーリングの「はじまりのシークエンス」と「完了のシークエンス」で、「若さと活力の染色体を呼び覚ます」という意図に集中する背景には、こういう理由があるのです。この意図により、DNAが自己複製するたびに細胞が悪化する働きを鈍くさせます。

◉DNA鎖とガン

Q：たとえば、ガン患者さんのDNAには何が起きているのですか？

カフー：あなたの細胞が病気の場合、その細胞は特定の病気に応じて複製されます。現在では、テロメラーゼがガン細胞の染色体の中で作られる酵素であり、こうしたDNA鎖の末端を形成し、ガン細胞の自己複製を促していることが明らかになっています。ガンを患った場合、その後ガンが速いスピードで広がり始める背景にはそのような理由があります。

シグネチャーセル・ヒーリングを行うことによって、私たちがテロメラーゼとつながり、正常の細胞と協力するようにプログラムすることが可能です。

ガン患者さんに一連のシグネチャーセル・ヒーリングを受けるように勧める背景には、テロメラーゼがガン細胞だけではなく正常細胞と協力しあうようにプログラムすることが、ガンを癒すうえで効果的だからです。

◉細胞の記憶について

Q：シグネチャーセル・ヒーリングは細胞の記憶にどのように働きかけるのですか？

カフー：シグネチャーセル・ヒーリングにおいて最も興味深い点のひとつに、細胞そのものに働きかけるということがあります。

すべての細胞には記憶があります。たとえば、細胞の記憶が小指を小指として覚えているから小指なのです。同じことがそれぞれの人についてもいえます。あなたの体内の細胞すべては、金髪だ、黒髪だ、目が青いなどと覚えています。すべての細胞の中には記憶が詰まっています。外見上は固体のように見えても、実際には固体ではありません。あるがままの私とは、私の小指も含め、私のすべてを維持している磁力を備えた波動体なのです。これが細胞の記憶です。

ＤＮＡ鎖をより詳しく見ると、癒しの力がどれほどパワフルかが理解できるでしょう。光と愛を込めて体内の細胞と意志の伝達を図れば、覚醒期間が生じます。

たとえば、私が私の小指と、あるいは一連の細胞グループと意志の伝達を図りたいと思った場合、癒しのエネルギーをどのように使うべきかを学ぶ必要があります。つまり、シグネチャーセルにある青写真《ブループリント》を通じて、癒しのエネルギーを90パーセントの脳に直接送らなければならないのです。エネルギーはそこから内分泌系や血液系など、小指への道を見つけるまで体中を駆け巡ります。意図だけで行くべき方向へ進んでいくとは、まさに驚異的です。

◉フリーラジカルについて

Q：シグネチャーセル・ヒーリングはどのようにしてフリーラジカルの悪影響に対処できますか？

カフー：まず、フリーラジカルは老化と組織障害を起こす分子だということを念頭に置いてください。フリーラジカルは細胞の外皮、すなわち外縁を破壊します。いったん細胞の外皮に入り込んだら、細胞を傷つけ、衰弱させます。

シグネチャーセル・ヒーリングでは、細胞の中核に達し、そこから愛の波動を送ることによって、細胞にフリーラジカルを撃退する力を与えます。いわゆる予防対策としての役割を果たすのです。ビタミンCが細胞の外側の核を強化する一助になると、多くの医師が言っていますが、それと同様に、私は細胞内のフォトン・エネルギーに働きかければ、フリーラジカルに傷つけられた細胞の外壁を復元することができると信じています。こうした癒しのエネルギーが、細胞の外壁の力の強化につながります。

◉腫瘍の意識について

Q：私の卵巣には腫瘍があります。そこが私の肉体における弱点であり脆さを象徴する場所だったようです。卵巣が私の体で弱点となったのには、いくつかの要因があったのだと思います。たとえば、過去生での経験が原因だったのかもしれませんし、食生活のせいだったのかもしれませんし、または日々のストレスによるものだったのかもしれません。以前あなたが、病気が体のどの場所で起きるかは関係ないと言っているのを聞いたことがあります。その点についてもっと詳しくお話していただけますか？

カフー：肉体に腫瘍などの病気がある場合は、その場所の細胞意識のバランスが崩れているということです。

こうした腫瘍を持つ細胞のひとつを取り上げてみましょう。通常、細胞は厚い膜で包まれた丸い泡のようだと考えてください。心の中で、あなたの指がこの泡の片側を突っついているところを想像してください。すると、この細胞は形を変え、球形ではなくなってしまいました。これが病気を患った細胞です。

肉体が病気にかかると、その場所の細胞がバランスを崩します。そうした細胞は体のどこかに潜んでいます。そのため、あなたは完全な4体の癒しを受け、できる限り体のさまざまな場所が見えるように自分をオープンにしたいと思うに違いありません。体のどの場所に病気が見つかるかわかりません。ですから、体内にある病気の細胞を見つけるうえで、シグネチャーセル・ヒーリングのスキャン・テクニックが、非常に役立つのです。

あなたが指で突っつくと、丸い形状が変化してしまった泡状の小さな細胞を思い出してください。その隣にある細胞も同じになりたいと感じて、いびつな形へと変形します。あっという間に、もはや体内の別の場所にある健康な細胞とは相容れない、ひと塊の病んだ細胞群ができあがります。その結果、ガン腫瘍になることもあれば、単なる鼻水で終わることもあります。すべては、細胞レベルで起きていることです。

あなたが先ほど言及した卵巣の腫瘍を見ると、その中に他の細胞とは異なる波動を出していて目立つ場所があります。その中に、腫瘍として生命を開始した細胞が見つかるはずです。本質的には、なぜ腫瘍細胞、ガン細胞が生存しているかというと、自分の生命をフルに維持する方法しか知らないからです。つまり、繁栄したいという生存本能を持っているのです。私にとって、これは細胞意識を理解するうえで、最も興味深い点のひとつです。

さて、シグネチャーセル・ヒーリングによって、そうした腫瘍を癒し、取り除こうとすると、腫瘍はできる限りの力で抵抗しようとします。自らの周りにできるだけ多くのバリアを張り、できるだけ多くのベールをかぶり、姿を隠そうとします。

自分自身を注意深く見守り、ガンにせよ、関節炎にせよ、いったんこのような状態が始まったら、グループ細胞は何が何でも生命に執着することを念頭に置いてください。言い換えると、その細胞は病気の意識を創造するので、そこを癒す必要があります。

◉タッチ・バイブレーションについて

Q：タッチ・バイブレーションがどのように機能するか説明していただけますか？

カフー：「池に投げた小石」の比喩をご存知のことと思います。池に小石を投げ込むと、小石が最初に水に触れた点を中心として、外側へ波紋が広がっていきます。これと同じで、私が癒しの受け手を2本の指でタッピングすると、ヒーラーとしての私の意図によって生じたエネルギーが、そこから波紋のように広がっていくのです。

これは科学で証明することができます。私たちは光と音で構成されています。

染色体を例に挙げましょう。英語の染色体という言葉「Chromosomes」は、色を意味するギリシャ語の「Chromo」と、体を意味する「Soma」からできています。シグネチャーセル・ヒーリングで教えているように、私が誰かの体の一部に意図を持ってタッチする（触れる）と、音が皮膚を通じて体に入り、細胞のインパルス（活動電位）に着火し、その結果、色が創り出されます。それぞれの色の波動が、細胞に働きかけます。ひとつの場所のみをタッピングし続ける（トントンと軽く叩き続ける）と、その場所にある各細胞は非常にイライラします。誰かにあなたの腕をひっきりなしにトントンと叩かれて、イラついたことはありませんか？

癒しにおいて、タッチ・バイブレーションとタッピングを用いて、細胞を刺激するのですが、その細胞はおそらくあなたがコミュニケーションを取ろうとしているのがわからないでしょう。したがって、シグネチャーセル・ヒーリングでは、細胞に話しかけて、あなたのタッピングとタッチが愛で構成されていることを細胞に気づかせるために、癒しの意図を明確化してタッピングとタッチを続けていく必要があります。

キラエルへのQ＆A

◉シグネチャーセル・ヒーラーになる資格について

Q：シグネチャーセル・ヒーリングは興味深い過程をとっているように思えます。あなたはこれが単純な癒しの旅だとおっしゃっていますが、私はこの癒しが深い科学的な根拠に基づいていると確信していています。ただ、私は科学のことはよく知りません。効果的なシグネチャーセル・ヒーラーになるためには、科学分野に精通していなければいけませんか？

キラエル：科学分野に精通している必要はまったくありません。率直なことを言わせていただくと、実際には科学をあまり知らないほうがよいかもしれません。科学の分野が得意な方に失礼な態度をとるつもりは毛頭ありませんが、何かを分析する際には、さまざまな断片をつなぎ合わせる必要があり、そうしていると何が何だかわからなくなることがあります。

グレートシフトが近づいてくると、人々は自分の肉体があまり気にならなくなり、スピリット体に対する関心がどんどん強まっていくことに気づくでしょう。旅を完遂するのはスピリット体だからです。

つまり、あなたの問いに対して簡潔にお答えすると、シグネチャーセル・ヒーリングを極めるにあたり、科学分野に精通している必要はないということです。それより大切なことは、創造主なる神を信頼することです。あなたの根源はそこだということを忘れないでください。自己を信じること、あるがままの自分を信じること、そして必要な時には必ずうまくいく過程が手に入るのだと信じることが重要です。

◉ヒーラーが癒しによって再び愛を見いだすこと

Q：マスター・キラエル、ヒーラーにとって、「癒しによって再び愛を見いだす」とはどういう意味ですか？

キラエル：「癒しによって再び愛を見いだす」とは単に、自分が完全無欠なる神が創造した粒子であることを認識し、自分が創造主なる神の光の一部だという事実を受け入れることです。それができれば、あなたは自分がすでに癒されたことに気づき、あなた自身の旅が、自分がどのように癒されたかを示してくれたことを認識するに違いありません。この旅は、あなたが癒しによって再び愛を見いだしたことを証明する経験を提供してくれるのです。

真のヒーラーになるには、障害をすべて取り除き、自我《エゴ》を捨て去り、ベールをかなぐり捨て、他人の説や考え方や哲学が、あなた自身のものと同じく有効だと認める必要があります。

ご存知のように、ヒーラーが行うべきでないことがいくつかありますが、そのひとつは自分が何でも答えを知っていると思い込むことです。おそらく世界の偉大な思想家たちが知っているように、すべての答えを知ってしまえば、自分がこの世に生を受けて、人間としての経験を積む必要がなくなってしまうでしょう。あなたが人間であり、癒しの手法を学んでいるのであれば、次の点を理解してください。

あなたが自分の旅の過程を新たなレベルに引き上げる可能性は、常にあるのです。

◉ヒーラーと癒しの受け手の明確さについて

Q：マスター・キラエル、明確さの概念と、それが癒しのプロセスにおいてどのような役割を果たすのか説明していただけますか？

キラエル：ヒーラーにとっての明確さとは、自分の中に光の磁場を維持するだけの愛が存在することを明確に知ることです。そうした光の磁場は、癒しの受け手が自らの明確さに取り組めるような空間を創り出してくれます。ヒーラーがそのような空間を創り出すのは、力によってではなく、愛によってだということを忘れないでください。

一見するとその間には分離が存在するように思えるかもしれませんが、実際には分離が存在しないということが、やがてわかるようになるはずです。ヒーラーからすると、癒しを行う際は、自分の明確さではなく、愛を測っているのです。愛を発する際には常に、100パーセント、フルに愛を発してください。そうすれば、あなたが発する愛は、どんな人もどんなものも癒すことができるのです。

しかし、あなたの明確さは残ります。

あなたが癒しを行う理由は何ですか？「また1人、癒しました」と言うためですか？　それとも、創造主なる神の光への近さを、またはその光との一体感を経験するためですか？

創造の光の粒子である自分には、過去に地球の波動を高めるため、地球にエネルギーをもたらしたすべてのマスターと同じ力が備わっていることがわかるようになるでしょう。あなたとあなたの創造主の間に分離がないように、そうした力にも分離はないのです。

したがって、批判や称賛など歯牙にもかけず、自分自身の世界により多くの明確さを創り出すために、自らの光を差し伸べるあなた方ヒーラーは、自分が癒している相手に自分の明確さを投影し始めます。しかし、癒しの受け手は、自分自身の明確さを自分自身で見つける必要があります。それは、あなたの負うべき責任ではないのです。よって、見返りもありません。

癒しの受け手の明確さの観点からすると、癒しを求める本人が、なぜ自分が特定の病気を経験しているのかをすべてのレベルにおいて完全に理解するまでは、完全な回復のチャンスはほとんどありません。

実際のところ、すべての病気は、ある種の学びの計画《レッスンプラン》が完遂できるように経験するものです。たとえば、ガンなどの病気を患う人は、複数の過去生で完全な健康体だった可能性があります。しかし、今生では、痛みを理解する、なす術《すべ》のなさを理解する、場合によっては死の経験を理解するなど、「病気」についてすべてを知ろうと決めたのかもしれません。どのような旅にせよ、人は自分に最適な方法で、旅を学ぶことができるのです。

たとえば、治らないという医師の診断を受け入れられなければ、代替医療のヒーラーに助けを求めるかもしれません。癒しの受け手であるあなたにとって真に必要なのは、その病気が治るという、明確で疑うことのない確信です。

あなたがこの理解に到達すると、ヒーラーがあなたの癒しに参加できるようになります。あなたが、この旅に関する学びを完了する方法を見つけたいと願った時点で、ヒーラーは自分のエネルギーをあなたの細胞意識に集中し、プロセスを立て直すことができるようになります。

体内のすべての細胞には完璧な記憶が備わっており、各細胞が学びの完了を確信した段階で、それぞれの細胞は光に導かれ自らの完璧さを思い出すのだということを覚えておいてください。このようにして、癒しは始まることが可能になっただけでなく、実際に始まるのです。

通常、人は意識して癒しの過程を妨げようとはしません。だからこそ、あなたの魂は、自分の生涯に織り込んだ経験を得るためならば、最善を尽くすのだと認識し、4体システムに働きかける方法をできるだけ多く覚えておくことが大切なのです。

完全に癒されるためには、再発しないように、体内の病気の根本的な原因を見つけだすことが必須です。なぜだと思いますか？　それは、病気の根本的な原因はスピリット体で始まり、最終的に肉体で発現するからです。その事実が理解できなければ、すべての学びを完了することは非常に難しいでしょう。

ヒーラーと癒しの受け手がともに最終的な明確さに到達した時、肉体レベルで癒しが生じ、癒しの旅に終止符が打たれるのです。

スピリット体の癒し

◉病気はスピリット体から

Q：ガンなどの病気が4体に具現化された場合、癒しを肉体から始めるべきですか？　それとも病気は青写真《ブループリント》に描かれているため、まずスピリット体から始めるべきですか？

キラエル：ガンの起点が青写真《ブループリント》にあるとすれば（実際のところすべての人の青写真《ブループリント》に当てはまります）、それはスピリット体で始まりますから、癒しはそこから始めるのがいいでしょう。ガンはスピリット体から精神体へ移動し、精神体が癒しの道を導きます。その後、感情体へと入り、あなたはそこでガンを感じなくてはなりません。

次の点を理解してください。

ガンを感じなければ、癒すことはできません。感情体で感じ、それから肉体で感じれば、ガンは消滅します。

◉癒されると認識すること

Q：人は、自分が癒されることをどのようにして知るのですか？

キラエル：シグネチャーセルは松果体の中にあります。あの空間から創造された細胞は、すべてを認識しています。それは、神の認識、つまり大いなるすべての認識です。

そのレベルでは、あなたの細胞意識はすべて完璧です。ただしその後、細胞が肉体をまとったことを意識的に自覚し、3次元という進化の軌道に乗ると、こうした認識はぼやけてしまうようです。あなたの場合、あなたが病気の診断をくだされたとき最初に生じたのは、認識でした。あなたがこの病気から回復せず、数年後にはこの世を去ると言う人たちもいましたが、あなたの一部であるこの認識は、自分が病気から回復し、この次元を去らないのだと知っていました。つまり、すべては具現化した肉体における認識の本質の問題です。

それは、スピリット体と関わっているようなものです。認識には触れることも、感じることも、味わうこともできません。まるで、内なる第六感的な理解によって知っていることなのです。

◉人間としての旅を歩むスピリットについて

Q：私は病気にかかりやすいのですが、その理由がよくわかりません。今生で病気になるのは、私の学びの計画《レッスンプラン》の一環なのでしょうか？

キラエル：あなたが自分の行っていることに対して、ボディが反応することなく（つまり肉体ですね。

ついでに言うと、4体システムのどのボディも）具現化したエネルギーを使い続けることはできません。あなたの質問はこういう意味ですので、併せてお答えしましょう。

まず、自分が神の光から分離していないことを明確に理解してください。あなたはスピリットの道を実践しようとしている〝人間〟ではありません。この3次元で、人間として旅を歩んでいる〝スピリット〟なのです。

実際、あなたの本質はスピリットであり、創造主なる神の一部です。本を読むことで、すべてを学べると思わないでください。私は、あなたがスピリットだという光の真実を告げているだけです。

人間としての旅を大いに満喫してください。しょっちゅう病気になることに慣れないようにしましょう。我慢しないでください。あなたが自らを愛することに意識を集中するようになった瞬間、癒しは始まります。

◉青写真《ブループリント》と染色体について

Q：青写真《ブループリント》と染色体が、どのように共同作業を行うのかについて説明していただけますか？

キラエル：科学の世界における新しい発見が続々と世間の注目を浴びるようになり、各人の青写真《ブループリント》、すなわち学びの計画《レッスンプラン》の役割が証明され始めています。

あなたの体内の異なるシステムの中には、種々に分割された染色体群が存在します。たとえば、大まかな寿命を明らかにする染色体が確認されています。これは、シグネチャーセル内の青写真《ブループリント》に起因する、一連の染色体ですが、青写真《ブループリント》がある人の寿命を明確に示しているわけではありません。強いていえば、あなたの青写真《ブループリント》の一部は、非常に高齢寿命を経験する予定もあります。つまり、あなたが長生きを望むのであれば、青写真《ブループリント》があなたの染色体に大量の若さと活力を注入します。そう、素晴らしいことに、青写真《ブループリント》は変えられるのです。

人には、ある種の波動水準に設定された防御メカニズムを持つ染色体があります。つまり、あなたの染色体の構成状況に応じて、あなたの防御システムの活性スピードが、他の人よりも速い場合もあれば遅い場合もあります。その防御システムの機能を、青写真《ブループリント》が司っているのです。たとえば、あなたがほぼすべてのことに対し、自己防衛が過剰で身構えるタイプの人だとすれば、あなたの青写真《ブループリント》は染色体領域において、普通の人に比べてはるかに速くピークに達する波動に設定されているため、ちょっとのことですぐにイライラしたり、付き合いにくい人と思われるでしょう。

体内のすべての染色体（すなわち分割された染色体）は、ＤＮＡの中に閉じ込められており、それぞれの染色体の中には、青写真《ブループリント》の特定の部分が組み込まれています。つまり、染色体の構成によって、青写真《ブループリント》を変えることができるのです。

精神体の癒し

◉記憶障害について

Q：シフトへ向かう現在の環境では、脳の容量が拡大しているといわれるにもかかわらず、記憶力が落ちている気がするのはなぜですか？

キラエル：実際、シフトするにしたがい、新たに3つのチャクラが加わりますが、それが記憶力の低下につながっている可能性があります。車の鍵がどこにいったか、それどころか車をどこに停めたかさえ忘れてしまうかもしれません。朝起きたときに足元がふらつくように感じる人もいるかもしれません。ときには、頭がおかしくなったのかと感じることさえあるかもしれません。

それは、あなたの記憶力が低下しているわけでも、足元がふらついているわけでも、頭がおかしくなったわけでもありません。むしろ、新しいチャクラの追加を受けて、エーテル体の脳である全脳《オムニ・ブレイン》（90パーセントの脳）につながりつつある最中なのです。全脳《オムニ・ブレイン》は、蓄えている情報を局所脳《ローカル・ブレイン》（10パーセントの脳）に移そうとしています。

あなたにとって必要なことは、この旅に気づき、自分に起きていることに対する認識を変えることです。「記憶が衰えている」と自分で言わないかぎり、あなたの記憶は衰えません。何かを覚えていられないということは、あなたが「今」を生きようとしていないためです。この瞬間に、踏みとどまってください。そうすれば、3つの新しいチャクラは、あなたが使っている脳の比率を、1年前の10パーセントから、20〜25パーセントへと増やしてくれるでしょう。

◉不可欠な要素である瞑想について

Q：なぜ、瞑想は癒しにとって重要なのですか？

キラエル：瞑想は、癒しにとって生命力です。毎晩寝る前に（そうです、あなた方全員ですよ）瞑想をすると、新しく深遠な経験が目の前に広がるはずです。瞑想は秀でたヒーラーになるための必要条件です。これは冗談抜き、まじめな話です。

瞑想がシグネチャーセル・ヒーリングにとってそれほどまでに重要なのは、「意識のグレートシフト」と呼ばれる現象がすでに始まっているからです！　これは、創造主による進化計画の一環です。それに伴い、フォトン・エネルギーのレベルが上昇しており、私たちはすでにその影響を経験しています。地球全体が新世紀のスタートに反応し、これまでとは異なる波動を発し始めています。現在地球に生きている人々は皆、次元上昇とそれに続く新しいものすべてに対応できるように、体の準備を始めなくてはなりません。

皆さんがこの過程において、怖れにとらわれずワクワクしながら過ごせるために、どのようなガイダンスを提供できるか、考えてみました。

まず、瞑想から始めてください。一にも瞑想、二にも瞑想です。瞑想の簡潔さを通じて、あなたの内なる真の力が、波動上昇という現実に自らを調整していることに気づくことができます。この力がなければ、あなたは母なる地球に充満する混沌の渦に飲み込まれてしまうでしょう。

とにかく、思考の明確さを維持することを心がけなくてはなりません。なぜなら、大半の人は怖れに圧倒されるからです。怖れという感情は進化の道を妨げるので、ぜひとも避けてください。

強調しますが、きわめて大きい変化もあるとはいえ、世界の終焉が到来するわけではありません。さあ、グレートシフトに伴う美しさを堪能しましょう。

私のミディアムであるカフーが、養成講座で話している瞑想の聖域を訪れ、瞑想の中で癒しの部屋を経験してください。そこでは、自らのチャイルド・セルフに出会えるかもしれません。または、大きなテーブルで、あなたにメッセージを渡そうと待ち構えている人がいるかもしれません。

毎晩瞑想をするようになれば、10分か15分程度であってもテレビを消すことができます。何時間も瞑想するカフーのようになる必要はありませんが、毎日の瞑想によってもたらされる恩恵の多さに気づくに違いありません。

瞑想をすればするほど、瞑想が他の世界へのポータル（扉）となり、癒しを可能にしてくれると気づくでしょう。瞑想は癒しにおいて不可欠な要素です。これは、本当です。

◉十分に自分を愛しているからこそ、癒される

Q：人間として私たちがまとうベールとは何ですか？

キラエル：「ベール」とは、意識の途切れや、あなた方が歩みたくない旅のことです。つまり、あなたが癒されることを妨げる意識です。

私があなたに向かって、飲み物をもう一杯飲むことが、または煙草をもう一本吸うことが、あるいは何にせよ今あなたが行おうとしていることが、あなたのためにならない、と言ったとしても、「それをやめなさい」と言っているわけではありません。やめようなどと考えないでください。その代わり、自分に向かって、「十分に自分を愛しているから、私はそれをやめられる」と言ってみてください。

いつの日か必ず、あなたの細胞意識はそのメッセージに気づくでしょう。突然、細胞意識はこう言うのです。

「ちょっと待てよ。あなたが自分自身を十分に愛すというならば、私たちも手伝えることを見つけださないといけないな」

すると、次にあなたが飲み物をもう一杯飲んだとき、美味しくないことに気づきます。それどころか、その飲み物について考えるだけでも、不快な気持ちになり、不快感は増す一方で、二度と飲

みたくないと思うようになるのです。

「十分に自分を愛しているため、私は癒されます」という言葉を使うと、細胞意識から体全体に伝わります。この言葉はあなたの奥深くで鳴り響き、その結果、癒しにつながる旅を歩む勇気がふつふつと湧き上がってくるのです。

感情体の癒し

◉「癒されたい」では十分でない

Q：シグネチャーセル・ヒーリングを行ってもらうとき、「さぁ、私の意識よ。私は目を癒されたい、胃を癒されたい」などと、「どこどこを癒されたい」と言う必要がありますか？

キラエル：「癒されたい」という言葉は、「到達しようとしていることがあっても、常に手に届かない」ということを意味します。つまり、あなたの意識が癒しのプロセスに抵抗しているのです。あなたはそれを乗り越える必要があります。

それより、ヒーリング・ベッドに横たわり、「私は十分に自分を愛しているため、癒されます」と言ってください。その言葉によって、あなたの体は細胞意識の奥深くで振動し始め、ＤＮＡが自らを修正できるようエネルギー・パターンを送信し始めます。
心理面の話をしているのではありません。DNAを活性化させ、4体システム全体に電気信号（インパルス）を送り出すことで、最も深いレベルで癒しが始まります。この時点で、癒しは自動的に生じるのです。

◉暗闇の3日間を抜け出して、愛に向かうこと

Q：最近経験した娘との関係の変化に関して、私は自分自身の「暗闇の3日間」を経験したような気がします。それを抜け出した後、愛に対する理解が以前より深まりました。暗闇の3日間は、シグネチャーセル・ヒーリングで言及されている覚醒した大いなるすべてについての理解を得るための期間なのですか？

キラエル：この本を読んでいる多くの人も、過去30日間に「暗闇の3日間」を経験した可能性がありますが、この3日間をどのように定義する、もしくは評価するかは、各人によって異なるでしょう。
あなたが抜け出した3日間の暗闇は非常に深かったため、自分がガイダンス界につながったのを知ったことと思います。ご自分でもおわかりでしょうが、娘さんに対する愛を持ち続け、祈ってください。それ以上のことはできません。娘さんのそばにいられないかもしれませんが、それでも娘さんを愛し続けていることに変わりありません。

「暗闇の3日間」は、あなたの体が完全な癒しを要求していることも意味します。たとえば、頭痛が1時間続いたとしましょう。その1時間が、暗闇の3日間という可能性もあるのです。

実際の時間にとらわれないでください。3日間である必要はありません。実際の時間は関係なく、自分でコントロールできます。あなたが愛することを学んだ上で、癒されることを望めば、あなたは癒されるのです。

あなたは眩《まばゆ》いばかりに光輝いており、私たちの誇りです。あなたの友人たちは、「私が彼女を助けたのよ。彼女が大変なとき、私がそばにいてあげたのよ」と言うかもしれませんが、良識を失うこともなく、あなた自らの力で暗闇の3日間から抜け出したのです。再び暗闇の3日間が訪れたとしても、恐れる必要はありません。その経験を通じて癒され、そして怖れを愛に変えてください。そうすれば、愛は落ち着いた状態であなたの中にしっかりと根を下ろします。

どのような気の持ち方もできますが、感情体が左右に大きく揺れているとき、あなたは愛を発する状態にはありません。愛とは常に落ち着いた状態にある、集中したエネルギーです。集中していない状態で何かを創造した場合、混乱、悲しみ、苦痛を経験するでしょう。

愛がどのように機能するかを知っていて、レムリア時代の風水（Denjé 巻末の用語解説参照）を実践していれば、あなたは静かな気持ちを創り上げ、落ち着いた気持ちで癒されるでしょう。

あなたはこの3次元の世界で常に新しいことを学んでいます。毎日24時間、学びです。愛はあなたの心の中に、胸の中心に、存在します。感情が大きく揺れると、愛のエネルギーを逃してしまうかもしれません。通り抜ける際に愛を感じた瞬間、「あ、愛をすり抜けてしまった！　がっかりだ」と言うことでしょう。

◉腹を立てたままでいるか、それともプラーナ呼吸を10回するか

Q：ちょっとした口論が大きくなるのを避けるには、どうすればいいですか？

キラエル：すべての人にとって非常に重要なのが、プラーナ呼吸です。

奥さんやご主人、あるいは子どもさんと意見の衝突があった場合、一歩引いてください。そしてまず、プラーナ呼吸を10回行いましょう。深く息を吸い込み、創造主の光であるプラーナがあなたの体に充満するのを感じてください。そうすれば、あなたのエネルギーは落ち着くはずです。それでもまだ議論が続き、怒りが収まらないまま地団駄踏んでいる状況で、なぜ気持ちが落ち着かないのか不審に思っているかもしれません。なぜだと思いますか？　それは、あなたがプラーナ呼吸の威力を忘れてしまったからです。

もしあなたが、「5回プラーナ呼吸をしたのに、怒りが収まらない」と感じるとすれば、気持ちが落ち着き、相手と口論したくないという気持ちになるまで、プラーナ呼吸を続けてみてください。50回だろうと、もっとかかろうと続けてみましょう。やっと気持ちが落ち着いたとき、その人とはもう争いたくないと感じているかもしれません。そうなると、争いの気持ちは消滅しており、静か

な気持ちでベッドに向かうことができるでしょう。それこそ、プラーナ呼吸の行い方です。それを行う前から、「プラーナ呼吸の効果はない」などと不平を言わないでください。

◉怖れがないことについて

Q：愛がないまま、癒しを行えますか？

キラエル：あなたは熟練したエネルギーで、この地球の光を理解しようとしています。同時に他の人たち同様、愛についてたくさん学ばなければなりません。愛を発すれば、何でも成し遂げることができます。しかし、あなたが愛を捨て去り、感情が左右に大きく揺れて、自分の能力を自慢するようになれば、あなたは愛のない状態に陥り、人々にあなたの声が聞こえなくなります。そうなった場合は、意識を中心に戻して集中し、再び愛を発してください。

あなたの旅は愛を学ぶことです。自分の世界を癒せば、あなた自身も癒され、あなたの癒しの旅において、再び愛を感じるようになります。その瞬間、まさにその瞬間に、愛とは何かを知り、癒されるのです。

あなたが毎日自分自身に向かって、「誰も何も怖れません」と言い続ければ、あなたは癒されます。怖れがなければ、愛のみが存在するからです。

肉体の癒し

◉癒しの旅：長い旅と短い旅

Q：癒しの旅はどれほどかかりますか？

キラエル：あなたにお伝えしたい重要なことがいくつかありますが、そのひとつはこれです。すべての癒しにはそれぞれの旅があり、短い旅もあれば、長い旅もあるということです。

たとえば、指の骨を折る怪我の場合、ギブスをはめて6週間ほど安静にしていれば治ります。約6週間の旅ですので、短い部類に入るでしょう。しかし、短くても学びは存在します。なぜ指の骨を折ったのか、考えてみることが必要です。それに気づくことができなければ、細胞意識が別の場所に現れて、何らかのかたちで意思表示するに違いありません。何らかの兆候が現れた場合は、すぐさまおおもとにある原因を癒す必要があります。

あなた方に、定期的にシグネチャーセル・ヒーリングを受けていただきたいと考える背景には、そういった理由があります。そのため、シグネチャーセル・ヒーリングを世界各地に普及させる必要があるのです。そうすれば、問題が生じたあとでも、すぐに癒されます。

どのような人生の旅においても、癒しが最も重要な要素だという点を覚えておいてください。

◉松果体とプラーナ呼吸について

Q：直接、松果体にあるシグネチャーセル、すなわち創造主の細胞に行って、体内の病気の部分に話しかけることで、癒しの過程を強化することができますか？

キラエル：もちろんです。あなたのシグネチャーセル、すなわち創造主の細胞が存在する松果体を活性化することで、あなたがまとっている肉体とハイヤーセルフの光（すなわち本質的な光）と、完全なコミュニケーションを行うことができます。

これまで私が繰り返し、どんな癒しの旅であろうと、始める前にプラーナ呼吸によって松果体を活性化するのが望ましいと話してきたのには、そうした理由があるのです。いったん松果体が活性化されて、松果体があなたの癒しの学びを認識すれば、病気の細胞の塊の外側にある細胞が、光をその塊へと、つまり病気にかかった場所へと送り始めます。そこで、あなたは即座に癒されるのです。

ただし、癒しの旅はガン細胞の塊の強さと学び《レッスン》の計画《プラン》の強烈さに左右されることを覚えておいてください。こうした要素が、ガンが治るか否かを決定します。また、同じ理由で、病気の細胞は塊を創り出し、拡大させようと必死になることも覚えておいてください。

しかし、ヒーラーがその人のために癒しを行っており、そのヒーラーが病気でない正常な細胞に大量の光を注ぎ、細胞が光を維持しているとすれば、病気の細胞は他の病気の細胞とくっついて、塊を大きくすることはできません。すると、病気の細胞の成長は鈍くなります。松果体を活性化させ、そこで慎重に状況を見守るエネルギーを維持することによって、あなたは病気の塊の動きを反転させることができるのです。

◉アスピリン（薬）の効果について

Q：無意識のうちに、何かの癒しが開始する、あるいは癒しが完了するということは可能ですか？　たとえば、私の場合、アスピリンを服用すれば、確かに痛みがなくなります。また、他の人に言われるまで自分では気づかないのですが、「何か変わったわね」とか「良くなったわね」と言われることがあります。

キラエル：アスピリンを飲んだら、なぜ痛みが消えるのでしょうか？　それはあなたがアスピリンを飲めば痛みが収まると知っているからではないですか？　そうですよね。

あなたのコメントにある〝明確でない癒し〟の結果についてですが、これはハンズオン・ヒーリング手法では常であり、癒しが深いレベルで進行するため、そういう状態が生じます。すぐ効くわけではないですが、効果が出るまで長くかかるわけでもありません。厳密にいうと、時間とは幻想なので、実際にはまったく時間がかからないのですが、癒しが表面に浮上するまでには少し時間がかかるのです。

では、アスピリンについてのコメントに戻りましょう。アスピリンに効果があるのは、あなたが〝それが効く〟と信じているためです。あなたは、白い小さな錠剤を口に含み、飲み込みます。錠剤はあなたの喉を通り、胃に到達します。そこから血流に乗って、体中を駆け巡り、最後に頭痛がしている場所に到達し、頭痛を治します。そういうことですか？

違いますよね。現実的になりましょう。友よ、そういうかたちで癒しが起こるわけではありません。アスピリンの製造や販売に携わっている人たちを失業させるつもりはありませんが、もう少し考える必要があります。不可能なことですよね。そうじゃないですか？　あなたは、あの小さなものを口に含み、喉に流し込み、そして「30分もすれば、頭痛は治るわ」と思います。さあ、何が起こるのでしょうか！　30分もすると頭痛は消えているのです。なぜでしょう。あなたが、アスピリンは痛みに効くと信じているからです。

アスピリンが効くのはそのためです。地球上の薬の大半がそうした理由で効果があるのです。ガン患者さんはなぜ、肉体を殺すような化学薬品を体に入れるのでしょう？　しかし、それで治るのです。殺されることで治るとは、よく考えると少し怖い話ですね。悪い話ではないですが、個人的に言うと、他にもっといい癒し方があると思います。

あなたが今日ここにやってきて質問したのは、これから私があなたに言うことを聞くためだったのです。

どんな癒しの手法にせよ、あなたが癒しのための一連の治療を始めた瞬間に、癒しは始まります。あなたは自分自身の認識を通じて、癒しの過程を開始したのです。そういう理由があるため、ヒーラーは癒しの成功を自分の手柄にできないのです。ヒーラーが行うのは、単に癒しの過程にスイッチを入れることだけであり、そこに「自分は治るのだ！」というあなたの認識が加わった際に、癒しが始まります。そう思うと、ワクワクしますね！

◉ベル麻痺（顔面神経麻痺）について

Q：私は最近ベル麻痺にかかり、顔の右側が麻痺しました。そこで、シグネチャーセル・ヒーラーを訪れ、3日間で3回ヒーリングを施してもらいました。経過観察のために医師に会いに行った際、いつベル麻痺が始まったのか聞かれたため、10日ほど前に始まったことを告げました。すると、「本当ですか！　普通ベル麻痺が消滅するまでに、少なくとも半年から1年はかかるんですよ」との答えが返ってきました。どのような癒しが起きたのか、教えていただけますか？

キラエル：それは、深く根づいた愛のおかげです。愛はすべてを癒す唯一の手段だからです。愛とは何かを知るには、自分の内面に目を向けることです。あなたの体が行うことは、あなたのガイドや守護天使の責任ではありません。いえ、創造主さえも、あなたの体が行うことに責任はとれません。あなたの体はプログラムであり、スピリット界にいる私たちがそのプログラムを変えることはできません。私たちにできるのは、あなたの意識が病気に気づいた際、あなたの助けを得て、そのプログラムに働きかけることです。

あなたがなぜベル麻痺にかかったのかを知りたければ（ベル麻痺に限らず、どのような病気であろうと）、それが発症する前に考えていたことや行っていたことを思い出してください。神を責める前に、祈ることで答えを見いだし、愛のエネルギーを持ち続けてください。毎晩祈り、「今日、私は昨日よりも気分がよくなるように最善を尽くしました」と言ってみましょう。やがては、あなたの祈りと「治る」という意図の明確さによって、あなたのガイドや守護天使があなたを助けるために、癒しを手伝ってくれるようになるでしょう。そして、今後もシグネチャーセル・ヒーリングを受けてください。

最後になりますが、愛のエネルギーを持ち続けてください。どのようにして愛のエネルギーを持ち続けるのかわからない方もいらっしゃるかもしれませんが、努力してください。毎晩、「私は愛に溢れています」と唱え、しばらく様子をみてください。

◉遺伝性疾患——マスターマインドについて

Q：私の親友のひとりが3年ほど前に亡くなりました。彼女には2人の姉妹がいたのですが、医師に言われるまでは、どちらも彼女と同じ病気を持っていることを知りませんでした。これも、遺伝性疾患というよりは意識レベルでの病気なのでしょうか？

キラエル：よい質問ですね。これは遺伝子複製の症例で、病気が遺伝子を通じて、ある世代から次の世代へと伝達されるものです。ある意味、これは「マスターマインド」でもあります。失礼なことを言うつもりはありませんが、本当のことです。

次の点を覚えておいてください。地球に生まれてくる時、あなたには、いくつかの学びを経験するという使命があります。生物学上の両親を選択する過程において、あなたはある種の病気にかかりやすい父母を選びます。あなたが病気を経験したいのならば、その病気にかかることになります。ただし、必ずしもその病気が原因で3次元を去るわけではありません。それが3次元を去る手段でないのならば、単にその病気にかかり、癒されます。あなたのすべきことは、いわゆる遺伝子複製のシステムを修復することです。これは修復できるのです。

この世の旅を歩むにあたり、あなたが創造したもので、癒すことのできないものなどありません。ただの1つもありません。なぜだと思いますか？　あなたの創造するものが3次元で現れるためには、4次元を通る必要があるためです。では、4次元とは何でしょう？　4次元とは、最もシンプルな「考えの次元」です。

考えとして閃いたものならば、やり直し、調整し、変えることができるのです。あなたは自分で創り上げた学びの計画《レッスンプラン》を遂行する必要はないのです。もっと素早く対処できることをあなたに教えてくれる。それこそが、グレートシフトがもたらしてくれるものです。

私が今日お話しした概念を理解するだけで、学びの計画《レッスンプラン》を次々と経験し、多くの人生を切り抜けていけます。大切なのは、認識することと、次のレベルへと進みたいと思うほど、十分に自分自身を愛することなのです。

◉肉体の変化について

Q：4体すべてが癒された際、私たちが経験する肉体的な変化をいくつか説明していただけますか？

キラエル：自分自身の世界を意識的に創造するために自らの光を用いたとき、(学ぶべきことを人生の経験を通じて教えてくれる)「人生の鏡」に気づくことができ、自分がどれほどのスピードで進化したいかを決めることができます。

たとえば、いつも口に入れている毒素に満ちたできあいの食べ物が、あなたの体を傷つけていることに気づきます。グレートシフトを生き抜くための必要な体を傷つけているのです。そこであなたは、このシフトにおいてどの程度まで進化したいのか、どの程度のレベルに到達したいのかを決めなければなりません。怖れから決定するならば、完全に誤った理由による選択なので、何の役にも立ちません。

これから私の言うことを注意して聞いてください。あなたがより高い波動を持つエネルギーを肉体に取り込み始めれば、肉体は自らを形成し直します。

ふんだんなプラーナ呼吸から始めてください。それにより、あなたの体はより潤沢な光に満ち、覚醒するのです。友よ、これこそが、あなたに告げられる最もワクワクすることのひとつです。

◉更年期障害について

Q：多くの女性は加齢とともに更年期障害に悩まされます。これも、集合意識によって生じる、ある種のマスターマインドなのでしょうか？

キラエル：ええ。「更年期障害」として知られている人生の局面に入ることと、それに関連したネガティブ思考は、まさにマスターマインド意識といえるでしょう。

実を言えば、肉体は更年期に関連する概念など何ひとつ知りません。意識が、「あなたがある年齢に達すると更年期障害が始まり、非常に苦しい目に遭うことになる。避けるためにできることなど何もない」とあなたに囁きかけるまでは、あなたの体は更年期障害が大変な時期だということを知らないのです。

もう一度強調します。通常、更年期障害のせいだと考えられている問題は、経験しなくていいのです。そんな必要などありません。細胞の理解を変えればいいのです。

Q：それは朗報ですね！　それでは、更年期障害を経験している女性にとって、シグネチャーセル・

ヒーリングは効果がありますか？

キラエル：シグネチャーセル・ヒーリングのシステムは、人間の体の変化の中でも更年期障害をめぐる誤解を解き、より正確な理解へと導くのに最適です。更年期障害は決して、この次元で経験すべき自然の成り行きではありません。やがて、それに関連した問題は消滅するでしょう。

◉脳卒中について

Q：私は10カ月ほど前に脳卒中に見舞われましたが、治るのでしょうか？

キラエル：治ります。あなたの住んでいる地域にあるシグネチャーセル・ヒーリング・クリニックで癒しを受けてください。守れない約束をするつもりはありませんので、「脳卒中で失われた機能すべてが元通りになります」などと安請け合いはしません。しかし、私のミディアムであるカフーは重度の脳卒中に襲われ、医師から二度と半身を動かすことはできないと言われましたが、現在では問題なく歩けますし、体の機能は脳卒中に見舞われる前の状態に戻っています。

あなたの声から、あなたには自分を癒す力があることが聞き取れます。あなたは癒しを実現させることができるのです。すぐに最寄りのシグネチャーセル・ヒーリング・クリニックを訪ねてみてください。

同時に、創造主に祈り、「創造主よ、ありがとうございます。今までに私が達成できたことをあなたに感謝しています。私は今日、自分を良くするため最善を尽くしました」と言ってください。その言葉だけでいいのです。あなたの場合、毎日癒しを受け、日々良くなっていることを自分自身に再認識させてください。

◉怖れを癒すことについて

Q：ある人生から別の人生に怖れが持ち越される可能性はありますか？

キラエル：もちろんです。怖れが別の人生へと持ち越されることはあります。「カルマ・キャリヤー（カルマの保有者）」という役割を担当する相手が存在し、この相手を通じて、当事者が怖れをはっきりと認識し、手放すことができるようになるまで、何度もそうした怖れが繰り返し現れることがあります。

私の知っている女性で、ある男性とのカルマに直接向き合い、怖れを認める必要のあった人がいました。彼女が自分の怖れに直面したとき、歩んでいたガンの旅路は完了し、この女性は、創造主のもとへと旅立ったのです。

彼女のガンとの旅は長いものでした。シグネチャーセル・ヒーリングによって1つの腫瘍が治り、さらに別の場所の腫瘍も治りました。しかし、完全な癒しは、彼女が「カルマ・キャリヤー」である相手の男性に対する怖れを、愛を込めて表明することができた時に生じました。それによって、彼女の感情体は癒され、学びの計画《レッスンプラン》は完了したのです。

このことは、完全な癒しが実現するためには、異なるレベルにおける癒しを通じて、病気の根源に達する必要がある可能性を浮き彫りにしています。私がよく、「癒しによって、創造主のもとに帰ることもある」と言っているのはこういうことです。それが究極的な癒しである場合もあるのです。

◉シフト・ヒーリングについて

Q：過去2000年におけるヘルスケアと医療の進化という点で、シグネチャーセル・ヒーリングはどう関連してくるのですか？ シグネチャーセル・ヒーリングは癒しにおける大きな前進なのですか？ それとも別の形態の癒しに移行するための橋渡しの過程なのですか？

キラエル：これは非常に重要な質問です。

シグネチャーセル・ヒーリングは「シフト・ヒーリング」です。こうした癒しの才能を与えられた、私のミディアムのカフーをはじめとする米国内に存在する少数のヒーラーたちの働きにより、シグネチャーセル・ヒーリングは当初予想されていたよりも少し早く世に広まりました。これはグレートシフト後に現れる予定だったヒーリング形態なのです。

非常に進化したヒーリング形態のため、シグネチャーセル・ヒーリングを行える有数のヒーラーの1人であるカフーでさえも、シグネチャーセル・ヒーリングについては、氷山の一角を理解し始めたばかりです。つまり、シグネチャーセル・ヒーリングは少し時代を先取りした感がありますが、進化を続けるあなた方の体をシフトさせるために必須なのです。

癒しの体験談

ポジティブ・シンキング

癒しが効果を上げるには、ポジティブ・シンキング（プラス思考）で始めることが必要だと思います。シグネチャーセル・ヒーリングは、私にとって精神面でも肉体面でもスピリット面でも非常に効果がありました。長年悩まされてきた関節リウマチが、初めて寛解に至りました。以前に比べて歩くのが非常に楽になりました。手足だけでなく、首や肩もずっと動かしやすくなりました。

ナンシー・B（米コネチカット州シーモア）

私の初めての癒し

幸運なことに、私が初めて行った癒しでは、自分が確かにヒーラーだということだけでなく、シグネチャーセル・ヒーリングには効果のあることが確認できました。シグネチャーセル・ヒーリング（SCH）のレベル1のコースを終えて10日ほど経った頃、81歳になる義母が、転倒により左足の大腿骨を螺旋《らせん》骨折しました。糖尿病を患っていたうえ、かなりの肥満体だったため、義母が回復する可能性は極めて低かったのです。担当の整形外科医の先生には、「螺旋骨折が完治することは決してない」と言われました。先生は義母の手術を行い、僅かに残っていた大腿骨を補強するため、金属バーを埋め込んだのですが、そのために義母はひどい痛みに襲われることになりました。

SCHレベル1のコースの終了直後で、マニュアルは手元になく、誰にもシグネチャーセル・ヒーリングを試したことはありませんでしたが、とにかく義母を癒したい気持ちでいっぱいでした。プラーナ呼吸を始め、心からの真摯な祈りを捧げ、創造主の愛が私を満たしてくれるようお願いしました。ヒーリング手法を正確な手順で行えず、忘れてしまった手順もいくつかあったに違いないのですが、それでも癒しに効果があったのです！

シグネチャーセル・ヒーリングを施して2日以内に、義母の痛みは消滅し、タイレノール（訳注：米国で市販されているアセトアミノフェン系鎮痛剤）を服用する必要がなくなりました。医師である義母の兄が電話で、義母がどんな鎮痛剤を服用しているのか尋ねてきたのですが、何も飲んでいないと聞いたときには非常に驚いていました。

死につながっていたかもしれない転倒から6週間も経たないうちに、義母は退院を許され、骨折前に住んでいた独立系の老人ホームに戻りました。その後も、人の手を借りずに自室から車椅子で食事や治療に出かけることができたのです。それどころか、痛みもなかったのです！

シグネチャーセル・ヒーラー
ホリー・H（米ペンシルバニア州ハリスバーグ）

あるとき瞑想をしていると、「私たちは自分が望むものは何でも手に入れることができるのだ」と、美しい声が聞こえてきました。自分の望むものを明確化し、癒しの旅を受け入れさえすれば、望むものを手にすることができるのです。

9章 すべては癒せる ～癒しの体験物語～

医師と看護師とヒーラーが、
互いの壁を取り除けますように。
今まで足を踏み入れたことのない領域に到達しますように。
そして、あなたの光の力を見いだせますように。

瞑想と癒しのためのライトワーカーの祈り「創造主と私」

とうとう9章までたどり着きました。

「9」は、レムリアの数秘術では「完成」を意味する数字です。愛の力について語るときが、ついにやってきました。ここまでの本書の内容が、少しとっつきにくいかもしれないと思ったため、癒しにまつわる体験談は最後までとっておきたかったのです。

8章までは、一部の方たちにとってはやや実践が難しい内容かもしれません。みなさんの考え方を変えるつもりはありませんが、多くの方たちの人生においてさまざまなレベルで大きな違いをもたらすような癒しの視点を、これからも提供し続けるつもりです。

私は世界各地を飛び回って、シグネチャーセル・ヒーリングを教えてきましたが、溢れ出る愛に基づいて癒しを行った場合、どれほどのことが達成されるのか目の当たりにしてきました。そのため、偉大なるマスター・イエスにまつわる数々の癒しの話は、真実のように思えます。マスター・イエスは愛の力により、死者を蘇らせ、ハンセン病患者を癒し、盲人を開眼させました。マスター・イエスは数え切れないほどの癒しを施しましたが、文書で記録されていないものが多いため、それ以外の癒しについては想像することしかできません。

シグネチャーセル・ヒーリングを始めて間もない頃、私のもとを訪れた人たちに、施した癒しによるポジティブな効果について話すことを少しためらっていました。しかし、今では違います。あらゆる人々に、「シグネチャーセル・ヒーリング」という非常にパワフルな癒しの旅について知ってほしいのです。

癒しをめぐる感動的な話が、また場合によっては人生を変えるような癒しの話がたくさんあります。癒しを始めてから長い年月が過ぎましたが、私たちはどんな癒しであっても自分たちの功績にしたことはありません。重要なのは癒しを施したヒーラーではなく、癒しの受け手の体験談だということを示すため、ここからは癒しにまつわるお話を異なる角度から紹介していきましょう。

＊＊＊

〈ワンダの物語〉

ワンダという名の女性の背景を少し説明することから始めましょう。

あるとき彼女は、非常にしつこい咳に悩まされるようになったそうです。数カ月経ってもいっこうに治る様子がないため、とうとう医師のもとを訪れました。医師によると、左肺に真菌感染が見られ、左肺底部の除去が治療の唯一の選択肢ということで、すぐに除去が行われました。

術後何年もの間、ワンダは完全に機能している右肺と一部機能している左肺によって、まったく問題なく暮らしていました。ところがある日、咳が再開したのです。しばらくしてから、同じ医師のもとを訪れたワンダは、最悪の知らせを告げられました。なんと、真菌感染が右肺にも広がっていたのです。そのうえ、右肺の真菌に侵された場所を除去することはできず、咳が止まることはなく、やがては意識がなくなるため、身辺の整理をしたほうがいい、と言われました。つまり、手の施しようがないということです。

その後、ワンダは家の近くの店で偶然会った私の友人に、肺について話しました。私の友人からシグネチャーセル・ヒーリングについて説明を受けたワンダは、私のところにやってきました。彼女は希望を失いかけていましたが、勇気を振り絞り、シグネチャーセル・ヒーリングを試す決心をしたのです。その日、私たち2人の心の奥深くから、希望がふつふつと湧いてきました。

それから数カ月、彼女の歩んだ癒しの旅は非常に大変なものでした。やっと咳が収まったため、勇気を奮い起こして医師に会いに行くと、彼はワンダに「奇跡だ」と言いました。肺に真菌の欠片も見当たらなかったそうです。

それから何年も経ちましたが、事あるごとにいろいろな人にワンダの話をしています。最後に聞いたところによると、彼女はホノルルで元気に暮らしているとのこと。子どもたちはみな無事に成人したようですね。彼女が癒しの体験談について人に語ることはなくなったかもしれませんが、私にとってはヒーラーになりたての頃の体験談ですし、ワンダの物語はとてもパワフルだといえるでしょう。

〈ワンダ自らが語る体験談〉

キャロル・モリシゲ牧師が1996年に取材

3年前、非常にひどい咳に襲われました。ちょうどインフルエンザが蔓延していた時期だったため、すでにお医者さんにはかかっていました。その医院の看護師さんや多くの友人たちは、「私もね、もう3カ月ほど咳に悩まされているんだけど、なかなか治らないのよ」というようなことを言っていましたから、お医者さんに診察してもらったあと、自分も同じように、2〜3カ月ほど咳が続くのだろうな、と思っていました。

ところが、夜になると安眠できない日が続き、「これはおかしい」と心配になりました。夜中の2〜3時くらいに、咳のせいで目が覚めるようになったのです。あまりにも咳がひどいため、寝室を出て、別の部屋で咳き込むことが日常茶飯事となりました。1時間ほどすると咳は収まり、翌朝には咽頭炎になるといった調子です。喉はガラガラで、声は出ません。夜中に目が覚めて咳をするため、朝起きたときには疲れ果てていました。

発作的な咳は夜半から明け方にかけて生じることが多く、一日の睡眠時間はわずか2時間ほどでした。以上のことが重なった結果、私は肺の手術を受けることになり、片肺の25パーセントが取り除かれました。

その間、たくさんの出来事がありましたが、かいつまんで言うと、非常に重度の肺感染症にかかったのです。医師の診断が適切でなかったというつもりはありません。本当に原因がわからなかったのだと思います。実際のところ、いまだに原因がわからないようです。

手術から3年後の定期検診で、レントゲンを撮ってもらったのですが、今度は反対側の肺に同じ症状が出ていることが見つかったのです。

健康について心配に駆られるようなことを告げられ、治るためならばどんなことでも試そうという気持ちになっていた私は、センター（注：現在の『ホノルル光の教会』。当時は『インワード・ヒーリング・センター』と呼ばれていた）を訪れることに決めました。

どういう治療が行われるのか皆目見当もつかず、ある友人がここで行われていることを説明してくれたときには、「ダメもとでやってみよう」という気持ちでした。西洋医学の医師たちによる治療はすでに終了しており、センターではエネルギーを用いた全体治療が行われるのみとのこと。手術は行われないというので、センターでどのような治療が行われるのか見てみようと決心しました。

そして私は、センターで言われたことすべてをやってみることにしたのです。10回深呼吸をするように言われたら、そのとおりにしました。とにかく、何でも試してみたいという気持ちでいっぱいでした。その段階では、西洋医学にできることは何もなかったからです。

センターを訪れた頃は、(ハワイ州では有数の) 3人の専門医師に診てもらっていました。分析のためにメイヨー・クリニック(訳注:米国ではトップクラスの総合病院。本部はミネソタ州)へ血液組織を送ってくれましたが、そこでさえ、原因を突き止めることはできませんでした。

センターで受けた最初のセッションでは、まずヒーリング・ベッドに横たわるように言われました。音楽が流れ始めます。患者さんをリラックスさせるために音楽をかけるということだったので、「リラックスしよう!」と心の中でつぶやきました。「心の中で休暇に出かけてください」という、フレッド(原注:カフー・フレッド・スターリング)の言葉は、素晴らしい効果がありました。

「それまでに休暇で訪れた場所のうち、もう一度行きたい場所を心の中に創り上げてください」とのカフーのアドバイスどおりに、過去に訪問した休暇先の中で一番好きな場所を思い起こし、その休暇を最初から最後まで心の中で再び経験しました。反芻しました。心と体を解き放ち、癒しのプロセスに必要なことをすべて行いました。すべて指示どおりに行ったのです!

フレッドと彼の友人たち(ヒーラー・チーム)による癒しが始まって40分後に、私はヒーリング・ベッドから身を起こし、車を駐車していたところまで歩いて戻りました。ふと気がつくと、咳は止まっていました。完全に止まっていたのです! 予想すらしていませんでした。

来る日も来る日も咳に悩まされていた私にとっては、これはまったくの奇跡でした。最初は、「おそらく咳が止まったのは偶然だろう」と思ったのですが、今では人生において偶然に思えることにはすべて意味があり、実際には偶然などないのだと知り、そう信じています。フレッドたちによる癒しのセッションが終わったあと、気分爽快なことに気づきました。咳は完全に止まっていました。私にとっては、それは奇跡にほかなりませんでした。

フレッドはセッション後に、もう一度セッションを受けるかどうかは私次第だと言っていました。彼はいわゆる「商売っけのない」人です。彼が忙しいのは、少しでも多くの人の手助けをしたいと思っているためです。

「もう一度セッションを受けたいのならば、どうぞ戻ってきてください。2度めは受けないと決めたのならば、それも結構です」と言いました。2度めのセッションを受けなければいけないというプレッシャーは全然ありませんでした。

家に戻ったあと、セッションについて家族に話し、「ねえ、わかる？　私、咳してないでしょう！」と言うと、主人は、「本当だ、咳してないじゃないか！」と驚いていました。

「母さんが次に咳をするのはいつだろう。明日かな？」というのが、ある種、家族間のジョークとなりました。その後、私は咳をしなくなったのです！

翌月、カフーからさらに3回ヒーリング・セッションを受けました。その後、かかりつけの医師のもとでレントゲン撮影の予定日がきましたが、行く気がせず、延期しました。前回のレントゲン撮影から何らかの変化があったのか、何も変化がないのか、医師から何と言われたいのか、自分でもわからなかったからです。とにかく、カフーのもとに通い、癒しのセッションを受け続けました。

2カ月後にレントゲンを撮ってもらったとき、医師から、8カ月前には陰影があり、部分的に塞がっていた側の肺が、今では全快し、陰影は見当たらないと告げられました。何度かの癒しのセッションで、私の肺は奇跡的に機能を再開したようです。担当医師は、肺が再び機能を取り戻した理由がわからないようで、こう言うだけでした。

「今回のレントゲンによると、あなたの肺の疾患には可逆性があるようです」

同時に、反対側の肺が広がった今、機能不全に陥っていた側の肺が好転する可能性はないかもしれない、との懸念も告げられたのですが、「どうして!?　私の肺は良くなっているのに！　来月はどうなっているのかしら」と心の中で思いました。

とにかく翌月のレントゲン撮影の日は、ドキドキしながら医師のもとを訪れました。すると、私の肺に問題はない、と言われたのです！

私にとって、これは奇跡としか言いようがありません。何が起きたのか、いまだにわかりません。説明しようがないのです。治療といえば、ヒーリング・エネルギーが私の体に送り込まれただけです。おそらく、治りたいという私の意思が効いたのかもしれません。子どもの頃、親からよく言われ、また自分が親になってからは、子どもによく言ってきたではないですか！「やりたいと思えば何でもできるのよ」と。私の場合は、それだったに違いありません。私は治りたいと願い、治るのだと信じたのです。それが重要な点だと思います。エネルギー・ヒーリングについて先入観はありませんでした。他には説明できません。

とにかく私に言えるのは、以前よりずっと体も気分も楽になったこと、そして西洋医学は私を癒すことができなかった、ということです。西洋医学の医師が患者さんを治せない、と言っているわけではありません。お医者さんには、過去にいろいろと助けていただきました。しかし、ある問題に対する答えは必ずしもひとつだけではない、ということに気づいたのです。もし試してみたことが効かなければ、他の方法を見つけるべきです。それこそ、私の行ったことでした。

センターで受けた癒しのおかげで、私の人生は事実上変わりました。宇宙には私たちを助けてくれる、目に見えない何かがあると身を持って知った結果、それまでとは違うかたちでさまざまなことを行うようになったからです。現在では、私の健康を損なう恐れがある製品は使わなくなりました。今では天然水しか飲みません。単にろ過した水ではありません。天然水です。

また、アレルギーを理由に、石鹸の代わりに別の製品を使うようになりました。どうも私には、肺の疾患を引き起こすようなアレルギーがあったようです。さらに、以前よりも健康や代替治療に関する本を読むようになり、摂取する栄養素についても気を遣うようになりました。同時に、こうした変化は家族にもプラスに作用し、子どもたちは母親を見習ってさまざまなことを行っています。

リラックスすること、瞑想すること、雑念を払うことは私たちにとってプラスだと知っています。そして私たちは、瞑想の仕方を知っていると思っています。しかし、本格的に瞑想を行い、瞑想後に爽快感を抱いている人たちの話から判断すると、自分が本当のやり方を知らないのは明らかです。私も、爽快感を抱ける人たちのように瞑想したいと思う気持ちでいっぱいです。

そして、ヒーラーの方たちの力を信じるようになりました。すべてのヒーラーが本物だとは言いませんが、私の場合は効果がありました。私自身、10年前、いえ5年前でさえも、ヒーラーに癒してもらおうなどと、思いもよらなかったでしょう。未知のものに対する怖れかもしれません。あるいは、眉唾ものの話を聞いたことがあるためかもしれません。とにかく、(比較的保守的で、ルールを守るといった)私のような生まれや育ちの人ならば、具合の悪いときには西洋医学のお医者さんにかかるのが当然でしょう。

今では、自己を癒すための代替療法に対し、これまでよりもオープンになったと思います。いえ、そうだと知っています。私には代替療法がうまく作用したのです。私に言えるのはそれだけです。

こうしたかたちの癒しが誰にでも効くわけではないでしょうが、これこそが、西洋医学の医師が私を治せなかった私の病気を治してくれたのです。

＊＊＊

愛の遺産

癒しの旅の開始時には、必ずしも結果が見えるわけでも、結果の完璧さを認識できるわけでもありません。キャロル・モリシゲ牧師の場合もそうでした。

1990年代半ばに、最大の親友のひとりであるキャロル牧師（『ホノルル光の教会』の牧師）から、卵巣にゴルフボール大の腫瘍があると告げられました。状況はかなり深刻で、西洋医学の医師の勧める治療は自分には合わないようだと言い、私に助けを請いました。

私は癒しを天命として活動し始めたばかりでしたが、断ることはできませんでした。シグネチャーセル・ヒーリングはまだ発芽期にすぎないとはいえ、できる限りのことを行うつもりだったのです。他の人たちを癒し、助けたいという自分の情熱は十分承知しており、手に入るあらゆるスピリチュアル・ガイダンスを活用しようという気持ちでいっぱいでした。

そこで、マスター・キラエルに何をすべきか尋ねることにしました。セッションが進むにつれて、どこに手を当てればいいかに始まり、さまざまな癒しの手法を教えてくれました。キャロル牧師は、右側の卵巣に大きな腫瘍があったのですが、なんと私たちはその除去に成功しました。幸先の良いスタートでした。成功したのです！

もう一方の卵巣にも腫瘍が見つかりましたが、それも癒すことができました。これは、シグネチャーセル・ヒーリングが効いているという、ポジティブな結果でした。彼女の健康は完璧な状態に戻ったのです。再び、私たちは成功を祝いました。

キャロル牧師は引き続き、私たちの教会の職務やプログラムの構築を手伝ってくれました。

それから5~6年経った頃、今度は胸にしこりが見つかったのですが、手短に言うと、私たちはそのしこりも、また反対側の胸に見つかったしこりも癒すことができました。しかし、2007年、地球を去りたいというのが彼女の決断だと明らかになりました。彼女は、2007年6月28日に、創造主のもとに帰ったのです。

私は、キャロル牧師を私の最大の師のひとりだと思っています。彼女は、シグネチャーセル・ヒーリングの基盤を創り上げるために積極的に参加してくれた、かけがえのない仲間です。そして、癒しの過程において愛を与え、受け取るという遺産を残してくれました。私はこの驚異的な贈り物に対し、永遠に感謝しています。

子宮内のシグネチャーセル・ヒーリング

ある日の午後のこと。6人の癒しを終えた頃、「救急患者がアドバイスを求めにやってくる」と言われました。ちょうど部屋を整え終わると、友人のMさんが扉を開けて入ってきました。彼女の後ろにはご主人と小さな息子さんがいます。しばらく彼らに会っていなかったのですが、一目見ただけで緊急を要する要件だと確信しました。彼女のオーラは真っ黒で嘆き悲しんでおり、非常に怖がっていることが見て取れました。

すぐに彼らをヒーリング・ルームに通しました。部屋に入ったとたん、彼女はさめざめと泣き始めたのです。友人がなぜ悲嘆にくれているのか理由はわかっていなかったのですが、泣いている彼女を見て、私の目にも涙が溢れました。友人はやっとのことで気持ちを静め、事情を話し始めました。彼女の話は誰が聞いたにしても、自分の無力感に苛まされたに違いありません。

彼女たちは病院からの帰り道で、私のところに寄ったのです。かかりつけの医師が休暇でいなかったため、妊娠のことで新しい医師に診察してもらったとのことでした。一瞬、「新しい子どもができるんだな。素晴らしいニュースじゃないか！」という気がしました。彼らが2人めの子どもを欲しがっているのを知っていたからです。

しかし、私の明るい気持ちはそこで終わりました。彼女は涙ながらに、子宮内の胎児が命にかかわる問題をいくつか抱えていると医師に言われたことを話してくれました。スキャンやフォローアップ検査の結果、胎児に脳腫瘍が見つかったそうです。また、心拍数は生命を維持できる水準に達しておらず、腎臓も機能していないとのことでした。医師は彼女に、すぐ中絶すべきだとアドバイスしたようでした。それも、今日すぐに中絶するのがいいと言ったのです。

相談の結果、シグネチャーセル・ヒーリングを用いて、何かできないか試してみることにしました。まず、母親と胎児の間に、活性化した「織り込み（Weave）」（用語解説を参照）を創り上げました。次にその「織り込み（Weave）」を、胎児の父親と兄にもつなぎ、私たち全員が同じ癒しの道を歩む意識を持っていることを確認しました。

これらすべてを終え、今度は子宮内の小さな赤ちゃんに働きかける番です。胎児の精神体の細胞意識に入ったとき、最初の手掛かりが掴めました。もつれたエネルギーの塊が見えます。どうも怖れに端を発しているようです。なぜ生まれてもいない赤ちゃんが怖れを経験しているのでしょうか？　すると、奇跡のように、その小さな魂の思考が私の思考プロセスに流れ込んできたのです。なんと、受胎する前、自分で描いた青写真《ブループリント》の中で、常に自分を育んでくれる母親の愛に応えられないと感じるような状況を創造してしまったのが、感じ取れました。

信じられないかもしれませんが、これを正常に戻すための最初のプロセスは比較的容易です。そこで私は、本来、人に備わっている愛のパターンを編み込み、胎児に注ぎました。まだ創造主の完全な愛を宿していた小さな魂は、すぐに自分には十分な愛が備わっていることに気づきました。頭をスキャンすると、怖れによってもつれていたエネルギーの塊は、すでに解《ほど》け始めています。

次のプロセスは、もう少し複雑です。赤ちゃんの心臓をスキャンしてみたところ、鼓動に異常なところはないようです。正常に脈打っています。しかし、（時折あることなのですが）最初の直感を信用せず、このプロセスを試す手段を考えてみました。まず胎児の心臓の細胞意識に働きかけ、そのエネルギーを母親につなげてみました。この時点で、胎児の心臓が母親の心臓とまったく同調していないことを確信しました。突如として、「この胎児の鼓動と、母なる地球の鼓動とのつながりを調べてみてはどうだろう」という考えが頭に浮かびました。すると驚いたことに、２つの鼓動は完全にマッチしたのです！

私にとって次の課題は、胎児の鼓動を母親の鼓動にマッチさせることでした。それまで一度も経験したことのない状況です。

2人の鼓動をマッチさせるために、私は胎児の胸腺を心臓の筋肉につなげ、ほんの少しの間、母なる地球の鼓動による影響を遮断しました。すると、胎児は即座に自分に近いリズムを求め、当然ながら人である母親の鼓動に同調することを選びました。しかし、母親の鼓動があまりにもゆっくりすぎて、つながりません。そこで、私は新たな試みとして、「トリニティ・ポイント」を作成し、胎児の鼓動が通常のペースに戻るよう手助けしました。

次の検診で、医師はまず胎児から脳腫瘍が消えていることに気づきました。医師と臨床検査技師は、腫瘍が見当たらないため、最初のレントゲン写真には染みが入っていた、という結論に達しました。そのうえ、心臓の状態は申し分なく、完璧なリズムを奏でています。なぜ胎児の鼓動が正常に戻ったのか、医師には検討もつかなかったそうです。

これほどに改善したのですから、希望を感じてもいい状況です。しかし、西洋医学の医師たちは、生後、腎臓が正常に機能することは決してないとの見解を変えようとしませんでした。加えて、出産の際の合併症や先天異常が発生する可能性があるとして、中絶が最善策だと告げました。しかし、両親がそのアドバイスには賛同しなかったことから、私たちはいわゆる先天異常の発生を回避しようと、真剣に取り組み始めました。

彼女は数カ月にわたり、シグネチャーセル・ヒーリングを受けに週に1度、私のもとを訪れました。

そして、出産の時がやってきましたが、赤ちゃんの脳も腎臓もまったく正常に機能していました。五体満足な女の子が生まれたのです。すべてが正常でした。命、愛、癒し、そして揺るぎなき決意の勝利です。

彼女は今では元気に学校に通っているだけでなく、優等生です。しかし、いわゆる先天異常、つまり先天的に欠陥があるかもしれないとの理由で、彼女の命の芽は生まれる前に摘まれていたかもしれなかったのです。

先天異常などない、というのが私の考えです。この世に教師として生まれてくることを選んだ子どもたち、自分が描いた青写真《ブループリント》をまっとうするために生まれてくることを選んだ子どもたち、短い人生を、あるいはある特定の波動で生きることを選んだ子どもたち、こうした子どもたちの誕生は決して異常ではありません。私にとって、先天異常という考え方は理解できません。

私の知っている人たちの中には、世間では先天異常を抱えて生まれたとみなされる子どもさんのいる方たちがいます。表面だけでなく、じっくりと見れば、そうした子どもたちは私たちが正常と考える現実の延長にすぎません。彼らはみんな創造主からの贈り物なのです。すべての人がいつの日か、このことを正しく理解してくれることを祈るばかりです。

同時に私は、誕生時の欠陥は治せないものではなく、癒しの効果が届かないものでもない、と心から信じています。たとえば、現在の医療技術は、細胞組織を復元したり、生まれつき変形した足を真っ直ぐにできるところまでいっています。医師がそうしたことをメスで行えるとすれば、シグネチャーセル・ヒーリングでは執刀せずに行います。私はこれを心の底から信じています。そうした癒しを何度も目の当たりにしているからです。

＊＊＊

乳ガンの妹との癒しの旅

語り：キティ・K（米カリフォルニア州ヴァン・ナイズ）

母が乳ガンの旅を終えて地上を去り、創造主の愛に包まれた世界に帰郷した1カ月後、妹のクリスティも乳ガンの診断を受けました。

それからしばらくしたあと、私たちはどちらもカフー・フレッド・スターリングの著書『Kirael : The Great Shift（キラエル：グレートシフト）』を持っているのに、読んでいないことに気づきました。当時クリスティは、私たち夫婦と同居していました。同じ家に住み、それぞれがまったく同じ本を持っている確率はそんな高くないでしょう。私たちはシンクロに驚き、同時にこの本を読み始めました。2人とも非常に気に入り、父にも読むよう勧めました。

『キラエル：グレートシフト』から、『ホノルル光の教会』のことを知り、連絡をとってみました。毎週行われるウェブキャストを見始め、堪能しました。

そのうち、クリスティの病状をカフーが知ることになり、ウェブキャストにマスター・キラエルが登場する際、私たちが住んでいる南カリフォルニアにいながら、ウェブを通じた遠距離ヒーリングを受けないかと誘われたのです。そうして、クリスティは初めて遠距離ヒーリングを受けましたが、それは純粋な愛そのものでした。

父はクリスティのために行われた癒しのプロセスを知り、非常に感銘を受けたため、彼女がハワイでもっと癒しを受けることを望みました。そこで、クリスティ、私、父、私の夫の4人はスーツケースに荷物を詰め、ホノルルに向かいました。飛行機を降りて、空港のオープンエア式の通路を歩いているとき、第三の目のあたりに波動を感じたので、それをクリスティに告げると、彼女も同じ波動を感じたというではないですか！　そんなことは初めての経験でした。

そして、『ホノルル光の教会』の扉をくぐり、全員に会ったとき、まるで故郷に戻ったような気がしました。そこで過ごした1週間は、私たちにとって愛と育みに溢れた時間でした。遠くからハワイにやってきたので、滞在中にシグネチャーセル・ヒーリングの個人レッスンを受けさせてくれないか、とカフーにお願いしたら、快諾してくれました。まだカフーがシグネチャーセル・ヒーリングの講習会を始める前のことでした。

その年の暮れに近づくと、クリスティの症状が悪化し、彼女は癒しを受けるため再びハワイに行きたがったため、2人で行きました。『ホノルル光の教会』の方々は全員で無償の愛をもって、クリスティに2度にわたり癒しを施してくれました。興味深いことに、クリスティはそうした無償の愛を吸収できないようで、すべて跳ね返ってきました。今でこそ、それが彼女の選択だったのだとわかります。彼女の自我《エゴ》は死ぬことを怖がっていましたが、彼女の真我は別の旅を計画していたのでしょう。クリスティはこの地上で決して穏やかな気持ちになることができませんでした。何年もの間、彼女は鏡に向かって、神に「この世から連れ出してくれ！」と叫んでいたのです。

ハワイからカリフォルニアに戻って4カ月間、クリスティを看病しましたが、彼女の魂の癒しの旅に大きな前進がありました。それは、周囲の人すべてに癒しをもたらしましたが、それはガン患者の癒しの旅において、よく起きることです。

クリスティの介護は、私だけでなく、彼女を知るすべての人にとって真の贈り物でした。クリスティが旅立つまでに、彼女は神からの贈り物に対し以前よりも自信が持てるようになり、以前ほど自己中心的な人間ではなくなっていました。母が亡くなってから18カ月後、クリスティは、創造主の無償の愛に溢れた光の中へと帰っていきました。37歳でした。

幸運なことに、私はいまだにクリスティと対話しています。彼女はベールの向こう側の世界から、人類に奉仕するために神のもとへ帰ったのです。私は今生でクリスティと姉妹として生まれたことに、また彼女が私の素晴らしい先生になってくれたことに、心から感謝しています。

＊＊＊

誰もが自分で癒せる

語り：ローリサ・B（米ニューヨーク州クイーンズ）

２００９年2月に、私は二型糖尿病と診断されました。体調は悪かったのですが、それまでどこが悪いのかわかりませんでした。記憶力は低下し、目はかすみ、常に疲れを感じ、恐怖感に苛まされ、まるで薬でもうろうとしたように、毎日を過ごしていました。医師からは、私の病気は一生もので、糖尿病を治す方法はない、と告げられました。しかし、シグネチャーセル・ヒーラー（シグネチャーセル・ヒーリングのレベル2修了）だったため、私はその診断を受け入れることができませんでした。私たち誰もが、自分を癒す知識を持っているということを、心の底から信じていたためです。

すぐに経口薬を処方され、状況を抑制できなければ、インシュリン投与が必要になると警告されました。（眼科医、内分泌学専門医、足病専門医など）紹介された医師の診断はすべて同じでした。私の症状は、少しならば抑えられるのですが、最終的には悪化する、そして、糖尿病が私の臓器すべてを攻撃し始めるのは時間の問題だということでした。

「どうすれば、再び健康になって、この病を『克服する』ことができるのですか？　少なくとも薬の投与量を削減することは可能ですか？」と尋ねるたびに、医師たちはまるで私が狂人であるかのように、哀れみの表情を浮かべました。

しかし、私の考え方は医師たちとは違いました。処方された薬を服用し、食生活だけでなく、全体的な生活習慣を変える必要のあることはわかっていました。それと同時に、私のすべての細胞が無償

	2009/2/16	2009/4/10	2009/6/13	2009/9/3	2009/12/5	ローリサの健康目標
ヘモグロビン A1c 値	12.5	9.9	6.7	6.2	6.0	<6

の愛であるフォトン・エネルギーに反応することも知っていました。

そこで、２００９年2月のその日から毎晩眠る前に、自分のハイヤーセルフに、私の細胞すべてのハイヤーセルフそれぞれに会ってくれるようにお願いすることにしたのです。

ここで、ヘモグロビンＡ1c値の変化に関する結果を記します（上のグラフ）。医師たちは、この結果に非常に驚きました。


今でも糖尿病と肝臓用の薬は服用していますが、量を半分に減らすことができました。私は、自分へのガイダンスの声に耳を澄ませたのです。

今では、自分の身体にとって滋養のある食品のみを食べられるように、瞑想しています。コレステロール値も血圧も良くなりました。

シグネチャーセル・ヒーリングは本物であり、効果のあるレムリア時代からの癒しの手法なのです。

＊＊＊

喜びに至った父との癒しの旅

語り：アナ・B-J（米カリフォルニア州マウンテンビュー）

2007年5月のことです。私はシグネチャーセル・ヒーリングを通じて、創造主の愛と光の導き手として人類に奉仕しようと考えていました。

ニューヨークでメル・モリシゲ牧師によるシグネチャーセル・ヒーリングのレベル1のクラスを受講した当初、私が目指したのは、この手法を学び、毎晩金色の光の粒子を用いて、自己治癒《セルフ・ヒーリング》と自己成長のために活用することでした。当時の私にとって、シグネチャーセル・ヒーリングを学び、訓練し、自分のものとすることが、これほどまでに必要だったことなど、また奇跡の癒しが目前に迫っていたなど、まったく知るよしもなかったのです。

レベル1のコースを受講して2カ月も経たない頃、父のトマス（79歳）は年に1度の健康診断と血液検査を受けるために、私たちの自宅のあるコネチカット州の退役軍人医療センターを訪れました。すると、検査から数日後、B細胞に異常が見られ、白血病か血液のガンにかかっていないかを判断するために骨髄の生体検査が必要だと言われたのです。

説明させていただきますと、B細胞とは感染症と戦う抗体を産生するリンパ球の一種です。血流中に最も多く存在するリンパ球で、健康な免疫系を形成するために非常に重要な役割を果たします。感染症と戦うだけでなく、再感染の際に増殖される「メモリー」細胞を創り出します。B細胞リンパ球はB細胞が変異して、ガン化する際に発生します。これが生じると、ガン性のB細胞が増殖するため、新しい細胞は変異後のガン化した細胞の構造を持つことになります。そのため、すべての人のB細胞リンパ腫はその人独特のものとなるのです。

イェール大学ニューヘイブン病院の血液学者に意見を尋ねたところ、父は一種のB細胞リンパ腫にかかっており、さらなる検査であるステージ分類の診断と治療が必要ということでした。

父が命にかかわる病気にかかっている可能性があるとの知らせに、私たち家族は気が動転し、衝撃を受けました。父の兄は骨髄ガンにかかり、多大な痛みに苦しみ、働き盛りの歳にこの世を去っています。過去にそういうつらい経験をした父にとって、決断のときが訪れました。この生存の次元から去るときなのか、それともスピリチュアル的な成長と癒しの機会なのか。それを見定める必要があったのです。

シグネチャーセル・ヒーリングのクラスで学び、どのようにしてリンパ系のB細胞とT細胞に直接働きかけるかについて学んだことに基づき、私は父に「ハンズオン・ヒーリング（手当てによる癒し）を施したい」と言ってみました。この手法を学んだばかりの新米ヒーラーだったため、最初は、結果にとらわれることなく、父を生かしたいという自分の必要性と父を助けたいという自分の願いとを分離することに四苦八苦しました。

私にとって、癒しのエネルギーのチャネルであり導管となることに対して最も難しかったのは、すべてを神の完璧さに委ねることでした。行った癒しの結果に対する期待感と執着心を手放すことは、神に対する私たちの意識と信頼感の水準を測る真の指針なのでしょう。愛する家族を癒さなくてはならないという点で、私にとっては他人を癒すよりも困難で、感情的に葛藤がありました。

ヒーラーかつライトワーカーである私たちは、人には自由意志があるうえ、それぞれの道を導いてくれるハイヤーセルフがいるため、他人が状況を変えられないことを知っています。私は、父に施すセッションが、父を失うかもしれないという怖れよりも、自分のスキルに注力できるかどうかといった、ヒーラーとしての私の力を試すものだと知っていました。

そうした観点から、私は父に「癒される」という積極的な心と創造主の愛と光を信じる気持ちこそが、ヒーラーである私と癒しの受け手である父の癒しの旅を最終的に決定するものだと説明しました。また、癒されるためには、「癒される」と望まねばならず、私たちの癒しのセッションがどのような結果になるかは、父自身の選択であり、また父のハイヤーセルフの選択だということも告げました。

さらに、シグネチャーセル・ヒーリングが行われる過程を説明し、私が父の頭、胸、首の一部やリンパ管の近くに手をどのように置くのかを告げ、私がセッション中に、創造主である神、マスター・イエス、天使の一群、高次元に生きるその他多くの光の存在に助けを求めることも話しました。

父は「治りたい」という願いと、神を信じる気持ちを明確に表明しました。私たちは、父が肉体・精神体・感情体を通じて、癒しのセッションを行っていくプロセスについて話し合いました。彼のそばに跪《ひざまず》き、すべてのセッションを祈りで始めました。私の左手を彼のハート・チャクラの上に、右手を松果体の上に置き、創造主の愛と光だけでなく、私の愛と光でも父を満たしました。

私は、シグネチャーセル・ヒーリングのセッション中に、父の病気が子どもの頃からずっと抑圧され、内側にうっ積したエネルギーに端を発していることに気づきました。父は20世紀初頭に、米国にやってきたイタリア移民の子どもです。13人兄弟の末っ子で、大恐慌時代に幼少時を過ごしました。父の生活には喜びはありませんでした。「死ぬまで働け」的な倫理観を叩き込まれていた一方で、教育を受けて、自分で何でもできる人間になりたいという自分自身の願いも、細胞に深く染み付いていました。成長期の生活は厳しいものだったそうです。楽しみもなく仕事に明け暮れ、子どもの多い移民の家族に生まれた運命を好転させるのに必死だったといいます。

　スピリチュアル的および全体的な癒しの道に基づき、私は父に対するシグネチャーセル・ヒーリングのセッションを強化するため、無償の愛をたっぷり注ぎ込むだけでなく、父に自己治癒《セルフ・ヒーリング》と許しのアファメーションを行ってもらうことに決めました。自己を癒すためには、まず自分の疾病の根源を認識する必要があります。父の場合、血液とリンパ系全体を流れる細胞の循環と、関連のあるB細胞リンパ腫に取り組まなければなりませんでした。

　私はヒーラーになるための学びとして、白血病、低血圧、血液凝固障害などの疾病は、人生における流れの滞りや喜びの欠如に関係していると知りました。

　その点を踏まえ、父と私は、私の心臓から私の手を通して、創造主の驚異的な愛を、父の血液、リンパ、骨髄に送り込み、それらの場所を愛で満たすことで、遮断されていた喜びを解放することに注力しました。父には、自分の人生におけるポジティブな要素に焦点を絞って、毎日を感謝の気持ちで始めるよう、お願いしました。

また、今現在に全力を注いで生き、ほんの些細なことにも喜びを感じるよう努力してほしいと頼みました。「私は毎日をあるがままに受け取り、明日のことは心配しません」というのが、父の新しい真言となりました。

2007年8月、メル牧師が、『ホノルル光の教会』が週に一度主催する癒しの会（ヒーリング・サークル）で、私の父を遠隔ヒーリングの対象としたいから一緒に参加するよう、誘ってくれました。ショーン・ホワイト牧師、シャロン・ケイ牧師を含め、父の癒しに加わってくださった癒しの会のメンバーの方々には感謝してもしきれません。

それからさらに6週間、私から総合的なハンズオン・ヒーリングとスピリチュアル・カウンセリングを受けたあと、父は前述の退役軍人医療センターに新たな検査のために出かけました。ガンの有無を調べ、リンパ腫の「ステージ分類」を診断するために、リンパ系すべてを計測する全身のCTスキャンを撮ってもらいました。

その結果、骨髄にはいかなる種類のガンも見当たらなかったのです！　他のリンパ腫もすべて陰性反応です。私たちみんなが驚き喜んだことに、ステージ分類はなく、放射線治療、抗ガン剤治療、薬投与もこの段階では必要なしとのことでした。父を診てくれた血液学者は、「お嬢さんによるお世話が良かったのですね」と言ったそうです。2007年8月31日のことでした。

2007年10月に、シグネチャーセル・ヒーリングのレベル2を完了した後も、私は週に1度、マスターガイド・キラエルがカフー・フレッド・スターリングを通じて教えてくれた最新の手法を用いて、父への癒しを続けました。父に行ったセッションは、父にとって最も癒しが必要だった感情体と精神体の奥深くへと流れ込みました。父の細胞すべてが創造主の愛と光を吸収したのは明らかでした。父に癒しを施すことで、私自身の細胞も癒されたかのように感じました。まるで、父と私で、父方の家族を数世代にわたり煩わせてきた疾病を癒したかのようでした。

数週間、いえ数カ月が過ぎ、父は四半期に1度の血液検査のため、再び退役軍人医療センターを訪れましたが、この時もB細胞に変化はありませんでした。

2009年4月、父にシグネチャーセル・ヒーリングを受けた体験と生活一般について、感想を書いてみないかと聞いてみました。すると、父は次のような感想を書いてくれたのです。

「娘のアナや、その他の方々が行ってくれたシグネチャーセル・ヒーリングで、私の健康は著しく改善しました。それとともに、私たちがどのように世界の一部を構成しているかをより深く理解したいという気持ちが強まりました。コネチカット州にある退役軍人医療センターでの検査は、私のB細胞リンパ腫が2007年8月以来、増殖していないことを示しており、現在では年に2度の検査を受けるのみです。シグネチャーセル・ヒーリングのセッションのおかげで、81歳となった私にとって、この世における残りの人生の質《クオリティ》は向上しました。次に私を待っているものが何であれ、楽しみにしています」

その年、父が一連の血液検査を受けた際、新しい担当医から、血液中にはB細胞リンパ腫が存在している兆候はないとの結果が報告されました。

「イェールで骨髄の検査を行ったとき、間違ったに違いないですね。血液にまったく問題はありませんよ。正常です。今後は年に3回ほどコレステロールの水準を調べるための血液検査にやってくることと、年に1度の健康診断にいらしてくださるだけで結構ですよ」

この最新のニュースを聞いたとき、父と私は顔を見合わせて微笑みました。父が創造主の愛と光に溢れた金色の粒子によって癒されたことを知っていたからです。

癒され、今この瞬間をできるだけ楽しみたいという父の願いが、父の癒しの旅を浮き彫りにしています。父は自ら癒しの奇跡を創造したのです。それを自らの目で見られたことを、私は光栄に思います。

2010年の今日、私がこの話を書いている時点でも、父は健康で、活動的に過ごし、毎日を満喫しています。実に、無償の愛はすべてを癒します。創造主から贈られた自由の選択を受け入れれば、すべては可能なのだ、と信じさえすればいいのです。奇跡は、意識的にそれを創り上げようとする人すべてに起きるのです。

＊＊＊＊＊

息子であるリック牧師の癒しの旅

語り：カフー

多くの人から「リック牧師」として知られている私の息子リックは、最近人生が変わるような癒しの旅を経験しました。２０１１年4月25日のことです。

カウアイ島に住むリックの彼女が電話をかけてきたのですが、いつものような挨拶の言葉がないだけでなく、「何か、おかしいんです」という彼女の声は真剣そのものでした。リックが電話に出ないというのです。リックがインフルエンザにかかっており、少なくとも直前まで自宅にいたのを私は知っていたため、気になりました。

彼女からの電話を切るやいなや、『ホノルル光の教会』の事務所からさほど遠くないところにあるリックの家に行き、ドアをノックしました。ひょっとしたら、彼がドアを開けて「どうしたの？」と言うのではないか、という気もしていました。しかし、しばらく待ってもリックは姿を現さず、私はドアをドンドン叩いたり蹴ってみたのですが、それでも何の反応もありません。私はとても心配になりました。

その後に起きたことは、永遠に続くホラーのようでした。警察に電話すると、そこから消防署と救急車に連絡してくれたので、あっという間にすべてが到着しました。すぐにドアを突き破り、部屋の中に入ると、リックは入り口から数メートルのところで床に座っていましたが、呼びかけてもまったく反応はなく、目は宙を見据え、微動だにしません。

彼はすぐに最寄りの救急病棟に運ばれました。救急病棟のスタッフには何度か、リックが薬でハイになっているのではないかと聞かれました。麻薬患者の意識がもうろうとしているように見えるからとのこと。リックにそんなことは決してなかったので、「いいえ、違います」と答えました。

その後、脊椎穿刺《せきついせんし》などさまざまな検査が行われましたが、原因はわかりません。その間ずっとリックはしどろもどろの状態でした。原因を突き止めるため、西洋医学で可能なことはすべて行われました。すでに8時間から10時間ほどが過ぎていました。

午前3時になると、状況を観察するため、リックは重症患者管理室に移されましたが、翌日には、私や自分の母親、他の家族たちを認識できるようになりました。すでに意識ははっきりとしており、通常どおり私たちと会話して、周囲の状況も理解したようですが、病院に運ばれるまでのことをまったく覚えていませんでした。自分の名前や今日が何日かなどを聞かれるたびに返ってくるのは、「2012年」という答えのみでした。

翌日になると、リックの状態は悪化し、また意識がなくなりました。脳のスキャンを行った結果、脳卒中を起こしたと診断され、すぐに集中治療室（ICU）へ移されました。その時点で、私たちはリックの彼女に電話し、彼の状態が急速に衰えていることを告げ、カウアイ島からこちらに来るように勧めました。

病院に運ばれて丸3日経った頃、医師団はリックの鼻腔に閉塞箇所を見つけ、これが脳卒中を引き起こし、脳の膨張につながったと判断。主治医には、「この段階でできるのは祈ることだけだ」と言われました。

しばらくすると、医師は血栓を取り除き、脳圧を軽減するという、高リスクの手術を勧めてきたのです。過去の成功率はわずか5パーセント。しかし、西洋医学の視点からは、これが41歳の息子に残された唯一の選択肢でした。つまり、手術を受けなければ、息子は数日中に逝ってしまうというのです。何という選択肢でしょう！

医師団が西洋医学の最新技術のすべてを駆使したうえ、私たちがシグネチャーセル・ヒーリングを施したにもかかわらず、息子を助けようというみんなの努力はすべて水泡に帰そうとしているかのようで、私たち両親は向き合って立ち尽くし、祈りました。

私たちはリックのために手術を承諾し、リックは6時間にわたる手術を耐え抜きました。担当外科医はリックが手術を生き抜いたことから、手術は成功だとみなしていましたが、除去できた血栓はごく一部のみで、様子見の状況でした。

医師団ができる限りのことをすべて行ってくれたのは、明らかでした。しかし私は、この時点でリックの回復に残された真の選択肢は、シグネチャーセル・ヒーリングだということにも気づいていました。

午前3時に病院から帰宅した私は、リックへの遠隔ヒーリングを開始しました。

まず、ビジュアライゼーションのために術前・術後のリックの脳の画像を参考にして、大脳葉の間の鼻腔に向けて金色の粒子の流れを注ぎ込みました。金色の粒子の流れ、いわば「レーザー」によって、リックの脳の閉塞箇所に18センチほどの穴を掘り始めました。世界中からリックに送られた祈りも使わせていただき、私たちはさらに閉塞箇所を解放する作業を続けました。西洋医学の医師団が行ってくれた治療に、シグネチャーセル・ヒーリングによる癒しを織り込むことができたのです。これは完全なる奇跡でした。

このような苦しい試練の間中、世界中のシグネチャーセル・ヒーラーから、リックへの心からの愛だけでなく、奇跡的な結果を祈っているとのメッセージが続々と届きました。こうした祈りやポジティブな思考がなければ、リックは助からなかったかもしれません。愛に溢れた気持ちと祈りは、癒しにつながる愛の力を証明するものだといえるでしょう。

リックの状況は、さらに良くなります。リックが手術を受けた晩、隣で妻が眠っている間も、私はベッドに横たわったまま、リックにとって癒しの旅の次のステップは何だろうか、と思いを馳せていました。

突然、金色の粒子が私に向かってやってくるのが見えた気がしました。知らないうちに眠ってしまい、夢を見ていたのでしょうか？　粒子はベッドの上で静止しているように見えます。何らかのパターンが構成されているようでした。そんなはずはない、気のせいだろうと、首を振り、時計を見ると午前3時。夢ではないことを確信するために腕をつねってみると、痛みを感じたので、夢を見ているのではないようです。

金色の粒子がどんどん大きくなっていくにつれ、好奇心がむくむくと頭をもたげてきました。金色のパターンの光に向けて手を伸ばしてみると、金色の粒子の真ん中から力強い男性の声が聞こえてくるではないですか！　それは、知らない人の声ではなく、息子の声でした。

「僕に触れないで、お父さん。僕は生き延びるよ、ということを伝えに来ただけだからね。病院の人たちが何と言おうと、僕は僕の癒しの旅すべてを歩むからね。だから、今はゆっくり休息しなよ」

その光の粒子に触れるべきではないことは、じっくり考えなくてもわかることでした。その場ですぐ、心配することなど何もないことがわかりました。

さらに、別のことにも気づきました。私は、魂の光を目の当たりにしたのです。畏敬の念に頭を垂れる思いでした。


その後しばらく経った午前3時15分頃、リックの手術からちょうど24時間後に、ベッド脇の電話が鳴りました。心電図モニターで脈拍の波形がフラット化し、リックの心臓が停止した、という看護師さんからの連絡でした。しかし、幸運なことにすぐに蘇生できたというのです。私は特に何の心配もなく冷静な気持ちで、看護師さんの声を聞いていました。

「すぐに病院にいらっしゃいますか？」との質問に、「朝になってから行きます。おやすみなさい」と答えました。私の耳には、その少し前に聞いた息子の声が響いていました。

「病院の人たちが何と言おうと、僕は僕の癒しの旅すべてを歩むからね。だから、今はゆっくり休息しなよ」

その声を耳に、私は深い眠りにつきました。

その日から、私はリックが日に日に快方に向かうことがわかりました。リックの旅について、少々話を先に進めてしまったようですね……。実際にはリックの癒しの旅の話なので、この後は彼自身に話してもらいましょう。

何があるかわかりませんよ。蛙の子は蛙です。この父にして、この子あり。いつの日か、リックも癒しについての自分自身の本を出版するかもしれません。ここまでは私の目から見たリックの癒しの旅ですが、これを書く機会をもらったことを心から感謝しています。

＊＊＊

語り：リック

私の旅は、インフルエンザらしきものから始まりました。救急車で救急病棟に運ばれたのですが、脱水状態にあり、意識はもうろうとしており、手術を受ける必要がありました。そして術後に、私の心臓は突然停止します。看護師さんが心肺蘇生（ＣＰＲ）を施してくれたおかげで、私は息を吹き返すことができました。

こうした詳細の一部は、すでに父の話を読んでご存知でしょう。しかし、話はこれだけではないのです。「あちらの世界」で経験したことを話したいと思います。

その間、私は夢らしきものを見ていた気がします。視覚的にいうと、夢の中ではすべてがグレーのハイヴィジョン（HD）のようでした。

ある一軒家に向かい、その正面ゲートを抜け、庭を横切り、歩いていたのを覚えています。ドアをノックしたのですが、その際、自分の脇に別の「エネルギー」がいるのを感じました。ドアが開くと、執事と思われる人が出てきて、私たちを迎え入れてくれました。この場所が現実とは違う世界だということはすぐわかりました。なぜなら、この「執事」さんが、2次元世界の人物として姿を現したためです。つまり、真正面から見るとまったく普通に見えたのですが、家を案内するために横を向くと平らな板のようだったのです。

彼に案内されて奥に入るにつれ、状況は少々奇妙な様相を帯び始めました。外側から見たときより内側は大きいのです。外側からは3つの寝室がある2階建ての家に見えたのですが、内側から見ると、さながら広々とした大邸宅で、緩やかな螺旋《らせん》階段と数えきれないほどの部屋があるようでした。さらに、10数種ほどのエネルギーが自由に行き交っているのが感じとれました。全員、私のことを知っているようです。彼らは私の名前を呼び、私がそこにいるのがわかっているようでした。ここでもすべては2次元世界の様相を示し、立体感がありませんでした。

私に最初に挨拶した2種のエネルギーは、上流階級出身のように思えました。

女性のエネルギーのほうは、1920年代から躍り出たかのような衣装をまとっています。それより奇妙だったのは、体そのものでした。顔、胸、胴体、両腕、両足は、合計7つの三角形で形成されていたのです。

男性エネルギーを発している同伴者の体は、丸みを帯びた部分もありますが、一部は平面的で鋭角でした。体は7つの三角ではなく、7つの丸で形成されていた点を除けば、女性エネルギーと同じ体つきでした。

女性エネルギーの存在は、まるで「あなただけが他とは違うのよ」とでも言わんばかりに、作り笑いをしながら私を眺めていました。自分の姿がそんなにおかしいのかと、私は自分の頭の天辺《てっぺん》からつま先までを見ましたが、いつもどおりです。しかし、彼らとまったく違う姿なのは明白でした。

男性エネルギーの存在が彼女の前に出たため、私の注意は彼に移り、ニッコリ微笑んだ彼は私の肩に触れました。

「ようこそ。この段階で、あなたがここにいらっしゃるとは思いもよりませんでした」

そこで私はこう答えました。

「私もまだここに来る予定ではありませんでした」

それに対する彼の答えはこうでした。

「とにかく、ここでの時間を満喫してください。あちこち探索して、周囲の状況を見定め、ここが自分のいるべき場所かどうか判断してください」

そこで、私はその家を探索し始めました。しばらくすると、奇妙な場所に行き当たりました。二層の岩壁でできており、隅っこには洞窟らしきものが見えます。こうした規模の家に、こんな洞窟があるのは奇妙だと感じました。

この家にやってきたときに一緒にいたエネルギーの存在がまだ私の脇にいたので、一緒に探索を続けましたが、到底普通とは思えない多くの事物に遭遇しました。たとえば、クエスチョンマークの形をした存在がいるかと思えば、棒のような形をした存在、またはアコーディオンのような形をした存在もいました。こうした存在たちはみんな私のことを知っているようで、最初に出会った存在と同じことを言っていましたが、彼らの言葉はもっと心がこもっており、誠実に感じられました。しかし、「あなたはここにいるべきではないのですよ」と、みんなが同じことを言うのにうんざりしてきました。ようやく、私は、自分がここにいるべきではないのだと痛感したのです。

ガイドなしのツアーが終わると、執事がやってきました。私たちを岩壁の近くにあるベンチに導き、あたりを見回すように言いました。そして優しく、こう尋ねたのです。

「あなたは自分がここにいるべきだと思いますか？」

私は、そこで出会ったすべてのエネルギーの存在と一緒にそこにとどまるか、家に戻るか、選択肢を与えられたのです。ベンチに腰掛けたまま、経験したすべてのことを考えながら、自分は何をすべきか真剣に考えました。何をすべきかアドバイスでももらえないかと、執事に目を向け、何らかの感情を読み取ろうとしましたが、まったくの無表情です。

すると、この旅の間、ずっと私の脇にいた例の存在が初めて口を開きました。

「行きなさい。こんなチャンスは二度と与えられませんよ。折角のチャンスを無駄にしないで。さあ、行きなさい」

周囲を見回しながら、自分の気持ちにためらいがあったのを覚えています。少々考え込んでいたらしく、連れが私を肘で突っつきました。

立ち上がると、隅っこの洞窟に光が灯り、脈動し始めました。洞窟に足を踏み入れた瞬間、炸裂する数百万もの光の粒子に包まれ、それまで経験していた次元を離れるのを感じました。

目が覚めると、病院でした。今思うに、私の精神体が決定をくだすのを待つ間、あの旅のような次元に送られたような気がします。私の肉体がキャッチアップする（遅れを取り戻す）ために、あの空間での経験が必要だったのでしょう。

あの状況で自分が部外者のように感じたことは、非常に居心地の悪いものでした。そのため、旅の間中ずっと神経質になっていたのを覚えています。リラックスすることも肩の力を抜くこともできず、「何か」が起きるのを待つことに甘んじるほかありませんでした。

今思い起こすと、最初の段階で意識的に、癒しの旅に専念することを決めていたのだと思います。どういうわけか、自分がどこにいるべきかわかっていたようです。近い将来に私の人生で起こりうることを経験するために、まだ生きている必要があるという潜在意識が私の中に深く染み込んでいたのかもしれません。あるいは、すべきでないことをしていたためでしょうか？

多くの人に、「真珠の門」（訳注：聖書『ヨハネの黙示録』に登場する天国への12の門）に到達したのかと聞かれます。私の答えは「ノー」です。私がいた場所は門ではなく、洞窟だったからです。それがどこだったにせよ、病院より良い場所だったのは確かです。

洞窟に足を踏み入れた時、実際そうした思いが脳裏をよぎりました。私の全身全霊が、「家に帰ろう」と私に告げていました。しかしそれは、創造主のもとに帰ることではなく、私の肉体に戻るという意味での帰郷でした。

のちに、父から体験談を聞きました。病院での長い一日を終え、家に戻りベッドで横になっていると、午前3時くらいに、突然頭上に金色の光の粒子が浮かんでいるのに気づいたそうです。粒子は明るく輝き、ゆっくりと振動し、その動きはどんどん活発になっていったといいます。

そこで、父は手を伸ばして光の粒子に触れようとしました。まさに手が触れようとしたその寸前、エネルギーの球から私の声がして、「お父さん、触れないで。僕は大丈夫だから」という意味のことを言ったそうです。

しばらくして病院から両親に電話があり、看護師さんから、私の心臓は停止したけれども、その後息を吹き返したと告げられたようです。そして、看護師さんは両親に、すぐに病院に来るか尋ねたそうですが、父はその少し前の経験を思い起こし、朝になってから出かける、と言ったとのこと。

それにしても、非物質的なスピリチュアルの力に対する両親の信頼はすごいものです。とるものもとりあえず、病院に駆け付けたいという親としての人情を我慢するのに、どれほどの強さと信頼が必要だったことでしょう？ 私の両親は、私の声を使ってメッセージを伝えた明るく輝く光の粒子に全幅の信頼を寄せたのです。

私にとって、この旅は決して忘れることのできない経験です。両親だけでなく、世界中から私のために祈り、癒しのエネルギーを送ってくれたすべての人々に対する感謝の気持ちは尽きません。

私はシグネチャーセル・ヒーリングの効果を心から信じています。脳卒中に倒れ、きわめて危険な手術を受け、臨死体験をしました。いいえ、それ以上のさまざまな経験をしました。とはいえ、医師団による真摯な治療、私の意志力、シグネチャーセル・ヒーリングのおかげで、私は逆境に打ち勝ち、リハビリを始め、家に戻ることができたのです。

集中治療室を出る前に、血栓のＭＲＩ（核磁気共鳴画像法）を撮ってもらいましたが、結果は、閉塞箇所の3分の2が再開通していることを示していました。医師団は「奇跡だ」と言うだけで、その理由を説明することはできません。それほど短い時間で、静脈が開通することを予測していなかったからです。数カ月後に再度ＭＲＩを撮りましたが、どこにも血栓は見当たりませんでした。医師たちは、奇跡だと繰り返すだけでした。

私は日一日と快方に向かっています。シグネチャーセル・ヒーリングの正当性を信じており、すべては治ると確信しています。

『ホノルル光の教会』で週に1度、両親をはじめ、他のパワフルなヒーラーたちと一緒にシグネチャーセル・ヒーリングを行っていますが、１００パーセント治ったと感じています。回復を信じて、ポジティブな姿勢で事態にあたれば、何事も可能なのです！

おわりに

あなたがまだ愛の世界に触れていないとすれば、シグネチャーセル・ヒーリングの真のレベルで癒しが始まっていないということです。

友よ、本書でご紹介した癒しの体験談は、私たちがどこからやってきて、どこに戻っていくのかを教えてくれます。自分自身を愛する勇気があれば、ご自分を心から愛して真の癒しの旅を歩むだけでなく、どうぞさらにその先へと進んでください。

そうすれば、最も深遠なレベルにおいて真実を知ることができます。私の観点からは、それこそが最高の恩恵だといえるでしょう。

「意識的な創造の10の原理」とは
～シグネチャーセル・ヒーラーのための解説～

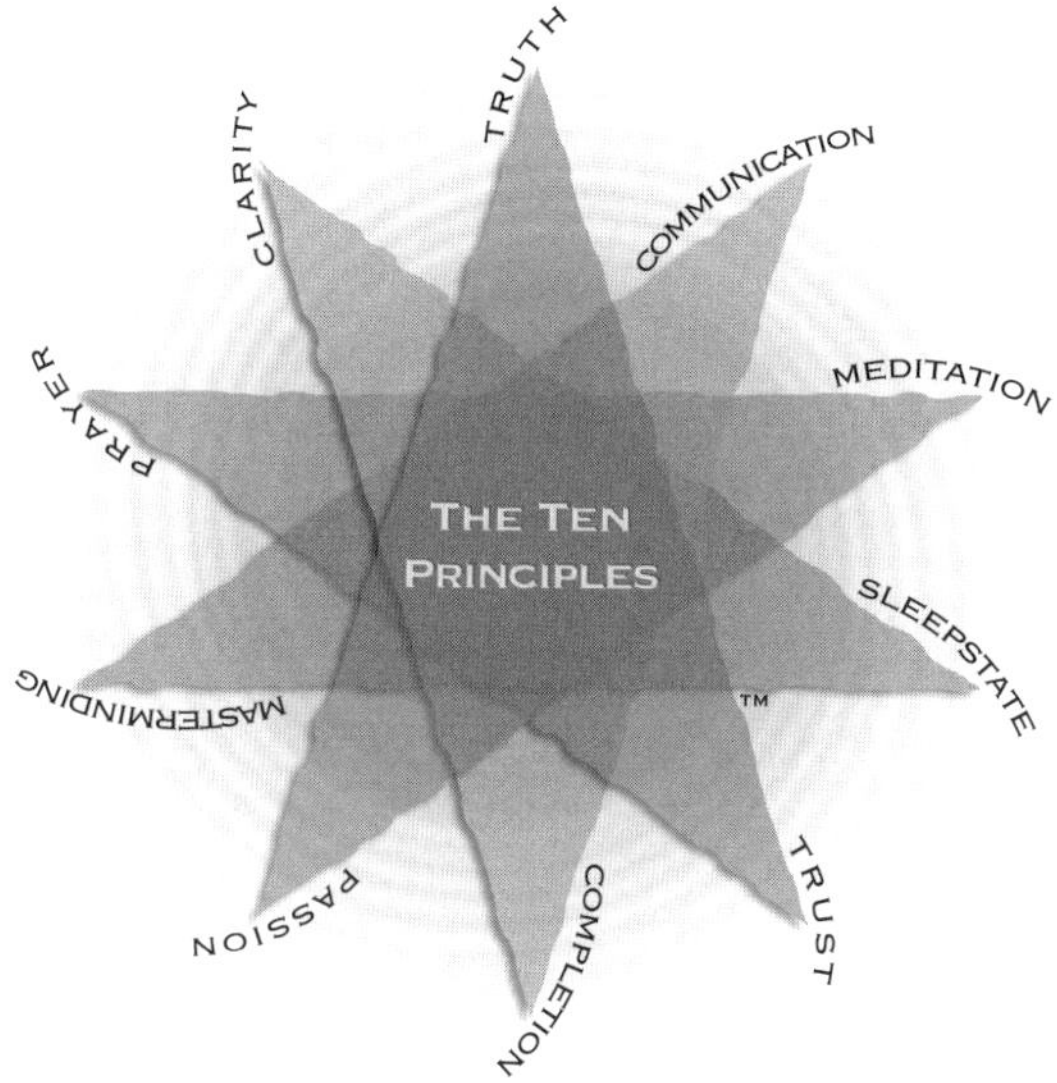

第1の原理【真実】

シグネチャーセル・ヒーリングにおける真実：真実とは、英語の言葉の中で最もパワフルな言葉かもしれません。「意識的な創造の10の原理」での最初の原理である真実を考えるとき、私たちは愛を手にするために、あらゆる思考を見直そうという気持ちになります。すべては癒されるということを、心の底から理解してください。ヒーラーと癒しの受け手の間に存在するエネルギーが、真実の鍵を握っています。

ヒーリングのための言葉

「この真実に基づき、私は常にポジティブでいられるように心がけます。しかし、癒しの受け手に、偽りの希望を抱かせるつもりはありません。最高次の光の中で、真実は常にすべてに打ち勝ちます」

第2の原理【信頼】

シグネチャーセル・ヒーリングにおける信頼：信頼とは、容易には確信できない言葉かもしれません。自分のハイヤーセルフも含め、より高次のエネルギーが癒しの全行程を導いてくれると信頼してください。

ヒーリングのための言葉

「私は、愛と光にのみつながると信じています。この点において、私の心はあらゆる癒しの可能性を進んで受け入れ、決してあきらめません」

第3の原理【情熱】

シグネチャーセル・ヒーリングにおける情熱：情熱は、信念のひとつのかたちとしてのみ、とらえることができます。真に情熱を感じるということは、細胞意識に入り込むことにほかなりません。癒す、そして癒されるという情熱に光の力と古代の叡智を合わせて、癒しの過程を強化してください。そうすれば、何事も可能です。

ヒーリングのための言葉

「人に奉仕するという私の力は、私が癒しのために創造する情熱によって評価されます。この情熱があれば、自分が常に大いなるすべての一部だという希望が消えることはありません」

第4の原理【明確さ】

シグネチャーセル・ヒーリングにおける明確さ：完全な明確さに基づく変化が、完了の新たなレベルにつながることをどれほど認識しているかによって、行動が評価されます。明確さがあれば、私たちは最善かつ最高の結果を得られるような、癒しのあらゆる可能性を探ろうとする意図に集中することができます。

ヒーリングのための言葉

「確信が持てないとき、私は細胞組織のパターンを探し求め、自分の求めるものを見つけ出します。私は知っています。決して推測しているわけではありません」

第5の原理【コミュニケーション】

シグネチャーセル・ヒーリングにおけるコミュニケーション：いかなるかたちにせよ、コミュニケーションは「ハイヤーセルフ」と呼ばれる光源を通じて活性化しなくてはなりません。そうすることで、コミュニケーションは完璧になります。癒しの受け手・ヒーラー・高次の愛の力という三位一体がコミュニケーションをとることで、バランスが創造されます。

ヒーリングのための言葉

「私は常に、自分のハイヤーセルフも含め、見えざる光とコミュニケーションをとる力を進化させることに努めます。そのため、私は常に新鮮で活力に満ちた状態でいます」

第6の原理【完了】

シグネチャーセル・ヒーリングにおける完了：ヒーリングの最終結果は、10の原理の成果でなくてはなりません。完了は新しい旅へ足を踏み出すことであり、何ひとつ成り行き任せにしないということだからです。「5歩か50歩の旅」を用いて、あらゆる癒しの可能性を見つけてください。断念するという選択肢はありません。

ヒーリングのための言葉

「私は選んだ癒しの過程の豊かさを達成することに奉仕しており、私の行動は純粋です」

第7の原理【祈り】

シグネチャーセル・ヒーリングにおける祈り：人に知覚できないエネルギーとのコミュニケーションは、自分には、そうした存在と完璧に対話できる力があると認識して行わなければなりません。祈りは、人間である自己と他のあらゆるレベルの光の意識体をつなげます。祈りを通じて癒しの意図を確立してください。

ヒーリングのための言葉

「私は癒しの過程を、癒しを意図する祈りで始めます。そして感謝の祈りで終えます。その間に存在するものはすべて癒しです」

第8の原理【瞑想】

シグネチャーセル・ヒーリングにおける瞑想：瞑想に関する意識的な意図がどのようなかたちをとるにせよ、他の意識のレベルから癒しに関して最大なる洞察力を受け取ることは、この上なくパワフルな経験です。大切なのは瞑想時間の長さではなく、瞑想を活用して自分の世界と癒しを意識的に創造することに最大限努力することです。癒しを行う際は、常に意識を研ぎ澄ませてください。

ヒーリングのための言葉

「私はすべての存在を認識できるように、つながりを維持し、自分自身の癒しの旅を歩むために毎日瞑想します」

第9の原理【睡眠プログラム】

シグネチャーセル・ヒーリングにおける睡眠プログラム：あなたの癒しの過程を強化し、望んでいる結果を達成できるように、信頼できる人々と睡眠中に会えるよう、ハイヤーセルフに頼みます。

ヒーリングのための言葉

「私の力は、起きているときのみに制限されているわけではありません。目が覚めていないときでも、自分の高次の意識を働かせ、その時点で可能な限りの癒しを模索することに努めます」

第10の原理【マスターマインド】

シグネチャーセル・ヒーリングにおけるマスターマインド：共通の願いを持つ2人以上の人が協力して、願望を3次元のエネルギーに織り込んだとき、願いは実現し、奇跡が起きます。

ヒーリングのための言葉

「私は、4体がすべてつながったときの、癒しにおけるマスターマインドが持つ強大な力を知っています」

シグネチャーセル・ヒーリングにおける【レムリアの数秘術】とは

1. 創造主

創造主の光に再びつながる：愛との調和が崩れてしまったと認識されるものはすべて癒し、創造主の完璧さに戻すことが可能です。1は、「すべての創造物との調和」を意味します。

2. 二元性《デュアルティ》

陰陽のバランス：細胞意識の調和を図るとは、すべては最高の波動である愛に回帰させることができると揺るぎない信頼を持つことです。二元性《デュアルティ》において、2は、「陰と陽の調和」を意味します。これは、4次元の存在になるにあたり、怖れを愛に、愛から光に変える概念を測る基準となります。

3. 三位一体

真実・信頼・情熱：真実・信頼・情熱の三位一体に基づく癒しの行為は、意識的に奇跡を創り上げます。この三位一体による癒しの行為は、地球上において意識的に人生を創り上げるという、3次元の現実の明確な特徴といえるでしょう。

4．4体にバランスを織り込む

肉体・感情体・精神体・スピリット体を自覚：バランスのとれた波動の「織り込み（Weave）」を創り上げるためには、真の癒しが4体（肉体・感情体・精神体・スピリット体）すべてで生じる必要があります。それができてこそ、人は愛に満ち溢れているといえるのです。

5．愛

創造主の無条件の愛：癒しの道は愛で創り上げ、経験しなくてはなりません。癒しの全行程は具現化された愛を知ることです。愛とは完璧さの結果であり、愛に満ちていれば、すべては壮大です。

6．極《マスターす》める

自分の人生のあらゆる側面を完全にコントロールする：癒しの技《わざ》を極《マスターす》めるために、ヒーラーは、自分と癒しの受け手および見えざる光の力を巧みにつなげて、申し分のない関係を築き上げなくてはなりません。それができた時点で、ありとあらゆる驚異的なことが生じます。

7．移行

癒しのエネルギーの流れと変貌：癒しは進化します。ひとつの癒しのレベルを極める《マスターする》たびに、その完璧さを祝い、次のレベルに向けて準備しましょう。すべては愛だと認識することが鍵です。

8．無限性の「織り込み（Weave）」

スピリット体としてのエネルギーと、人としてのエネルギーと同時につながる：癒しのあらゆる可能性を求める際、癒しが得られる他の領域も進んで探索しなくてはなりません。私たちは人間を経験している霊的存在です。人間としての理解力を超えた癒しもあるのです。

9．完了

自分の人生で（癒すと）選んだことを完了する：癒しの完了は、完全なる認識が伴うときに達成されます。そのときが訪れるまで、癒しの旅を最大限に育まなくてはなりません。完了に達するための旅が5歩ですむにせよ、50歩かかるにせよ、癒しは必ず完了するのだと信じてください。

光の女神パティ・セーラ・アニーラによる〈癒しの9つのシンボル〉

カフー・フレッド・スターリングによる紹介

　ここでは、私が心の底から大切だと思っていることを紹介します。

「癒しの9つのコード」とは、古代レムリアで用いられていた癒しのシンボルです。女神パティ・セーラ・アニーラが私たちにシンボルを明らかにしてくれた背景には、キラエルと私からの導きと励ましがあったことも事実です。しかし、シンボルについての記述がこの癒しの本の一部になりえたのは、ひとえに彼女が魂の奥深くから愛と勇気を振り絞ってくれたおかげです。

　癒しのシンボルに心を開くと、あなたの癒しの旅は大いに深まることでしょう。ここで掲載する各シンボルは、音と色の波動を創造し、人の細胞意識の奥深くまで癒してくれます。論理的思考に固まった頭脳では、そうした波動を理解できないかもしれませんが、心では理解し歓迎するはずです。ですから、この魅惑に満ちた旅を歩み、癒しのシンボルに心を開いてください。目前で実際に旅が展開するのを眺めてください。そうすれば、この人生という旅において、あなたの心の真実が有意義に広がっていくのがわかるでしょう。

私は、癒しのシンボルによって、癒しの受け手またはヒーラーとしてのあなたの癒しの旅が次のレベルに到達し、すべては癒されるのだと理解することを心から願っています。ひょっとしたら、シンボルからインスピレーションを受けて、今度はあなたが、シフトが進む今の時代において、人々のためになる新たなシンボルをもたらすかもしれません。

シンボルをどのように用いるかは、すべて導き《ガイダンス》次第です。

まず、瞑想を行うときにどれかひとつのシンボルの上に手のひらを置き、どのような印象を受けたかを書き留めてみましょう。

意識のグレートシフトが起きている今の時代に、癒しのシンボルを地球にもたらしてくれたパティの旅に対して、尊敬の念を抱いています。癒しのシンボルに触れれば、彼女の愛を感じるはずです。本書への彼女の貢献に、心から感謝しています。

癒しの９つのシンボルとは

癒しの９つのシンボルは、層状の磁気形態の中で一直線に並んでいます。各々が特殊な目的を持っていますが、シンボルが誕生した時は異なっており、地球上で最も古いものでは４万８０００年ほども昔に遡《さかのぼ》ります。

シンボルは、意識のグレートシフトが起きる時、人々に明らかにされてきました。３次元から４次元への現在の移行局面において、意識の覚醒を経験している多くの人々の癒しを手助けするため、シンボルは再び姿を現したのです。

さあ、親愛なる友よ。このシフトのときに、心の最も深い部分を見つめてください。それぞれの癒しのシンボルがあなたの隅々に浸透していくのを感じながら、あなたの最も深遠な真実が明らかになるのを待ちましょう。シンボルが、あらゆる角度から、あなたに光をもたらしてくれるのを感じてください。すべてのシンボルが生きていることを理解してください。

各シンボルには、躍動するエネルギー、すなわち「感情」が備わっています。シンボルがあなたに話しかけるとき、常に動いているのです。どんな瞬間でも、あなたが処理し適用できる情報を得られます。シンボルは、絶え間なく移り変わるサイクルのように、真実の完全性を象徴する光の流れであり、最大の輝きを放つ愛の光なのです。

シンボルは癒しの色、音、メッセージを提供してくれるかもしれません。メッセージに耳を澄ませましょう。癒しに関する真実を見ることが必要です。

肉体にとらわれず、人生の明確さを、そして愛の明確さを理解してください。思考はあなたをどこへ導いてくれますか？　より深い境地へとあなたを導いてくれますか？

心で光の言葉を感じてください。さあ、そこから始まるのです。

【第1のシンボル：完全性に焦点を絞る】

古今を通じ、どの世紀においてもそれぞれの文明には記録された歴史があります。癒しについて記す際、歴史は常に「生命の息吹」について触れています。生命の息吹とは、呼吸を通じてあなたが創造主と一体になることです。そこに分離はありません。人によって自分の旅の表現の仕方はそれぞれ異なりますが、愛を表現し、学んだ場合、分離はありません。
人生の全行程において、愛の完全性で満ち溢れた道を創造してください。自分のすべてを愛しましょう。幻想にとらわれず、真実を見極めてください。勇気を奮い起こし全身全霊で、真の自分になるための情熱を見つけてください。前進することに焦点を絞るのです。振り返ってはいけません。この

癒しの旅においては、過去を振り返っても完全性のエネルギーは見つからないからです。「焦点を絞ること」で、前進する瞬間に癒しのエネルギーを注力して取り組めば、何を望むにせよ、すべては具現化できます。これこそが3次元における具現化の法則です。

自分で決めた空間では、癒す力があるのです。

【第2のシンボル：調和に耳を澄ませる】

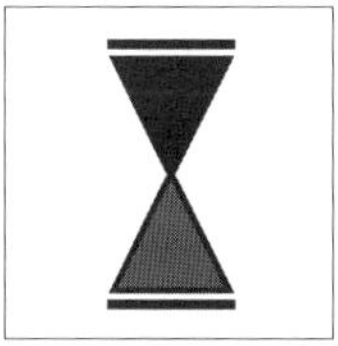

次の点を理解してください。全生涯を通じて、調和をとることが大切です。癒し同様、調和の流れは人生におけるいかなる瞬間にも、いかなる段階でも生じています。陰と陽が等しくなった点で終わるわけではなく、あなたに一貫性をもたらしてくれるのは、あなた自身が創り上げるエネルギーの流れなのです。人生において、すべては完璧です。一瞬一瞬の調和があなたに語りかけるからです。調和は、癒しの次の段階に進み、次の瞬間を経験するよう、あなたに告げるのです。

すべての段階や瞬間は、あなたが望むものをもたらしてくれますか？　調和を達成し、それを理解するためには、その瞬間のエネルギーの流れに耳を澄ませるだけでいいのだと信じることです。時間が存在しないかのごとく、すべての瞬間が持つ意味を完全に理解しなくてはなりません。シグネチャーセル・ヒーリングでは、癒しの完全性に向かうすべての瞬間の調和は、よどみなく流れる愛の波動なのです。

光の存在は、すべて完璧です。調和はすべての瞬間において完璧なのです。なぜなら、あなたを愛に満ち溢れた状態に近づけるからです。

【第3のシンボル：情熱の種を植える】

苗木が土壌の中で成長するにつれ、根は地中奥深くへと伸び、種の中では枝が空を目指し始めます。種は、創造主から賜《たまわ》った内なる情熱のみが自分の目的を達成できることを知っているのです。そのため、苗木は真っ直ぐ、高く伸び、色も最初の緑から深緑へと変化し、広大な森に溶け込みます。

あなたの情熱の種が、道を照らすよう心がけてください。どこに行こうとも、誰と話そうとも、あなたの情熱の種を植えましょう。そのエネルギーこそが、あなたの手を取り、あなたが行きたいところへ、成長したいところへと導いてくれるのです。さあ、新しい光に生まれ変わりましょう。

苗木は情熱と洞察力によって、真っ直ぐに、集中的に成長します。その道は溢れんばかりの光に

満ちています。

【第４のシンボル：４体の織り込み（Weave）を強化する】

人間の旅では、４体それぞれを融合させ、互いを織り込みます。４体はそれぞれ等しく重要であり、それぞれが完了した状態の豊かさに満ち溢れています。「意識的な創造の10の原理」における神聖なる三位一体（真実・信頼・情熱）に導かれ、４体の目標が同じペースで、また調和のとれた状態で機能するように調整してください。

４体の「織り込み（Weave）」全体を通じて、思考の波動が明確さとコミュニケーションを伴って流れたとき、あなたは非常にパワフルになるでしょう。

こうした力の「織り込み（Weave）」は、あなたの４体の思考システムに含まれています。あなたの思考システムは、あなたの４体です。あなたの考えることが、あなたなのです。

【第5のシンボル：癒しの儀式を創造する】

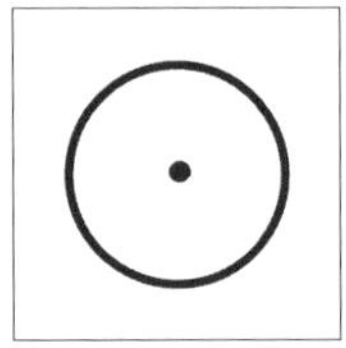

幻想ではなく、愛の真実のみが現実の次元に存在します。創造主の愛は、ワンネスとして表現される、唯一真の愛の光です。このような完全性の状態には、感情、すなわちあらゆるレベルで普遍的に連絡し合う、輝きに満ちた、金色の粒子の波動の動きが伴います。それは全知で、すべてを包容する、ちょうど大いなるすべてを讃える儀式を行うような感覚です。

あなたの癒しの神聖さを、あなたの癒しの儀式としましょう。創造主はあなたです。

あなたの中に、生きとし生けるものの真実が備わっています。

………

【第6のシンボル：自分のマスタリー（極められるもの）を見いだす】

自分の選択した旅を極めてください。人生という旅を満喫し、自らが自分の人生の旅となり、それを表現しましょう。

人生の計画を成就できるように道を歩み、人生におけるマスタリーを見いだせる道を選択してください。あなたは流れの波動の間に存在する空間を経験するでしょう。そこでの最終結果は、調和のとれた完全性です。マスターになるには、人生を極めなくてはなりません。勇気を奮い起こして、人生を堪能してください。

マスタリーとしての目標へと向かう道では、隠されているものが必ずや明らかになります。

【第7のシンボル：自分の立場を明確にする】

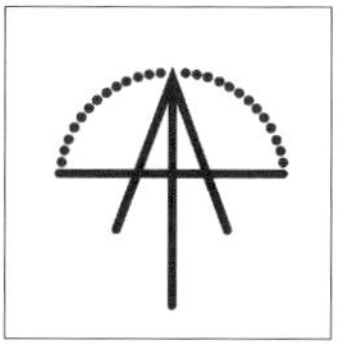

覚醒しつつあるヒーラーの皆さんへ。マスタリーを達成すると、あなたの第三の目があなたという愛に微笑みかけます。あなた方の惑星である地球は学びの星であり、そこでは愛が教師です。与えられた愛と、自らへの愛のみが、最善の結果をもたらしてくれます。

癒しと、あなたの人生における使命《ミッション》へ向かう覚醒の道に専念してください。「立場を明確にしなさい」と告げる天の声が聞こえるでしょう。これこそ、あなたが母なる地球の大いなるシフトに参加する理由なのです。

本当の自分を表すことに、確固たる決意をもって専念してください。あなたの認識を広げましょう。

【第8のシンボル：愛からインライトンメントに向かう】

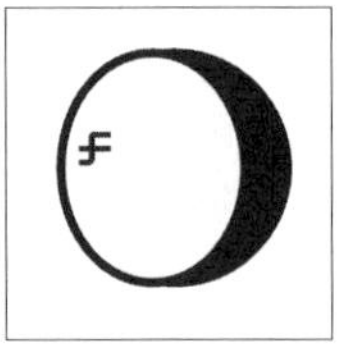

刻一刻と地球レベルでの変化が生じていますが、それによってもたらされる結果は、覚醒しつつある人々、つまりあなた方にかかっているのです。癒しが生じると、人は愛し、愛を理解することを学ぼうとします。しかし、あなたが愛に満ち溢れてはじめて、意識の偉大なるシフトは個人レベルの成長から地球レベルの成長に変化します。この第8のシンボルがあなたの心に届くと、愛からインライトンメント（用語解説参照）に向かう道における、現在の段階を見ることができます。

このシンボルはあなたを光で満たし、暗闇を取り除いてくれます。これは、ガイド、天上の存在、天使、それぞれのハイヤーセルフ、そしてきわめて深い瞑想状態にある人間の連携プレーなのです。

すべての要素が一致団結すると、集団で達成しうる最高のレベルに向かいます。

……………

【第9のシンボル：光を運ぶ】

最もパワフルなシンボルの1つである第9のシンボルは、あなたが気づいていようがいまいが、愛があなたをいかに包んでくれているかを伝えてくれます。柔らかくとらえがたい流れで、すべての光を運びます。

このシンボルは創造主の光に端を発し、あまねくさまざまな次元や惑星へと光を届けます。あらゆるものに届くのです。

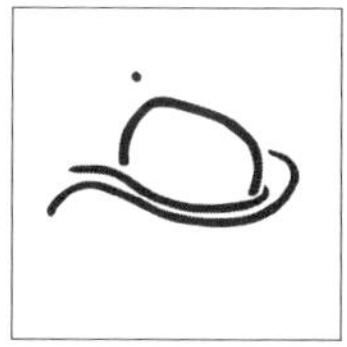

今こそ、あなたを取り巻いている真の環境は、あなたが住んでいる銀河をはるかに超えた世界だということを知るときです。

太陽が昇り、その光がはるか彼方まで照らし続けるように、あなたの光も無限に広がっていくのです。

あなたの最も内なる美の光を輝かせましょう。

キラエルが語る、「癒しの9つのシンボル」について

ある推計によると、癒しのシンボルは母なる地球の偉大なるシフトの初期局面で、この次元に入ってくるようです。

シンボルの妥当性については、導き《ガイダンス》を信じるしかありません。私のミディアム（カフー・フレッド・スターリング）が以前、癒しのシンボルの色や音が、具現化プロセスを通じて魅惑的に現れていることについてお話ししたと思いますが、そのとおりなのです。レムリアで用いられていたシンボルの上に手を置けば、自分の光を新たな経験へと拡大できます。それこそ完璧というものです。

ここで、この文章を読んでくださっているすべての方へひとこと。

自らの魂の歴史の奥深くで、あなたがこの種のエネルギーを用いる能力を持っていると確信できないのなら、シンボルを利用しないでください。その点を理解したうえでシンボルを用いれば、あなたの魂を穏やかにしてくれる道がみつかるでしょう。

癒しのために焦点を強化する９つのステップ

９種の癒しのシンボルが明らかになった今、癒しのあらゆる側面であなたの焦点を強化してください。各ステップであらゆる角度から取り組み、幻想を看破し、怖れを克服しましょう。

1. 勇気を持って始めることが大切です。道を創造したら、癒しの旅をまっとうすることに全力を尽くしてください。
2. 完全性を達成することに全力を尽くしてください。完全性とは、すべてのレベルにおいて癒しがフルに達成されていることです。
3. 導き《ガイダンス》を聞き取る自分の感覚をすべて信頼し、あなたをどこへ導こうとも、選んだ道を信頼してください。
4. 自分がどこにいて、何をしていようと、それについて決めつけたり、否定的になったりしないことが大切です。全幅の信頼を置いて、自分の道を進んでください。

5. 愛のみが分離を癒せると知ってください。

6. 癒しの過程を完了してください。重要なのは時間ではなく、あなたの決意です。

7. 癒しの過程においては、4体すべてが同時に再調整されていることを理解してください。癒しの過程におけるすべての要因が関わってきます。このような移動するエネルギーは、癒しが生じるために必要な道だということを信じなくてはなりません。調和を達成しようと努力したときに初めて、道はより明らかになるのです。

8. 自分は第一に、自由意志を持つ魂であり、その次に人間だということを理解してください。自分が創造主と、また人間としての旅をともに歩んでくれるガイドや天使と、永遠につながっていることを認識する必要があります。

9. 癒しの旅を歩んでいるときは、あなたの行動・思考・情熱が、あなたが望むことの、そしてあなたの思考が創造するものの焦点や方向性を具現化するのだと覚えていてください。

あなたはいつ癒されるのでしょうか？
苦難に遭遇する時はすべて、再び癒されるチャンスなのです。

用語解説

3次元（3つめの光・3つめの物質界）

現実が肉体・物質で構成された次元。地球もそのひとつ。この次元は陰陽の二元性《デュアルティ》に基づいており、すべてのものには対極があるように見える。

3つの新しいチャクラ

新しいチャクラ、すなわち「ブルー・グリーン・チャクラ」「パールエッセンス・チャクラ」「ゴールド・チャクラ」はすべて、クラウン・チャクラより上に位置する。意識のグレートシフトが生じると、自己認識と成長は新たなレベルへと上昇する。「ゴールド・チャクラ」「パールエッセンス・チャクラ」「ブルー・グリーン・チャクラ」の各項を参照。

3つの鍵

「意識的な創造」における3つの主要原理、すなわち1番めの「真実」、2番めの「信頼」、3番めの「情熱」の原理。これら3つの原理が自己の中に創造主の愛をつなぎとめ、愛の三位一体を構成する。愛はすべてを癒すことができる。「意識的な創造の10の原理」「真実」「信頼」「情熱」の各項を参照。

3つの誓約

「意識的な創造」の4番めの「明確さ」、5番めの「コミュニケーション」、6番めの「完了」の原理を指す。これらの3つの原理に対する取り組み方によって、創造することに、また創造行為を経験することに、どれほど力が注がれるのかが決まる。「意識的な創造の10の原理」「明確さ」「コミュニケーション」「完了」の各項を参照。

4体システム

たとえば人間のように、3次元の世界に受肉した存在を構成する肉体・感情体・精神体・スピリット体の4つのエネルギー体のこと。エネルギー体をバランスよく統合させる、すなわち癒すことによって、人はより高次の意識の次元へと進むことができる。「肉体」「感情体」「精神体」「スピリット体」の各項を参照。

4つの柱

「意識的な創造の10の原理」における7から10番めの原理、すなわち「祈り」「瞑想」「睡眠プログラム」「マスターマインド」のこと。これらの原理は、創造主の力や他の見えざる光の存在の力につながり、具現化するためのツールと考えられており、4つの柱を用いることで、人間界の限界と認識されている領域の外に出ることができる。「意識的な創造の10の原理」「祈り」「瞑想」「睡眠プログラム」「マスターマインド」の各項を参照。

5歩か50歩の旅

自分が完全に癒されたと認識するまでに、5歩けばすむにせよ、50歩必要であろうと、それどころか100歩必要であろうと、行うべきことはすべてを必ず行うこと。

10パーセントの脳（局所脳《ローカル・ブレイン》）

全脳《オムニ・ブレイン》（90パーセントの脳）と連携して機能する、肉体的な人間の脳。キラエルは人間の精神（脳）を、2つの部分で構成されたシステムとする。すなわち、直線的かつ有限で、3次元的な自覚的意識から成る精神（10パーセントの脳）と、より大きく無限で、非直線的なハイヤーセルフの精神（90パーセントの脳）に分けている。この2つの部分は、「ベール」、すなわち自我《エゴ》によって分離されている。「90パーセントの脳（全脳《オムニ・ブレイン》）」の項を参照。

90パーセントの脳（全脳《オムニ・ブレイン》）

エーテル体の精神。人が霊的に進化し、自覚的意識が拡大すると、いわゆる90パーセントの精神にいっそう明確にアクセスできるようになる。祈りと瞑想により、90パーセントの精神を覚醒させると、自我《エゴ》によって自らに課した限界を超えて、高次元からの答えや導き《ガイダンス》を意識的に受け取ることができるようになる。局所脳《ローカル・ブレイン》と連携する。「10パーセントの脳（局所脳《ローカル・ブレイン》）」の項を参照。

100ポイントの光

今現在に集中して存在することの重要性を説明する例え。癒しを行う際は、100ポイントの光すべてをフルに灯し、ヒーラーとして最大限の愛と光を注ぐ。

青写真《ブループリント》

創造主の代わりに自らの進化のための経験を目的に、受肉する前に自ら計画した一連の経験やレッスン。すなわち、魂の運命の計画。「旅」や「学びの計画《レッスンプラン》」の項を参照。

愛

宇宙にあまねく存在する、大いなるすべてを満たし、つなぐ創造主の本質。対極のないエネルギー。愛はただ存在するのみ。

アスペクト

同時に存在しているハイヤーセルフのエネルギー・パターン。通常ハイヤーセルフには、3つの自己のアスペクトがある。地球、そして他の惑星系や次元に1つまたはそれ以上のアスペクトが出現する。グレートシフトまでは、受肉した複数のアスペクトが互いに出会うことは決してない。グレートシフトが生じると、最も波動の高いアスペクトが4次元の光へと移動し、他のアスペクトはすべて創造主の光へと戻っていく。

意識のグレートシフト

地球とその住民の意識が創造主の愛に目覚める、進化的なシフトを指す。このシフトにより、地球界は3次元から新しい自覚的意識の次元、すなわち4次元へと上昇する。

意識的な創造の10の原理

シフト・ヒーリングと意識のグレートシフトのための礎《いしずえ》を築く一助となる、叡智と導き《ガイダンス》の進化的なツール。5万年ほど前にレムリアで初めて実践され、また古代アレクサンドリア図書館の一部であった古代の叡智の教義に基づく。「真実」「信頼」「情熱」「明確さ」「コミュニケーション」「完了」「祈り」「瞑想」「睡眠プログラム」「マスターマインド」の各項を参照。

意志と言葉

意志とは人の意図であり、自分の人生において創造し、経験したいと真に望んでいることに対する理解に基づいている。一方、言葉はそうした意志を明確にし、それに焦点を絞ることで、意志を望ましい形で具現化する。3次元におけるその例が、「口頭の祈り」であり、言葉を用いて意志を明確化し、それに焦点を絞ることで、自らの望みを具現化する。

祈り

「意識的な創造」の7番めの原理。人としての自己とハイヤーセルフや創造主、その他見えざる光の存在との対話を指す。人は祈りを通じて自分がどのように生きたいかを明確にできる。祈りとは問いかけることであり、瞑想とはそうした問いに対する答えを受け取る手段である。「瞑想」の項を参照。

癒し

自らを健全に、また完全にするプロセス。4体（肉体・感情体・精神体・スピリット体）における癒しは、意識下、またはベールの下で生じる。シグネチャーセル・ヒーリングでは、癒しはこうしたベールを通り抜け、細胞意識に働きかける。「自我《エゴ》」「4体システム」「シグネチャーセル・ヒーリング」の各項を参照。

癒しの旅《ヒーリング・ジャーニー》

何らかの考えを心に描き、その考えの現実性に気づきさえすれば、それを実現できる無限の世界に生きているという認識。4体すべてを癒すためなら、いかなる手段も辞さない勇気を持つこと。自らを癒し、創造主の愛に戻っていく過程と経験。

陰陽

対義物をもつ、すべての事象を表すのに用いる用語。光と闇、善と悪、熱さと冷たさなど、互いに依存し合い、補完し合う力。人が二元性《デュアルティ》に基づく陰陽の現実を経験する3次元の意識。

インライトンメント

4体すべてにおいて進化し、旅に進化の光を加えること。

宇宙

物質として存在するすべて。すなわち全時空、あらゆる形態の物質、エネルギーと勢い、そしてそれらを支配する物質界の法則と不変の事物。

エーテル体

あらゆるエネルギー・パターンやエネルギー存在の内側だけでなく、その外側も包む、生きた霊的な力。時空の連続性がない非線形の空間。

エッジ・クリエイター

意識的な意図を持ち、恐れずに愛、視覚、聴覚、嗅覚、触覚の新しい経験を通じて、心をさらにオープンにする手段を模索している人間。

エルフ

5万年以上も前に天使たちと一緒に地球を訪れ、最初のレムリアの民を創り上げた、高度に進化した存在。なお、レムリアの社会は女神の光、創造主の愛、そして現在のグレートシフトにおいて愛と癒しの導きとなっている力を基盤とする社会だった。

大いなるすべて

「創造主」の項を参照。

オーラ

人、動物、植物、物体を覆う色とりどりの、普通の目ではとらえにくいエネルギー・フィールド。

怖れ

エネルギーを覆うマスク。愛に敏感な一方、人が自分で作成した学びの計画《レッスンプラン》を経験して、魂が進化できるように、自ら創り出した「自分には限界がある」という考え方で、自分にはさまざまな状況をコントロールする力がないと思い込ませる。「自我《エゴ》」の項を参照。

織り込み（Weave）

互いに織り込まれ、ある種のパターンを構成する光の粒子の螺旋構造《ストランド》。異なるレベルの意識が撚り合わされ、明確になった意識の状態や進化的な思考に達する。地球上の例としては、鉱物、植物、動物の織り込みなどが挙げられる。

過去生

あらゆる事物に慈愛を持って霊を進化・拡大させるために、この次元だけでなく、他の次元においても経験する輪廻転生の旅。

ガイダンス界

ガイド、指導的存在、発展途上社会の守護者（G.O.D.S）に出会うことのできる次元領域。

ガイド

惑星系で発展途上の社会において、進化の途上にある存在を援助する光の存在。たとえば、人間が、人生の旅を歩み、進化を通じて、創造主の愛に対する意識が上昇することを手助けする。

神の細胞

「シグネチャーセル」の項を参照。

カルマの問題／カルマ

過去生で完了できなかった課題に光をあてる過程。カルマを癒せば、4体すべてのバランスがとれた際に感じる「愛」に戻ることができる。

感情体

最も純粋なかたちで表すと、愛の分子の光。高度に進化しつつあるエネルギー体で、4体システムにおける人生計画の調和を図るために用いられる。また、感情体では、グレートシフトの時期には怖れから愛、つまり3次元から4次元への進化の旅において、多くの学びの計画《レッスンプラン》に取り組む。

「4体システム」の項を参照。

幹細胞

プログラムされていない完璧な細胞で、体内のほぼすべての種類の組織へ発育できる。シグネチャーセル・ヒーラーは、癒しの受け手の幹細胞の位置を見つけ、プログラムを書き込んだのちに病巣部へと移動させることで、癒しの過程を助ける。

完了

「意識的な創造の10の原理」の6番め。ひとつの経験、プロセス、旅の終了は、理解や完了という点で多層に及ぶ。それを経て、新しい経験、プロセス、旅の始まりにつながっていくと認識することが重要。

胸腺

胸部の中心に位置するリンパ器官。異質の抗原を認識するT細胞を形成する。精神体によって処理されなかった幼児期の記憶を蓄積する。また、松果体に組み込むことのできなかった追加された青写真《ブループリント》の情報が、ここに蓄えられる。

局所脳《ローカル・ブレイン》（10パーセントの脳）

全脳《オムニ・ブレイン》（90パーセントの脳）と連携して機能する肉体的な人間の脳。キラエルは人間の精神（脳）を2つの部分で構成されたシステムとする。すなわち、直線的かつ有限、3次元的な自覚意識（10パーセントの脳）と、それよりも大きく無限で、非直線的なハイヤーセルフの意識（90パーセントの脳）に分けている。この2つの部分は、「ベール」、すなわち自我《エゴ》によって分離されている。「全脳《オムニ・ブレイン》（90パーセントの脳）」の項を参照。

金色の粒子

プラーナ呼吸を行う際にクラウン・チャクラから取り入れる、創造主の光の金色の粒子。

金星の太陽面通過《ヴィーナス・トランジット》

金星が地球と太陽の間を横切る稀《まれ》な天文事象で、最近ではおよそ8年周期で発生している。直近では2004年6月と2012年6月に起きた。こうした通過は1世紀以上のサイクルによって隔たれている。キラエルは2004年6月の金星の太陽面通過について、エネルギーの深遠な調整と評している。こうした調整により地球上の現在の現実はシフトし、すべての人間が自己に内在する女神の光に目覚めることを促すエネルギーが、地球を満たしている。「女神の光」の項を参照。

経絡系

「氣」などと呼ばれる、生命エネルギーが流れる体内の道のこと。流れが滞るとバランスの乱れにつながる。12の主要経絡が、それぞれ特定の器官や体温調整を司る。

幻想

特定の過程や旅を経験するために、思考を通じて創造された、いわゆる「現実」。たとえば、3次元的な現実も「幻想」の1つである。

甲状腺

「喉仏」の下あたりに位置する内分泌腺。甲状腺は甲状腺ホルモンを分泌し、免疫系と代謝システムを調整し、正常化する一助となる。

ゴールド・チャクラ

パールエッセンス・チャクラの上に位置し、全脳《オムニ・ブレイン》に織り込まれている。4体それぞれをつなぐエネルギー。瞑想中、ハイヤーセルフを呼び起こす際に用いる。「3つの新しいチャクラ」の項を参照。

故郷（帰郷する）

多くの人は、この過程において、霊的な自己が「故郷」である創造主の光のもとへ帰ることだと信じている。人間としての死の過程を表現したもの。

コミュニケーション

「意識的な創造の10の原理」の5番め。人と人の間、人としての自己と本質的自己《エッセンシャル・セルフ》、すなわちハイヤーセルフとの間、人としての自己と見えざる光の存在との間で行われるエネルギーと情報（言葉も含む）の交換。

細胞意識

肉体の細胞が保有する意識的な認識と記憶。かつて細胞核と考えられていた細胞の「脳」は、実際は細胞膜の中に存在する。肉体のすべての細胞には創造主の愛が詰まっており、いかなるときも癒す権利と愛を有する。

三位一体

「意識的な創造」のそれぞれ1番め、2番め、3番めの原理である「真実」「信頼」「情熱」の3つが結びついた力。真実・信頼・情熱の三位一体を通じて、自己の中に創造主の愛がしっかりと根を下ろす。愛はすべてを癒すことができる。「意識的な創造の10の原理」の項を参照。

G.O.D.S（Guardians of Developing Societies 発展途上社会の守護者）

「ガイダンス界」の項を参照。

自我《エゴ》

魂が受肉するたびに、人としてのアスペクトが地球上で進化の旅に参加できるように、ハイヤーセルフは自我《エゴ》を創り出す。自らが織り込んだ思考のベールにより、魂としての存在は、「人間など進化途上にある存在は、創造主と分離している」という幻想と思考を創り出す。こうした分離のベールがあるために、人の思考は矮小化し、怖れが生まれる。

シグネチャーセル

脳の松果体に位置する細胞で、「神の細胞」とも呼ばれる。精子と卵子が結合した際に誕生する。自らが完全だという記憶を持つ。体内のすべての細胞はシグネチャーセルによって創られ、すべての細胞は自らの完全性を覚えている。シグネチャーセルには、今生だけでなく過去生における学び《レッスン》の計画《プラン》が記録されている。

シグネチャーセル・ヒーリング

松果体にある「神の細胞」とも呼ばれる「シグネチャーセル」に焦点を絞った、エネルギー治療法の一種。手を用いるハンズオン・ヒーリングだが、患者のエネルギー領域を侵害しない。シグネチャーセルを活性化させることで、4体（肉体・感情体・精神体・スピリット体）すべてにおける健康とバランスを最善の状態に戻すことを促す。古代レムリアで用いられていたヒーリング手法であり、癒しの力を強化し、新たなＤＮＡ鎖を活性化。そして、怖れから愛への旅を歩むことになる「意識のグレートシフト」に備える。

次元

存在または意識のレベル。

松果体

脳の奥深くに位置する内分泌腺で、ここには創造主の細胞（シグネチャーセル）が座し、青写真《ブループリント》、すなわち魂が作成した人生の設計図が保管されている。各細胞は自らが完全だという記憶を持っており、決してそれを忘れない。同時に、すべての細胞は松果体に座す創造主の細胞であるシグネチャーセルの記憶も有する。本来エネルギーであるシグネチャーセルは、全細胞の意識に語りかけるユニークな細胞で、誰もが持っている。

情熱

「意識的な創造」の3番めの原理。自分の中に創造主の光があるということを感じさせてくれる中核エネルギー。情熱は、自分が無限の光の存在だと認識させてくれるだけでなく、人生という旅をたえず進化させ続ける力である。「3つの鍵」「意識的な創造の10の原理」「三位一体」の各項を参照。

真実

「意識的な創造」の1番めの原理で、10の原理の基盤。愛の本質であり、すべての現実はここから生まれる。真実は地球における人間の光の基盤であり、思考・言葉・行動が完全なかたちで機能したとき、人は本当の自分になれる。「意識的な創造の10の原理」「3つの鍵」「三位一体」の各項を参照。

進化

（意識を創造し、経験し、拡大するといった）永遠に続く創造の過程。たえず拡大し続ける創造主の愛の意識が展開する過程であり、3次元における人間の経験を経て、意識の進化と悟りが得られる別次元へと移動する。「意識のグレートシフト」の項を参照。

信頼

「意識的な創造」の2番めの原理。信頼は内在する本能的な知覚で、自分が創造主の一部だという真実を知っている。自分は現実のすべてのレベルにつながっており、自らの人生で起きることはすべて完璧だと信じること。「意識的な創造の10の原理」「3つの鍵」「三位一体」の各項を参照。

心霊手術

エネルギーのバランスが崩れると肉体において

組織が病気になるが、シグネチャーセル・ヒーラーなどのエネルギー・ヒーラーはエーテル体の指を用いて、そうしたバランスの崩れたエネルギーを除去する。そのような施術の一種を指す。他の種類の心霊手術とは異なり、シグネチャーセル・ヒーリングの場合は、主に細胞意識に働きかける。

睡眠プログラム

「意識的な創造」の9番めの原理。自らのハイヤーセルフにお願いして、睡眠中に他の人のハイヤーセルフに連絡し、愛をもって対話してもらう手法。

スピリット体

（肉体・感情体・精神体・スピリット体で構成される）4体システムにおけるエネルギー体のひとつ。ハイヤーセルフが位置するエネルギー体で、各人が人生の計画、すなわち青写真《ブループリント》に沿って、人としての旅を歩むことを助ける。「4体システム」の項を参照。

スプリンター

ハイヤーセルフからのエネルギーや学びの計画《レッスンプラン》をダウンロードすること。「ダウンロード」「ハイヤーセルフ」の各項を参照。

精神体

内に入ってくる霊が認識する生命力に従って行動できるよう、訓練するために用いるエネルギー体。それぞれの人の旅や経験が持つ可能性を制限する。「4体システム」の項を参照。

全脳《オムニ・ブレイン》（90パーセントの脳）

エーテル体の精神。人が霊的に進化し、覚醒意識が拡大すると、いわゆる90パーセントの脳（精神）にいっそう明瞭にアクセスできるようになる。

祈りと瞑想により、90パーセントの精神を覚醒させると、自我《エゴ》によって自らに課した限界を超えて、高次元からの答えや導き《ガイダンス》を意識的に受け取ることができるようになる。局所脳《ローカル・ブレイン》と連携する。「局所脳《ローカル・ブレイン》（10パーセントの脳）」の項を参照。

創造主

偏在する創造の光。愛の本質。大いなるすべて。

第三の目《サードアイ》

鼻の上の、両目の間に位置するチャクラ（エネルギー・センター）で、眉間のチャクラ、または「サイキック・アイ」としても知られる。直感と神の愛の中心とみなされている。

第六感

直感と「認識」。祈りと瞑想を通じて90パーセントの脳を活用するとともに、人の五感を結びつけることで、第六感への扉《ポータル》が開かれる。

ダウンロード

ハイヤーセルフから、自我《エゴ》のベールに覆われた人としての自己《セルフ》へと、大量の情報を一括して送り込むこと。ダウンロード進行中には、肉体に苦痛が生じたり、日常的な思考体系が断続的に中断されたりする可能性がある。「スプリンター」の項を参照。

旅

自ら選んだ道を歩み、その道程を経験すること。創造主の代わりに経験し、進化する目的で、自ら計画した一連の経験や課題のこと。自らを癒し、創造主の愛に戻っていく過程と経験を指す。「青写真《ブループリント》」の項を参照。

地球界

進化の過程が展開される拠点であり、多次元で構成された惑星・地球に生きとし生けるものが存在する。「3次元」の項を参照。

チャクラ

サンスクリット語で「車輪」「円盤」という意味。従来の7つのエネルギー・センターに加え、新しい3つのチャクラが形成されつつある。これらのチャクラは、脊髄システムから意識レベルへと分岐した主要神経節と相関関係にある。

チャネリング

肉体を持たない非人間的な情報源から、人間を媒体として着想や情報が人の意識の領域へと流れ込むことを可能にする行為。「ミディアム」の項を参照。

チャネル

人間としての現実と、見えざる光の存在（すなわちハイヤーセルフ、ガイド、天使）をつなげる存在。両者間の情報交換を可能にする。また、情報を内包したエネルギーを伝達する、媒体としての役割を果たす人のことを指す場合もある。「ミディアム」の項を参照。

中核の光・中核の本質

〝人である〟という、まさにその光。創造そのものの光と完全な調和状態にある、あなたの部分。

調和のとれた愛

対極のない愛。憎しみも怖れも伴わない愛。この愛は光の女神が内なる自己に覚醒し、調和のとれた愛に満ちた創造主の光が、母なる地球に戻ることを意味する。

T細胞

「胸腺」の項を参照。

デオキシリボ核酸（DNA）

遺伝子を内包し、染色体を形成する細胞核の中に存在する長い2本鎖の分子。

出口《エグジット・ポイント》

地球を去るうえでの選択肢として青写真《ブループリント》、すなわち人生計画に盛り込まれている病気や事故が生じる時点。最終的には、個々の人間はそうした出口《エグジット・ポイント》のひとつを利用して、死のプロセスを経験し、地球を去る。

テロメア

DNA染色体の後端キャップ。細胞分裂によりDNAが複製を続けるにつれ、テロメアは短縮し、最終的に細胞は死に至る。幹細胞、生殖細胞、ガン細胞など、ある種の細胞のテロメアは分裂によっても短縮しない。

テロメラーゼ

凝縮されたDNA物質で、染色体を安定させる役割を担う。

天使

光の存在。

デンジェ（Denjé）

古代レムリアで用いられた風水で、肉体・感情体・精神体・スピリット体の4体すべてに適用される。

トリニティ・タッピング

シグネチャーセル・ヒーリングにおける癒しの手法のひとつ。癒しの受け手の中でバランスを崩し、愛を求めている場所を中心に三角形を作り、それらを人差し指と中指でトントンと軽く叩く。ヒーラーが癒しの受け手に手をかざしてボディスキャンを行うことで、バランスの崩れた場所を見つけることができる。「ボディスキャン」の項を参照。

二元性《デュアルティ》

「陰陽」の項を参照。

肉体

細胞が集まり、磁気の力により固体化、そして形成されたエネルギー体。それぞれの細胞は完全な創造主の本質を記憶している。「4体システム」の項を参照。

脳内の霧《ブレインフォッグ》

忘却と混同されるが、実際には精神が意識の他のすべてのレベルにも目を向けることによって生じる。チャクラ・システムを通って到達する新しい情報は、脳の一部のスペースをとり、圧迫する。これは、毎朝プラーナ呼吸を行うことで和らげることができる。

ノータッチ・ゾーン（触れてはならない領域）

癒しの受け手が落ち着いてセッションを受けられるように、ヒーラーが触れるのを避けるべき胸部や骨盤領域を指す。

ハート・エネルギー

自己の中に存在する、創造主の本質の中核。本来の自分を示す真実。

パールエッセンス・チャクラ

3つの新しいチャクラのうちの1つで、ブルー・グリーン・チャクラの上に位置する。真のスピリチュアルな本質であり、自己の中に入ってくるあらゆる光の導き《ガイダンス》の要素。「3つの新しいチャクラ」の項を参照。

ハイヤーセルフ

魂。受肉した自己と絶え間なくつながりを保っている間も、常にあらゆる現実に気づいている自己の霊的な部分。異なる次元でさまざまなことを経験している魂の家族《ソウルファミリー》（血を分け合った家族のように魂を分け合った家族）のアスペクトのひとつである。「本質的自己《エッセンシャル・セルフ》」としても知られている。「アスペクト」「本質的自己《エッセンシャル・セルフ》」の項を参照。

波動

波打つエネルギーの動き。すべての音と光の振動。すべての物質、思考、感情など、神が創造したものはすべて、特定のエネルギーを発する波動である。

B細胞

骨髄の幹細胞によって製造され、体を感染から守るために骨髄で成熟するリンパ球。「リンパ系」の項を参照。

光（創造主の光）

大いなるすべての源泉と本質。創造主のエネルギー。愛の本質。

フォトン

創造主の光と愛の金色の粒子。癒しに際して、ヒーラーはプラーナ呼吸をすることで自らのクラウン・チャクラから松果体へとフォトン・エネルギーを取り込んだ後、癒しの受け手が癒しを必要としている場所へとそのエネルギーを導く。「松果体」「プラーナ呼吸」「プラーナ呼吸法」の各項を参照。

フォトン・ベルト

強い霊的な力を持つ光の粒子（フォトン・エネルギー）が密集した帯状の領域で、現在、地球を含む太陽系はフォトン・ベルトに近づきつつある。およそ2万6000年の周期で生じる現象。ベルト内のフォトンは密度が非常に大きいため、地球全体がこのベルト内に入ると、一種の暗闇に包まれると考えられている。フォトン・ベルトを抜けるにはおよそ3日間かかるとされており、これがいわゆるキラエルのいう「暗闇の3日間」である。

プラーナ呼吸

ハワイ、ヒンズー、中国の伝統において、古来より「生命の息吹」と考えられてきたもの。プラーナが創造主の光を形成する金色の粒子だと明確な意図を持ってイメージすると、このエネルギーをさまざまな用途に用いることができる。肉体を癒すことも可能。

プラーナ呼吸法

創造主の金色の粒子を肉体に取り込むこと。クラウン・チャクラや松果体を通して取り込むことが多い。グレートシフト後は、プラーナ呼吸法は人が細胞を活性化・増強し、細胞意識を浄化するためのエネルギー源として用いられる。

フリーラジカル

分子の最外殻の軌道にある不対電子を持つ化学種。細胞内にあるミトコンドリアを攻撃することが判明している。

ブルー・グリーン・チャクラ

クラウン・チャクラの上に位置する新しいチャクラで、ハートに関連する。最高の真実のみを受け入れる。このチャクラを通ると、真実のみしか語れない。「3つの新しいチャクラ」の項を参照。

ベール

「自我《エゴ》」の項を参照。

ボディスキャン

シグネチャーセル・ヒーラーが、癒しの受け手のエネルギーのバランスが崩れた箇所を見つけるために用いる手法。ヒーラーはまず患者の頭頂から数センチほどのところで手のひらを下に向けた状態でかざし、そこから患者の足の方向に向けてゆっくりと宙を移動させることによってエネルギーの滞りを感知する。ヒーラーの手が患者の体でバランスが崩れ、愛を求めている場所に近づくと、手のひらや指が熱くなったり、ピリピリと痺れを感じたりする。

本質的自己《エッセンシャル・セルフ》・本質的な光《エッセンシャル・ライト》

「ハイヤーセルフ」の項を参照。

マスターマインド

「意識的な創造」の10番めの原理。肉体としての人間のほか、それぞれのハイヤーセルフ、天使、ガイドなど見えざる存在が集まって集合的な意識を創り上げること。特定の経験や結果を具現化することに焦点が絞られる。

マスターマインド・グループ

マスターマインドを行う目的で集う、2人以上の人間、それぞれのハイヤーセルフ、天使、ガイドなど見えざる存在から成る集合体。マスターマインドは、少数の人間のみでも、国家全体、あるいは惑星全体でも行うことが可能。マスターマインドの強さがグループ内の最弱者の力を超えることはない。

マスターマインド・ステートメント

マスターマインド・グループが有する集合的な

願望や信念を宣言する、思考形態や精神の構成概念。「マスターマインド・グループ」の項を参照。

マトリックス

人間社会を構成する基盤にある、伝統的な窮屈な考え方や主流のスタンスを象徴する概念。現在の地球のマトリックス・システムは怖れに基づく3次元的な現実である。「幻想」の項を参照。

学び《レッスン》の計画《プラン》

進化する存在が受肉している際に経験しようと意図する基本的な計画。必ずしも計画したとおりに実現するとは限らないが、具現化した生命体に方向性を示してくれる。

ミディアム

自分の意識を脇に置いておき、その間、霊的な存在が自分の肉体を使って、他の人と対話することを可能にする人間。たとえば、カフー・フレッド・スターリングはキラエルのミディアムである。

見えざる光の存在

人の本質的自己《エッセンシャル・セルフ》、ガイド、天使、マスター、創造主の光など、すべての非物質的な光のパターン。

女神の光

創造主の愛の本質。創造主の愛の波動。愛そのものの「感覚突起」と定義されており、グレートシフト時には4体それぞれを母なる地球と調和させる。対極のない種類の愛（愛のみの世界。愛が増えるのみの世界）で、自己と惑星系に進化のシフトをもたらす。

明確さ

「意識的な創造の10の原理」の4番め。人としての自己は、より大きな非肉体的な力の一部にすぎないと認識すること。

瞑想

「意識的な創造」の8番めの原理。心を鎮めて、自らのハイヤーセルフや見えざる光の存在から情報、叡智、ガイダンスを受け取り、創造主の光と対話すること。祈りは問うことであり、瞑想は祈りに対する答えを聞くことである。

ライトボディ（光体）

グレートシフト後に受肉した人間が経験する感覚を指す。シフト後の人間の体は、分子レベルで、波動が以前ほど重くない。すなわち、シフト前より「ライトボディ化」している。

粒子化する

キラエルの造語で、光の粒子に具現化すること。

輪廻転生

「過去生」の項を参照。

リンパ球

骨髄の幹細胞で産生されたあと、胸腺や骨髄に移動して成熟し、感染と戦う細胞。T細胞は胸腺で成熟するリンパ球で、B細胞は骨髄で成熟するリンパ球である。

リンパ系

リンパ球を産生し、バクテリアやウイルスを集め、破壊し、抗原を処理する器官のネットワークを指す。シグネチャーセル・ヒーリングのヒーラーは「はじまりのシークエンス」中に、特定の手のポジションを用いてプラーナを送り込むことで、胸腺のT細胞や骨髄のB細胞を活性化する。

リンパのスプリット

シグネチャーセル・ヒーリングで用いられる用語で、リンパ系の流入とドレナージュ（排出）のパターンを意味する。リンパ系は独特な方向に流れている。たとえば、胸部右上のリンパ節をタッピングすれば、頭部と頸部の癒しに影響が及ぶ。一方、胸部左側のリンパ節をタッピングすれば、体の他の部分すべての癒しに影響が及ぶ。

レムリア

かつて地球上に存在した、非常に進化した大陸。創造主は人類の進化が開始するように、この大陸に大量のエネルギーを注ぎ込んだ。心がすべての基盤となる社会で、5次元の愛が存在していた。ハワイ諸島や環太平洋地域の島々は、海に沈んだレムリア大陸の痕跡と考えられている。

レムリアの数秘術

有史以前のはるか昔に遡《さかのぼ》る、レムリア時代の予言に基づいており、現在のヒーリング界と一致した波動エネルギーを導き出す。シグネチャーセル・ヒーリングとレムリアの数秘術を併せて用いれば、人の基盤のエネルギー《マトリックス・エネルギー》を超えた深い洞察力を得ることができ、「すべては癒せる」という表現に新しい意味が加わることになる。

私は在るという者

聖書で創造主のエネルギーを定義するために用いられている呼称。多くのスピリチュアリストは、自己の純粋な意図に焦点を絞るための手がかりとして、この言葉を用いる。

訳者あとがき

生かされている私、「生きる！」という純粋な意図を持った私

自覚症状もないまま、長年住み慣れたイギリスの国民保健サービス（NHS：それまで正規にGPシステムに登録しており、税金や社会保障費を払ってきた人の場合、すべて無料。特にガンや心臓病など、命に関わる病気に力を入れている。47歳になったら、自覚症状がなくても乳ガン検診に呼んでくれる）の定期検診で、初期の乳ガンが見つかったのが2014年の3月半ば。

最初の抗ガン剤と放射線治療が一段落した2015年2月初旬に、またスピリチュアル関連の本を訳したい、という思いがフツフツと湧き上がってきた。

そこで、『ジャーニー・ホーム』と『光の書』を訳させていただいたナチュラルスピリット社の今井社長に、状況を知らせるとともに、「何か訳したいのですが……」とメールすると、『Signature Cell Healing』の名が出た。

生来の脳天気さのせいか、「今生では健康で、元気に生まれた私が、ヒーリングに関する本を訳す

ためには、病気を経験する必要があったんだよね」と、東京在住の友人に語ったのを昨日のことのように覚えている。強がりでも何でもなく、それが偽らざる気持ちだった。

本業の金融翻訳の合間だが、家で『Signature Cell Healing』の訳を進め、締め切りに間に合うよう仕上げるぞと、やる気満々だった。

術後1年目のマンモグラフィで乳ガンは消えたことが判明し、ホッとしたのもつかの間、その半年後の2015年暮れに、定期スキャンで背骨にガンが現れた可能性を告げられ、2016年年始の骨生検で確認された。

その結果、新たな放射線治療をはじめ、種々の治療が開始。

言い訳がましいが、そういう経緯で翻訳が遅れに遅れたことから、2017年9月頃に、ナチュラルスピリット社から、『Signature Cell Healing』を別の翻訳者の方にお願いする、という話が出た。向こうとしては、当然である。

カフーとキラエルには、ご縁がなかったのかな、と思いつつ、ナチュラルスピリット社からお借りしていた原書をお返しするため、連絡を受けた足で、最寄りのDHLサービス・ポイントに向かった。

手続きを済ませた後、ナチュラルスピリット社の秘書の方に、「今から1時間半ほどしたら、原書がDHLサービス・ポイントを出ますので、明日か明後日にそちらに届きます」とメール。その際に、「粗訳《あらやく》はすでに終わっていて、あとは見直しだけだったため、後ろ髪を惹かれる思いですが、ご縁がなかったのですね」と、追伸を付けた。

するとすぐに返信があり、「どれくらいかかりますか？」「あと数カ月ほどです。来年の2月か3月くらいでしょうか」などのやり取り後、２０１８年2月末まで待ってくださることになり、原書を日本に送るＤＨＬをその場でキャンセル。

そして、２０１８年春にやっと翻訳終了！

結局は不思議なご縁で、『Signature Cell Healing』の訳を仕上げる役目は私に戻ったのだ！

まずは私を訳者として選んでくださっただけでなく、翻訳の遅れを辛抱強く待ってくださったナチュラルスピリット社の今井社長に深く御礼申し上げたい。

そして、この本を通じて出会った編集者の澤田美希さんに心からの感謝を捧げたい。

編集・校正について多数のメールを交わしたが、彼女の言葉の端々から伝わってくるエネルギー、スピリチュアルに関する考え方に触れるたび、どこかの過去生で袖振りあった魂仲間だったとしても、まったく意外でない。

不思議なことに（いや、すべては必然！）、お世話になっているＮＨＳ病院の医師や看護師さん、待合室で話した患者さんはいうまでもなく、バスで隣りに座った老婦人、スーパーで話しかけてきた方々など、お話しする機会のあった方々はことごとく、私のポジティブな気持ちをさらに強化してくれるような、素晴らしいエピソードをプレゼントしてくださった。

また、私の「癒しの旅」を無料でサポートしてくれているイギリスのＮＨＳにも心から感謝している。最寄りの病院まで家から歩いて20数分のところにあり、方向がはっきりとわかっているため、パソコンに向かって翻訳作業をしながら、常にそちらの方向に向かって手を合わせている！

そのうえ、国籍を問わず、ロンドンで、ロンドン近隣のいくつかの都市で、香港で、静岡の伊豆高原で、東京の港区、新宿区、足立区、文京区で、私を励まし、暖かな陽光のような愛を注いでくれるとともに、ポジティブなエネルギーを送り続けてくれている友人たち。

千葉の我孫子《あびこ》在住の父方の叔母とその一家、和歌山の新宮に住む母方の亡き伯母の家族、熊野在住の母方の伯母とその一家。

そして、最後になったが、スカイプやラインで、今なお毎日のように、私に無条件の愛を送り続けてくれている両親。

生かされている私である。

そして、あなた方のおかげで、「生きる！」という純粋な意図は私の中にしっかりと根を下ろしている。

そうした意図があるからこそ、お金は本当に必要なものに使おうと、ハワイにいらっしゃるカフーに遠隔ヒーリングを数回お願いした。

もともと自分のミッションは翻訳というかたちを通じて、欧米で出たスピリチュアル系の本を日本語にして伝えることであり、ヒーラーではないという考えだったが、あとがきを書きながら、今ふと思った。

「そうだ、私はセカンド・ディグリー（レベル2）までとはいえ、20年ほど前にシグネチャーセル・ヒーリングと同じくハンズオン・ヒーリングである、レイキの集中コースに参加し、学んだんだ！」

そして、2014年の乳ガン発覚当時だけでなく、5年以上が過ぎた今でもお世話になっているイギリスのガン関連チャリティのひとつ、マギーズ・センター西ロンドン支部で、ある日ふと感じたことを思い出した。

「2014年春に始まった『癒しの旅』を通じ、マギーズには事あるごとに助けていただいている。今度は、ここでレイキを施すボランティアをやることで、そのお返しをしたい。そのためには、まず自分が治るんだ！　生きるんだ！」

そうした意図は、上り坂では私を後押ししてくれ、下り坂では状況に応じブレーキをかけてくれる。

向こう側、こちら側の多くの存在の方々に生かされている私。なんてありがたいことだろう。感謝してもしきれない！

そして、「生きる！」という純粋な意図をもって「癒しの旅」を一歩一歩踏みしめ、進んでいる私。

もちろん、先のことはわからないが、それはそれ。

たくさんの方々の愛に支えられながら、私はこれからも「生きる！」という純粋な意図を胸に、今この瞬間に全力投球していく。

「夜明け前は一番暗い」とは、数百年前に端を発する、イギリスでよく用いられる諺《ことわざ》である。

ご自分が、または愛する人が重大な病気や何らかの問題をかかえている方で、今この訳者あとがきを読んでくださっているあなた、そう、あなた！

夜明け前の暗さなど、ものともせず、さあ、それぞれの「癒しの旅」を歩もう！

God Bless You All!!

２０１９年7月吉日

和田豊代美

✣プロフィール✣

カフー・フレッド・スターリング　Kafu Fred Sterling

カフー・フレッド・スターリング（以下、カフー）は、卓越したミディアム兼ヒーラーであり、インターネット放送番組やラジオ放送番組のプレゼンターを務めるかたわら、執筆活動を行っています。ネイティブ・アメリカンの血を引くシャーマンであり、私たちが住む3次元の世界と無限に広がる霊界を自由に行き来する力を有しています。7次元のガーディアン・スピリットである、マスターガイド・キラエル（以下、キラエル）の唯一の媒体（チャネラー）として、過去20年以上にわたり、キラエルをチャネリングし、世界中に至高の愛と真理の光に満ちた永遠の叡智を紹介しています。

カフーの活動は多岐にわたりますが、そのひとつに「シグネチャーセル・ヒーリング」という治療法の開発と指導があります。これは非常にパワフルかつ画期的な治療法で、世界各地にクリニックが設立されており、何千人ものシグネチャーセル・ヒーリングのヒーラーたちが活動しています。カフーはこれまでキラエルの叡智に関する本を6冊（訳注：2019年現在）出版しており、いずれも世界各地で翻訳・出版されています。

また、世界中の多くの都市を訪問し、「安らぎとは自分の心の内面に存在する」というメッセージを情熱的に伝え、人々に感動を与え続けてきました。スピリチュアルに関する多種多様な話題を取り上げた、カフーによる多数のライブ番組の模様はCD化され、販売されています。

なお、カフーは、ハワイにある『ホノルル光の教会』の創設者かつ主任牧師でもあります。この教会は癒しを通じて世界に平和をもたらすことを目標に掲げ、スタッフ一同、精力的に活動を続けています。

また、ウェブサイト〈Kirael.com〉や〈SignatureCellHealing.com〉を通じて、この教会で行う毎週日曜の礼拝、シグネチャーセル・ヒーリング・セミナー、インターネット・ビデオ・ウェブキャストを配信し、世界にその叡智を発信しています。

カフー自身の生い立ちは、想像を絶するほど悲惨なものでした。孤児院に入れられたこともありますが、母親の離婚・再婚により、義父は6人もいました。そうした極貧の生活を生き抜き、やがてビジネスマンとして成功を収め、富を築いたにもかかわらず、物質的に豊かな生活を捨て去り、スピリチュアルの道を歩む天命に従うことにしました。そして、新しい草分け的なヒーラーかつトランス・チャネラーとして、名声を高めていったのです。

カフーを、エドガー・ケイシーになぞらえる人がいます。ご存知の方も多いでしょうが、ケイシーは20世紀前半のいわゆる預言者で、トランス状態で統合的治療に関するメッセージを多く残しました。カフーと、叡智と愛に満ちたキラエルの間で交わされるやりとりは、世界各地で数え切れないほど多くの人々を感動させてきました。

高い評判にもかかわらず、カフーは常に謙虚そのものです。「メッセンジャー（メッセージの伝達者）」としての役割に満足しており、メッセンジャーではなく、メッセージそのものの重要性を強調します。「多くの人々にさまざまな選択肢があるのだと理解してもらうこと、そして怖れや『悲観的な気持ち』にとらわれてはならないと伝えること。それが今現在、私が力を注いでいることです。人々が内なる美と光を見つけ、それによって自らを癒すことを心から願っています」

※「カフー」とは、ハワイ語で「スピリチュアル・リーダー」を意味する

マスターガイド　キラエル　Kirael

愛に満ちた7次元のスピリット・ガイドであるキラエルは、人類の癒しと進化をサポートし、人類が「意識のグレートシフト」を経験することを手助けするために地球にエネルギーを送り続けてきました。母なる地球ガイアが3次元から4次元へと進化のシフトを遂げようとしているなか、キラエルは、カフーを通じて古《いにしえ》の叡智と、愛と癒しの道を伝えます。

キラエルがカフーのチャネリングを通じて新世代のライトワーカーに知られるようになったのは、1980年代の後半でした。キラエルは男性のミディアム（カフー）を通じてコンタクトしてくるため、私たちは通常「彼」と呼んでいます。しかし、キラエル自身は、自分が女神の光のエネルギーを有しているものの、男性でも女性でもなく、両性具有の次元の光のパターンだと明言しています。

今、キラエルは太古の昔から繰り返し予言されてきた重要な使命を果たすために、地球にやってきています。これは、20万年ほど前に始まった人類にとって進化のサイクル上、重要な予言です。正式には「マスター・キラエル」と呼ばれるキラエルは、地球と地球上の生きとし生けるものを進化のうえで画期的な新時代、すなわち「意識のグレートシフト」へと誘《いざな》うためにやってきたのです。歴史における現在は、古代マヤ、アメリカ先住民、エジプト、聖書のそれぞれの暦において、またノストラダムスや近代の多くの霊能者によって、「終わりの時」「ゼロ・ポイント」「時なき時代（The Time of No Time）」をはじめ、「ハルマゲドン」や「ヨハネの黙示録」のイメージを呼び起こすような、恐ろしき名で呼ばれてきた時です。

しかし、キラエルは常に、グレートシフトとは悲観にくれるときではなく、母なる地球が自らのエネルギーを再び調和させ、集団で新しい次元へと画期的な移動をしようと態勢を整える、喜びに満ちた祝福のときだ、と主張し続けてきました。キラエルの最大の使命は、人類に癒しをもたらすことです。

このグレートシフトはいつ起きるのでしょうか？　キラエルが言うには、「すでに始まっている」そうですが、シフトのプロセスが頂点に達するのは、「私たち人間みんながスピリチュアルに目覚め、自分たちが無限の力を持つ存在であり、自分の運命は自分で切り開くことができるのだと、またすべての人間の内には、怖れにとらわれず、愛に満ちた人生を送りたいと望む閃光が宿っているのだと気づいた時」に起きるようです。

キラエルは、太古の叡智の一部である「意識的な創造の10の原理」と、レムリアの数秘術を地球にもたらしてくれました。これらは単純ですが、意識を覚醒させるための非常にパワフルなツールです。こうしたツールを用いれば、愛に満ち溢れた癒しを通じて、いまだ眠っている高次元の意識を目覚めさせることができるのです。

シグネチャーセル・ヒーラーになるには

シグネチャーセル・ヒーリングのヒーラーになってみませんか？

ヒーラーになるには、レベル1とレベル2のコースがあります。

レベル1：シグネチャーセル・ヒーリングを知るコース
レベル2：シグネチャーセル・ヒーリング・プラクティショナー認定コース

ウェブサイト〈SignatureCellHealing.com〉にて、コースの詳細をご覧になれます。

ヒーリング・コミュニティに参加しましょう！

まずは、〈SignatureCellHealing.com〉に登録してください。

⦿シグネチャーセル・ヒーリング・コース 参加者の声

「娘と私は、オハイオ州クリーブランドでシグネチャーセル・ヒーリングのコースに参加しました。このコースの受講は、私の人生における最も深遠な体験だったといえるでしょう。私が学んだのは、シグネチャーセル・ヒーリングの手法だけではありません。他の参加者全員が私に施してくれた癒しは、筆舌に尽くしがたいものでした。完全なる〝愛〟を体験した私の人生は一転し、他の人たちと癒しを共有することができました。現在では、自分がこの時空に存在している目的と理由がわかります。このような経験をさせていただき、心から感謝しています」――メアリー・O

⦿ウェブサイト〈KIRAEL.COM〉について

ぜひこの機会に、〈kirael.com〉を訪問してください。カフーとキラエルのスピリチュアルの教えと思想を、より深く理解することができるでしょう。

毎月一度、カフーとキラエルは世界各地の視聴者の方々のために、興味深いトピックを取り上げ、ライブのウェブキャストの番組を通じて紹介しています。

「Spiritual Seeker」メンバーとして登録いただければ、そうした番組を無料で見ることができます。

より深い内容をお求めの方の場合、「Conscious Creator」メンバー（有料）にお申し込みいただきますと、そうしたライブ番組だけでなく、カフーとキラエルのセッションに関する幅広い内容を網羅した過去のアーカイブもご覧になることができます。

※ウェブサイトの言語は英語のみです。

訳者プロフィール

和田豊代美　Toyomi Wada

三重県熊野市出身。伊勢高等学校、津田塾大学英文科卒業後、お茶の水女子大学大学院修士課程修了（英文学専攻）。1987年4月に渡英。ロンドンのシティにある金融会社のリサーチ部門で20年近く翻訳に携わった後、思うところあり、2010年末に退社。現在はフリーランスでキャリアである金融翻訳を行うかたわら、ミッションと信じているスピリチュアルの翻訳を進める。2007年3月に最初の訳書『ジャーニー・ホーム』が、2013年4月には『光の書』が、ナチュラルスピリット社より出版された。今やロンドンでの生活が、どの都市で暮らした年月より長い。2014年3月に初期乳ガンが発覚し、1年半後に背骨で再発したものの、「夜明け前が一番暗い」と信じ、後ろを振り返らず、「今ここ」に全力投球。

引用文献

『Kirael: The Genesis Matrix』
『Kirael: Lemurian Legacy for The Great Shift』
『Kirael: The Ten Principles of Consciously Creating』
『Kirael: Guide to the Unseen Self』
『Kirael: The Great Shift (Revised Edition)』
（すべて Lightways Pub 発刊）

シグネチャーセル・ヒーリング

2019年8月21日　初版発行

著者／カフー・フレッド・スターリング
訳者／和田豊代美

装幀／斉藤よしのぶ
編集／澤田美希
本文DTP／山中 央

発行者／今井博揮
発行所／株式会社ナチュラルスピリット
〒101-0051 東京都千代田区神田神保町3-2 高橋ビル2階
TEL 03-6450-5938　FAX 03-6450-5978
E-mail　info@naturalspirit.co.jp
ホームページ　https://www.naturalspirit.co.jp/

印刷所／創栄図書印刷株式会社

ISBN978-4-86451-314-2　C0011

●新しい時代の意識をひらく、ナチュラルスピリットの本

ユーフィーリング！
内なるやすらぎと外なる豊かさを創造する技法

フランク・キンズロー 著
古閑博丈 訳

ヒーリングを超えて、望みを実現し、感情・お金・人間関係その他すべての問題解決に応用できる《QE意図》を紹介。
定価 本体 一八〇〇円＋税

ユースティルネス
何もしない静寂が、すべてを調和する！

フランク・キンズロー 著
鐘山まき 訳

人類の次なる進化を握るのは「何もしない」技法だ。無の技法、「何もしないこと」で、すべてがうまくゆく！　悟りと覚醒をもたらす「静寂の技法」がここにある！
定価 本体一八〇〇円＋税

マトリックス・リインプリンティング

カール・ドーソン
サーシャ・アレンビー 共著
佐瀬也寸子 訳

エコーを解き放ち、イメージを変える。人生が好転する画期的セラピー登場！　定価 本体二七八〇円＋税

エネルギー・メディスン

ドナ・イーデン
デイヴィッド・ファインスタイン 共著
日高播希人 訳

東洋の伝統療法と西洋のエネルギー・ヒーリングを統合した画期的療法。エネルギー・ボディのさまざまな領域を網羅！
定価 本体二九八〇円＋税

体が伝える秘密の言葉
心身を最高の健やかさへと導く実践ガイド

イナ・シガール 著
ビズネア磯野敦子 監修
采尾英理 訳

体の各部位の病が伝えるメッセージとは？　体のメッセージを読み解く実践的なヒーリング・ブック。色を使ったヒーリング法も掲載。　定価 本体二八七〇円＋税

メタヘルス

ヨハネス・R・フィスリンガー 著
釘宮律子 訳

病気に結びつくストレスのトリガーや感情、そして信念を特定する理論的枠組み、メタヘルスとは？　メタに健康になれるためのヒントが得られる。
定価 本体一八〇〇円＋税

なぜ私は病気なのか？

リチャード・フルック 著
采尾英理 訳

メタ・メディスンの良質な入門書！　エネルギーが閉じ込められている理由を見つけて学びを得ると、そのエネルギーは解放され、体は自然の流れを取り戻します。
定価 本体二一〇〇円＋税